国家自然基金项目：时空连续统视野下滇藏茶马古道沿线传统聚落的活化谱系研究（编号：51968029）系列成果之一

昆明理工大学 2022 年度课程思政教改项目（校级本科）：历史城镇实地调研与测绘思政教育实践课"云南古道——红色乡村"教学改革成果

历史村镇实地调研与测绘：
云南大理地区茶马古道沿线传统聚落

王　连　主　编

中国纺织出版社有限公司

图书在版编目（CIP）数据

历史村镇实地调研与测绘：云南大理地区茶马古道沿线传统聚落 / 王连主编 . -- 北京：中国纺织出版社有限公司, 2024.7. -- ISBN 978-7-5229-1990-4

Ⅰ . K927.4

中国国家版本馆 CIP 数据核字第 2024BE9769 号

责任编辑：张　宏　　责任校对：高　涵　　责任印制：储志伟

中国纺织出版社有限公司出版发行
地址：北京市朝阳区百子湾东里 A407 号楼　邮政编码：100124
销售电话：010—67004422　传真：010—87155801
http://www.c-textilep.com
中国纺织出版社天猫旗舰店
官方微博 http://weibo.com/2119887771
河北延风印务有限公司印刷　各地新华书店经销
2024 年 7 月第 1 版第 1 次印刷
开本：787×1092　1/16　印张：14
字数：200 千字　定价：98.00 元

凡购本书，如有缺页、倒页、脱页，由本社图书营销中心调换

编委会

王 颖　段 文　项振海　**参 编**
昆明理工大学建筑与城市规划学院

PREFACE | 前言一

本书的出版是以国家自然基金项目"时空连续统视野下滇藏茶马古道沿线传统聚落的活化谱系研究"为基础，结合昆明理工大学建筑与城市规划学院城乡规划系师生近年来的教学成果汇编而成，是该研究课题的系列成果之一。该课题是以廊道遗产茶马古道滇藏线（云南段）为主脉，以沿线传统聚落（包含历史城镇与传统村落）为主体研究对象，针对沿茶马古道滇藏线（云南段）多样性、原始性、独特性的人文地理特征，沿线传统聚落体系面临的时间断层、空间断脉、文化断源的多重保护危机，在"时空连续统"的研究视野下，从聚落系统和聚落单元两个空间层级双维切入进行研究，构建面向"茶马古道'滇藏线'（云南段）传统聚落"的空间基因图谱数据库，对其沿线传统聚落进行"动态跟踪研究""问题监测研究""活态保护策略研究"，从宏观的角度通过文化叠加、空间叠合等方式提炼、梳理历史廊道聚落体系的生长规律及普遍性问题；在微观角度下精准探寻传统聚落单体内的营建智慧、社会矛盾与空间困境；并以此为基石，构建从宏观保护治理到微观社区振兴的动态活化保护谱系；希冀能够为国内其他地区的历史文化线路地段的活态振兴提供一定的理论借鉴及实践参考依据。

作为该课题中构建动态活化及保护谱系的重要基础研究部分，将古道沿线各民族的传统聚落的布局、建筑及文化特点等要素进行系统化归纳，是一项较为基础但十分重要的前期工作。为此，结合昆明理工大学建筑与城市规划专业的教学实践活动，以专业教师及学生为研究团队骨干，利用相关课程实地调研考察了茶马古道沿线的部分传统聚落，并对聚落的历史、环境、人文等要素进行提炼，以实地测绘的方式记录并收编各聚落尚存的、代表性的传统民居要素。该研究将对具有传统特色风貌和历史保护价值的聚落及社区政府认清自身的优劣势，找出阻碍保护与发展的关键，在乡村振兴问题上该走哪条路提供较为翔实的前期分析。

另外，从教学层面来讲，我国城乡规划专业人才培养的目标，是要积极应对城镇化快速发展和社会转型期对高层次规划人才的需要，培养适应社会、经济和区域发展和建筑学科基础审美与工程技术方法的专门人才。随着我国城镇化进程的推进，城乡发展逐渐由以城市为重心向城乡统筹发展转变，越来越多的乡镇和村庄都进入乡村振兴的运动中来。因此，目前的社会经济发展对相关专业人才需求量较大，当前的高校对城乡规划人才的培养仍然不能满足社会需要。尽管近 10 年来，全国许多高校开设了城乡规划专业（全国 10 年来增长出近 100 所院校开办城乡规划专业），但办学的专业背景来自不同的学科院系，专业差异性大，需要规范办学指导。城乡规划专业人才特别是高级专业人才便成为社会急需和紧缺人才和高校热门专业。

  本书既是研究课题的基础成果，也是城乡规划专业课程的教学成果。作为系列成果之一，本书仅聚焦云南大理段茶马古道沿线的村镇聚落，以白族民居聚落的演变时空特点和建筑空间要素为主体进行记录及汇总，展示以建筑学及城乡规划专业视角对茶马古道沿线传统聚落现状的关切。本书收录了部分学生测绘成果，因专业能力差异导致绘制效果优劣不一，这也是教学过程中不可避免的正常现象，部分有一点瑕疵的成果也一并收录进来，对后来者也是一个警醒和对比参考。由于编者的水平和精力有限，图文当中难免有错误和遗漏之处，敬请广大读者和专业人士批评指正。

王　连

2023 年 6 月 23 日

PREFACE | 前言二

滇藏茶马古道是我国古代西南地区货物运输、人员交往和对外交流的重要通道，大理白族地区的茶马古道是滇西茶马古道庞大交通网络的重要组成部分。由于茶马古道线路的复杂性，对其进行的学术研究也处于不断完善的进程中，相关的基础调查近年来也不断展开，常有新的发现。

我有幸从2019年加入由我院王连老师领导的"历史城镇测绘"教研组，在最近四年中，教研组每个暑假都带着城乡规划专业本科三年级的学生到大理白族地区茶马古道沿线的传统聚落进行实地调研测绘，每年以不同的地方作为调研对象，先后对剑川古城、大理古城周边、下关镇、祥云县云南驿镇等地区的传统聚落进行了比较详实的田野调查。

滇西地区多山岳丘陵，地形复杂，茶马古道是古代这一地区传统聚落形成、发展、兴盛、衰落的重要影响因素，从文化传播路径的角度看，这一地区的聚落和建筑应当同茶马古道途经的其他地区具有非常明显的共性基因。云南少数民族众多，白族地区的传统营建具有独特的地方性和民族性，因此茶马古道沿线的聚落和建筑在这一地区也体现出很大程度的独特性，内嵌了不可忽视的差异化基因。

对该地区进行量大面广的调研测绘，有助于在扎实的基础研究上，为探明我国古代传统聚落如何在本土文化与外来文化的激荡与碰撞中发展演变提供依据，为我国当前的城乡建设如何在拥抱世界的同时体现民族和地方特色提供启发。

在本书即将付梓之际，我感到十分欣慰。本书的内容涵盖了教研组2016—2021年的教学积累和研究思考，是教学与科研相结合的一项成果。我也希望这项研究对茶马古道的基础研究工作能够持续下去，不断调整优化，吸引更多的同行学者和学生关注与参与，争取每年都去新的地方调研，去发现新的现象和问题。

段 文

昆明理工大学建筑与城市规划学院

2023年1月5日

CONTENTS | 目 录

第一章　历史村镇实地调研与测绘课程简介 ······ 1

第二章　教学成果总结与思考 ······ 3

第三章　测绘原理、技术介绍 ······ 9

第四章　测绘地点概述 ······ 15

第五章　历年测绘成果展示 ······ 35
　第一节　2016 年测绘成果篇——大理州剑川县沙溪镇黄花坪村测绘 ······ 37
　第二节　2017 年测绘成果篇——大理州剑川县沙溪镇部分村庄测绘 ······ 55
　第三节　2018 年测绘成果篇——大理州大理市龙尾关、凤阳邑、中和村测绘 ······ 69
　第四节　2019 年测绘成果篇——大理州大理市茶马古道沿线村庄测绘 ······ 96
　第五节　2020 年测绘成果篇——大理州剑川县剑川古城测绘 ······ 119
　第六节　2021 年测绘成果篇——大理州喜洲镇中和邑村测绘 ······ 155
　第七节　2022 年测绘成果篇——大理州祥云县云南驿镇测绘 ······ 180

参考文献 ······ 205

附　录 ······ 207

后　记 ······ 211

第一章　历史村镇实地调研与测绘课程简介

　　按照昆明理工大学建筑与城市规划学院 2017 年版教学大纲要求，城乡规划学本科在三年级阶段利用暑假短学期集中周（三周集中教学时间）期间了解并初步掌握乡村规划理论及方法和传统民居建筑及村落规划特色。为了避免过于理论的课堂教学，经系教研组决定用理论结合实践的方式带领规划系本科学生（约 30 人）到项目实际村庄中去，现场学习和研究村庄及传统建筑的规划建设方案。

　　因为与实际项目相结合，项目合作方为学生调研活动提供了适当的便利条件，如提供现场办公场所及厨房后勤保障，因此解决了学生出行人数较多情况下的后顾之忧。教学工作安排采用前紧后松的方式，现场调研工作两周，统一安排、集体活动，吃住在现场；之后返校后工作一周，总结完善调研成果。教学内容方面以实际动手操作的方式引导学生接触并了解传统村庄建筑与规划层面的特点，总结出有规律性的要素；结合与规划编制单位、政府部门的实际交流，总结出有可实施性的规划及管理方法，如图 1-1 所示。

历史村镇实地调研与测绘：云南大理地区茶马古道沿线传统聚落

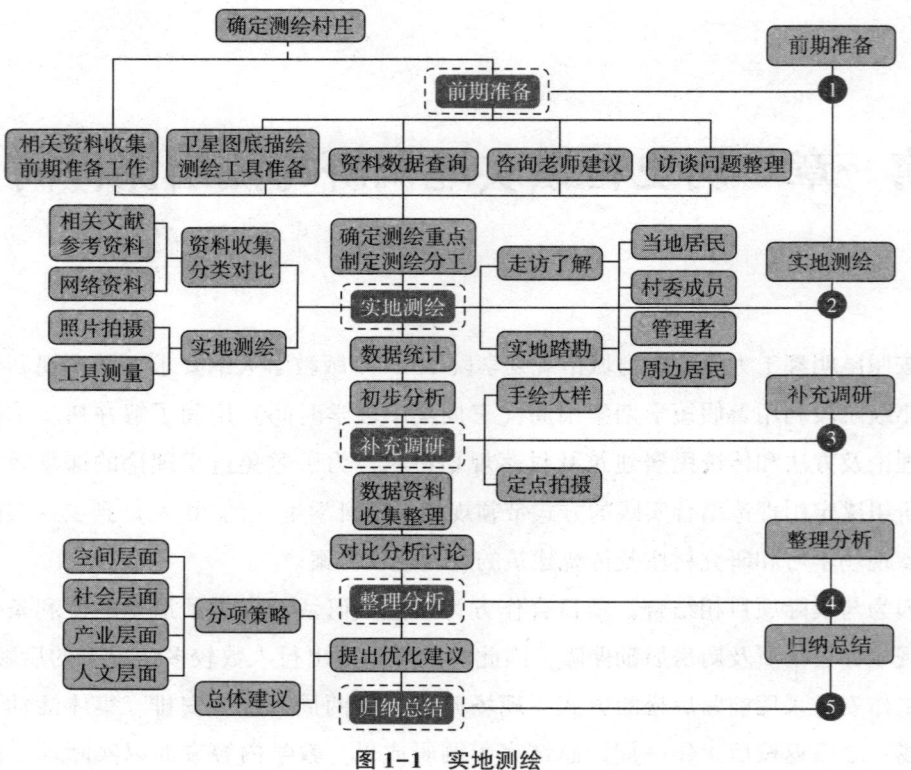

图 1-1 实地测绘

第二章 教学成果总结与思考

一、传统村落保护要素梳理

以大理洱西片区测绘成果为例，大理洱西片区的白族传统村落及民居建筑有诸多统一的特点和地域性的特色，既代表了整个大理白族民居文化传统，又体现出苍洱地区的村庄发展演变的特色。归纳起来有以下几个方面：村庄选址及公共设施布局、传统文化及院落布局、建筑及宅门设计。这些要素共同组成了白族村落的"图腾"。

1. 村庄选址及公共设施布局要素

大理洱西片区白族村落的选址以及村庄内部常见的空间场所具有明显的地域特色，从宏观的角度归纳总结传统村落的规划建设要素，解读大理白族地区村落的构成及村庄中具有普遍意义的文化生活。

2. 院落布局要素

院落是传统村落的居住单元和家庭单元，白族传统院落能够体现出白族以家族为中心的传统文化及家庭生活方式，根据家庭结构和组成大小，院落布局多种多样，包括一正一厢、一正两厢、三房一照壁、四合五天井、六合同春等多种院落布局形式。

3. 建筑构筑物类型及文化要素

大理洱西民居常用作正房的形式有带厦楼房、走马楼、土库房，吊柱楼房常用作耳房或是厢房，挂厦楼房则是最主要的商铺门面房形式。建构筑物的多样性也体现了生产生活的多样性，以及传统观念中的等级机制。

二、传统村落及建筑测绘总结

作为城乡规划专业的本科生，掌握基本的绘图技能是必不可少的教学环节。在实践教学环节中，带领学生实地测量民居建筑、道路及街巷空间、重要公共活动空间是主要教学工作内容。为学生准备的测绘工具也较为丰富，既有传统的皮尺、卷尺、竹竿、绘图板、水准仪等传统工具，也有激光测距仪、无人机等较为现代化的测量辅助工具，因为传统村庄道路及院落空间狭窄，传统的测绘手段起主导作用，利用无人机从空中拍摄作为村庄整体布局测绘和建筑区位校对，综合使用传统和现代化的测绘工具及校对方法，可以保障测绘成果满足村庄布局及建筑单体现状图的绘制要求。

总结下来，经过短暂而又丰富多彩，紧张而又高密度的集中教学及实践活动，学生们的学习积极性极大地被调动起来，工作内容及成果也较为丰富。主要包括以下几个方面：

①对地域代表性的白族民居传统建筑与茶马古道沿线传统村落的规划建设特点有了较为翔实的了解，并以传统村落保护要素的方式加以提炼，总结出地域范围内具有共性和代表性的价值点，有利于整个地区的传统村庄保护与发展，有利于学生对专业领域在乡村特色规划方面的知识掌握和深入学习。

②对传统建筑的建造方法有了较为系统的学习和掌握，通过建筑与街巷空间的现场测绘，以及在过程中与当地村民、工匠、手工艺人以及地方政府专家和学者的交流，让学生体会到村庄生活的朴素与艰苦，学习到建筑因地制宜的建造方式和传统构造原理。其总结的成果以村庄及重点建筑测绘图的形式保留下来，对专业教学在技术和方法传承方面有着重要的参考价值，也为地方政府在村庄建设方面提供重要基础资料有直接的帮助。

③在现场及后期交流学习过程中，借鉴和总结的村庄保护与规划方法，对地方政府在村庄管理实践中起到一定的借鉴和指导作用。如在项目中地方政府主要委托的规划编制单位是具有瑞士联邦理工大学（ETH）高校背景的瑞士 LEP 规划咨询事务所（中国子公司：昆明瑞方规划设计咨询有限公司），教学活动的成果与瑞士专家有过多次的交流和探讨，以邀请瑞士规划专家赴学院来做专题讲座的方式，将国际较为流行的历史传统建筑保护办法以及传统村庄规划方法教授给同学们，并利用瑞方的规划管理办法运用到村庄调研中来，如翔实的村庄建筑分类及分析办法和以院落为单元的普查登录方法，这些学习到并运用到实践工作中的调研成果，间接地指导了地方政府在村庄保护项目实施过程中，建立保护区（核心区、控制区、协调区等）、划分保护等级及明确保护对象、优化村庄管理制度等发面的工作。

三、传统村落保护及管理调研总结

通过现场调研以及后期的学术交流活动，针对少数民族地区传统村落的保护与规划管理总结出三个重要方法：其一是完善的村庄建筑档案录入管理制度；其二是传统建筑保护时序评价措施；其三是配套的监控管理机制。

经研究，在进行古村落保护规划及历史文化区域的保护规划中，将区域内的院落及建筑以档案的形式记录是开展后续工作的基础，并且涉及的建筑并不只局限于需要受到保护的历史建筑，也要关注到区域内需要进行风貌整治的现代建筑，这一风貌不协调的状况在当今农村地区非常突出。因此，院落、建筑档案的录制是传统村落最基本的工作，建筑档案中不仅包括建筑和院落要素特征，也包括院落的现状情况以及院落负责单位或个人的基本信息，这些信息既方便规划区的建筑管理，也能为后期规划的实施提供相应的技术支持。

现将历年测绘成果择优收录，同时力求尽可能多地覆盖茶马古道沿线村庄，为未来相关工作提供参考。

四、传统村落调研的思考

大理洱西地区村庄鸟瞰图如图 2-1 所示。

图 2-1　大理洱西地区村庄鸟瞰图

通过连续五年的本科三年级短学期村庄规划实践教学活动，让学院师生对大理地区茶马古道沿线的村庄历史、现状以及未来的发展有了较为直观的认识和全面的了解，在教育教学方面做了一些探讨性的研究与尝试，为云南省高校城乡规划学专业教学的方法提出借鉴性意见。

首先,三年级本科生正处于思维较为活跃、心理趋于稳定、专业取向逐渐明朗化的重要时期,在完成一、二年级必要的专业基础教学后,适当的利用假期,主动带领学生走出校园、走进乡村、走向社会,是让学生对所学专业产生兴趣、提高学习积极性,并引导学生由传授式被动教学向吸取式主动教学转变的一种有效方法。尽管这样的教学方式存在实际项目来源少、时间短、组织管理不易协调等方面缺点,但给老师学生们带来的机会是非常难得的。经毕业生反馈,村庄调研及测绘实习活动,是他们在大学期间最值得怀念的几个经历之一。

其次,村庄规划实践教学活动让同学们学会了规划专业动手与动脑的操作过程,让学生们走出教室、放下电脑,去一砖一瓦地研究建造,去一间一院地走街串巷,跟村民、村官和专家交流,把自己的想法和问题跟老师同学们分享,这种互动式的教学方法有利于对乡村规划、传统民居建筑以及相关知识的理解和掌握,有利于教学以丰富的形式、高效的方法进行,整个教学活动时间虽短,但效果较好。

再次,村庄规划实践教学活动让同学们实际认识到了少数民族地区城乡规划实践过程中的城乡差距以及文化差异,对那些本来就来自地州县的学生以及那些有志向到地州县去工作的学生无疑是个非常好的实践机会,通过与当地各级政府的对接,也让学生们了解到地方行政工作的基本内容和主要特点,有利于未来在就业、择业过程中选择更适合的目标。

最后,这样的教学活动也为当地的村庄规划实践工作带来有力的促进作用,毕竟在地州县上的规划部门专业人手不足,难以做到规划普查等基础工作细致缜密、大量高效的成果,而结合高校教学环节正好可以解决了地方专业部门的部分实际工作需求,从而达到双赢的效果。因此,这样的教学活动应继续在我校推广和深化,不宜多但要精,而且要有连续性,通过院校与地方的合作,达到教学和服务社会两不误的目的(图2-2~图2-5)。

第二章　教学成果总结与思考

图 2-2　传统村落历史建筑

图 2-3　云龙邓诺古村

图 2-4　云南邓诺古村落

图 2-5　白族传统民居

第三章 测绘原理、技术介绍

一、总述

随着科技进步，古建筑测绘技术从初始的手工测量，到现在的 GPS 技术、数字图像与近景摄影测量技术、激光三维扫描技术等先进技术和手段，测量工具也从钢卷尺、皮卷尺和垂球，到激光测距仪、激光标线仪、激光三维扫描仪、水准仪、经纬仪、平板仪、全站仪、罗盘仪等。测量误差大大减小，工作效率大幅提高。测绘成果也从图纸的范畴，向多媒体形式发展。具体来说，测绘成果至少包括这些形式：传统手绘测绘稿；数码照片、动态视频；后期采用计算机绘制的测绘图样、数据图表；以及对测绘对象的历史、现状、形式、布局、尺度比例、装饰装修等方面的文字报告；甚至根据测绘对象的形式和结构按比例用适当材料制作的实物模型等。

二、古建筑测绘工具及仪器介绍

1. 常用手工测量工具包括以下几种：

①皮卷尺、钢卷尺、小钢尺是距离测量最常用的工具，角尺是常用的角度测量工具。

②水平尺、锤球和细线：在测量中找水平线（面）及铅垂线（面）时的工具（图3-1）。

2. 常用的测量仪器有以下几种：

手持式激光测距仪、激光标线仪、水准仪、经纬仪、平板仪、全站仪、罗盘仪等常规测量仪器，用于总图测量和单体建筑控制性测量。全站仪、数字相机、数字化近景摄影测量工作站等组成近景摄影测量系统。

三维激光扫描仪，可快速获取测量对象的空间坐标系统，生成点云模型，据此可形成三维模型和正射影像和线画图等成果（图3-2~图3-4）。

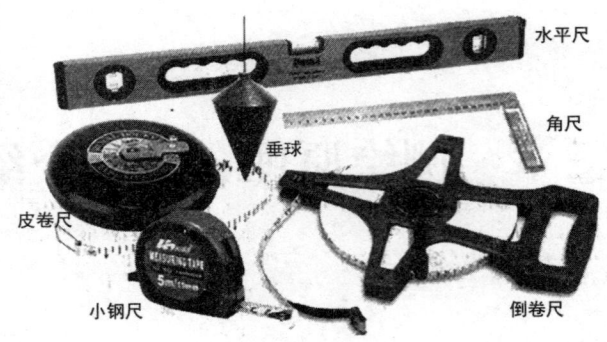

图 3-1　测量工具图示（资料来源于《古建筑测绘》）

图 3-2　大平板仪图示
（资料来源于《古建筑测绘》）

图 3-3　激光测距仪图示
（资料来源于《古建筑测绘》）

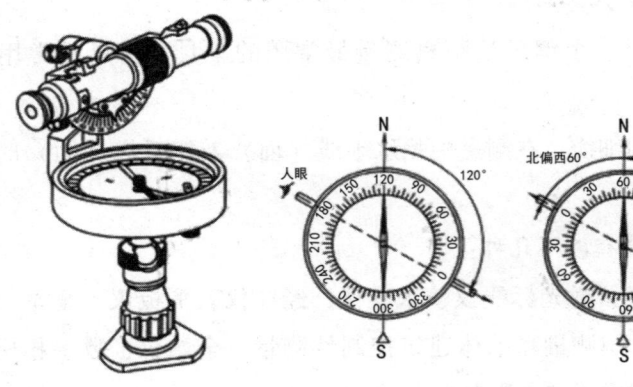

图 3-4　罗盘仪图示
（资料来源于《古建筑测绘》）

三、测量原则与方法

测量原则与方法：整个过程可分为三个流程，即前期准备、测量过程和后期整理。其中前期准备工作主要包括以下内容：

①提高测绘人员的古建筑学素养，对古建筑的结构和构造要熟悉，这就要发挥主观能动性，收集相关资料，尤其是熟悉测绘对象的基本情况；

②准备齐全的测绘工具，将测绘人员分组，以便于管理，并提高安全意识；

③要提前准备地形图，这一点对于建筑学精测来说起到限定和指导作用。测量过程开始，首先对测量对象进行图像采集，因为数字影像资料不仅是对古建筑信息最便捷的保存方式，同时极易记录其周边环境和对其的影响痕迹。其次，绘制徒手草图，这是最传统也是可操作性最强的测绘步骤，它为下一步测量提供必要的基础和数据记录单元。

草图包括平面、立面、剖面、总平面以及部分细部详图。有了草图作为标注尺寸的底稿，下一步即是对建筑主体的实际测量，此时应注意以下几个问题：

①总平面。总平面图体现整个院落的关系和周边环境情况，在测绘中起统领作用。由于时间限制，往往依靠前期的地形图来把握。用卷尺拉出院落的尺寸，标于草图之上，在后期的资料整理中，若与地形图有误差，则以地形图为标准。

②平面图。平面图是建筑内部格局和流线关系的最直接的反映。草图阶段应从定位轴线入手，标明柱子位置，测量内容主要是建筑的开间、进深、墙厚、柱径、楼梯、门窗位置等。绘制平面应遵守"关窗开门"的法则。

③立面图。立面图一般是正房立面与厢房剖面结合，或称横剖面。立面主要是反映建筑的形象和高度。因此，对于建筑屋顶的屋脊、兽吻、瓦垄、檐椽、排山沟滴的尺寸、分布和数量要明确；详细测量斗拱、门窗、雀替、挂落、花板样式和尺寸；而台基、踏跺、栏杆也不能忽视。绘制立面图应遵守"关窗关门"的法则。

④剖面图。剖面图着重体现建筑的结构和构造方式。如屋顶构造及门窗和墙的衔接方式都在剖面图中得到了充分的表现。一般是正面剖向左看，与立面结合绘制，直接反映院落关系和丰富的轮廓线。

⑤细部详图。斗拱、门窗、镉扇、花罩、楼梯、角梁等，在以上的图中没有表达清楚的都要绘制详图来彰显院落的历史和艺术价值。若是木结构的建筑，还应绘制屋顶的平面图、梁架的仰视图等。这样就完成了建筑测量的全过程。

四、测量工作中的问题及解决方法

古建筑年代久远，往往由于基础的不均匀沉降、长期承受荷载、材料的风化、劳损，以及自然因素等影响，通常构件都有不同程度的变形，甚至损坏。例如，梁被压弯、梁架下沉和歪闪、柱裂缝、角柱下沉、檐角下塌、脊饰脱落、正吻不完整等。针对此类共性问题，在实践中着重比对研究，找到了下列几点解决方法：

①建筑结构有重大变形及损坏的。实践中可见，转角部位结构复杂、构件多，而且容易受到外部风、雪等荷载的影响，是建筑物最容易变形的部位，所以古建檐角常见塌下的问题。转角处的角柱由于承受的檐角部分的荷载大于其他檐柱，一般会因基础不均匀沉降而发生下沉。遇到这样的情况时，首先应按照现有状态测绘，其次选择数个同类构件进行比较和测量，再找出其中测量最大值作为这类构件的统一尺寸。也可以根据基础理论模数关系，由相关构件的尺寸对疑问构件进行推算和验证。对结构上所做的这些恢复工作必须在测绘报告的图纸说明中详细记录下来。

②建筑结构没有重大变形的。如有些构件缺失、裂缝，或者彩绘、雕刻图案褪色、模糊等，并不影响建筑物整体结构稳固，均依照现状测绘，这样可以真实地表达古建筑的存在状态，保存时间在其之上的痕迹，保留历史感。

③尺寸问题。主要尺寸是决定和影响建筑物体形高低大小与时代风格特征的直接指标，如各开间的面阔、进深；梁架中的柱高、举折；斗拱中的出跳等。次要尺寸是指与建筑物骨架牵连关系较少，或者用间接方法也可以求得的尺寸，如门窗装修的槛框长短，墙壁的厚度等。应当遵循次要尺寸服从主要尺寸；分尺寸服从于总尺寸；少数服从多数的原则。可见，对古建筑的结构和构造越熟悉，测量工作进行得越精细，得出的结论就越准确。所以要求参与和主持测绘的建筑师要熟练掌握测绘的基本方法和工作原理，并且要和所有直接操作人员紧密配合与协作。要做到现代测绘技术与传统古建筑测量方法的有机结合，从全方位、多信息源的角度，科学地为古建筑的保护和维修提供研究资料。

古建能反映出一个地方的历史文化发展，对于古建的保护是历史文化保护的重要一环，古建测绘对于历史文化的保护有着极其重要的意义，一来可以在测绘过程中发现古建存在的一些因为人为破坏或者是因为年代久远而产生的新的问题，再一个可以为以后古建的修复，修缮留存根底，对于古建保护具有重要意义（图3-5～图3-7）。

第三章 测绘原理、技术介绍

图 3-5　测绘现场照片　　　　　图 3-6　测绘现场照片

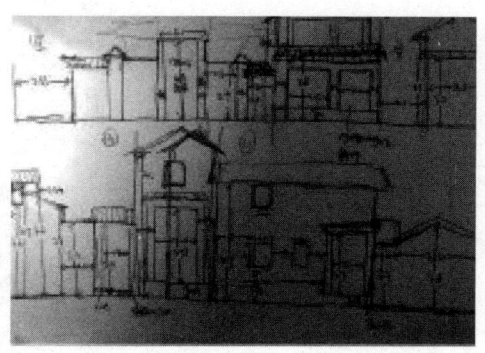

图 3-7　剑川古城街道测绘立面草图

第四章　测绘地点概述

一、茶马古道概述

（一）总述

茶马古道并不是明确的几条道路组成，而是一个庞大的交通网络。茶马古道历史线路除了主要的三条线路：即滇藏线、川藏线、青藏线（唐蕃古道），还有若干的与之平行和交叉的支线，形成一张以中国西南地区为中心的庞大交通网络，其外围还延伸到了国内的西北地区和周边的国家。

茶马古道的诞生导致了汉、白、藏三种民族文化在大理地区的交流与融合，由于大理地区海拔较高、多山，相对封闭的地形使得民族文化融合的过程中白族完好地保存了自己的文化主体。随着茶马古道沿线的繁荣，南诏时期在其沿线产生了大量的居民点，并设立了都城。明清时期茶马古道及沿线的商业发展、城市建设均达到了一个鼎盛时期。到了20世纪初，随着铁路、公路以及机场等现代化交通的建设，茶马古道及其马帮文化逐渐没落，渐渐地消失在城市快速发展的浪潮中，尤其是近二三十年的城市发展和旅游开发，让大理洱海地区进入一种几乎不可控制的高速建设状态，各种风格的商业开发建筑大量涌现，蚕食着苍山洱海之间的山水田园等自然传统风貌，部分历史村落要么消失要么被新村建设运动完全遮盖起来，难以寻觅。

作为世界上通行里程最长的古代商路，很少有人能走完茶马古道全程。沿途的很多商品集散地、中转站就成了川滇藏各地马帮行走茶马古道的起点或终点，比如丽江、大理、拉萨、雅安、昌都等。

(二) 茶马古道朝代发展历程表（表4-1）

表4-1　茶马古道朝代发展历程表

时间节点	发展阶段	发展原因	重要事件
唐朝	形成阶段	茶叶从经济文化层面上升到以茶施治、以茶固边之政治功用层面，茶马贸易应运而生	唐代开元十八年（730年）有了经常性的马市
宋朝	兴起阶段	宋朝常与他国交战，需要战马众多，但购买战马经费拮据，吐蕃等少数民族对茶叶需求迫切，且需求量大，于是宋朝将茶马交易作为一种政治手段，用来结交并控制西北各民族	1. 在川西开辟西路马源； 2. 茶马互市重点转移到西南地区，云南滇西北的丽江、中甸、塔城、德钦等地成为茶马古道沿线的民族聚居地
元朝	抑制阶段	其领导蒙古族本身就是"马背上"的民族，虽然此时西藏被纳入国土，但是马匹资源丰富，茶马贸易需求量不大	官府废止"茶马治边"政策，但仍有兴建联系西藏和内地的交通驿站
明朝	拓展阶段	明《滴露漫录》中记载："茶之以物，西戎、吐蕃，古今皆仰食之，以其腥肉之食，非茶不消，青稞之热，非茶不解，是山林草木之叶，而关国家大经。"西北人民对茶的需求更加迫切	1. 再次恢复茶马政策，并进一步把茶法和马政视为军国要政； 2. 天全、雅安等地成为明代汉藏之间茶马交易的主要市场； 3. 云南逐渐成为茶马互市上的重要区域
清朝	鼎盛阶段	清朝沿袭明朝的茶法马政制度，继续发展	1. 清初，严格执行茶法马政，并重新规定茶马互市只限于官府； 2. 乾隆中期，茶马互市制度由官营转向商营，并使得茶马贸易有了更新的发展和繁荣； 3. 清朝后期，虽然仍以茶叶为主要商品，但与藏族人民相关的生产、生活资料进入市场的比例增大，川藏滇高原的市镇发展规模和范围都有扩大，达到茶马贸易的鼎盛时期

续表

时间节点	发展阶段	发展原因	重要事件
民国以后	衰落阶段	随着社会和科技的发展，虽有战事，但已不需要战马。后滇越铁路的修通，使得茶马运转不再被需要	茶马古道被取代和废弃

（三）茶马古道三条路线

第一条滇藏茶马古道，即以云南产茶区西双版纳和传统普洱茶集散地普洱为中心的路线，走向大致是由云南南部通向西北部，即由西双版纳、普洱、临沧等普洱茶产地和集散中心，经大理、怒江、丽江、迪庆等地到西藏，再经碧土、邦达、昌都、类乌齐、边坝、工布江达、墨竹工卡等地，最后到达拉萨，从拉萨出境后再进入尼泊尔、不丹、印度、阿富汗等国家和地区。

第二条川藏茶马古道，即以四月茶叶产地雅安为中心，从雅安出发，经康定、庐定、新都桥、雅江、理塘、巴塘、芒康到西藏的昌都，与云南茶马古道相汇后，经过邦达、昌都、类乌齐、边坝、工布江达等地，进入拉萨。

第三条青藏茶马古道，是西藏地区与中原地区往来的主要交通道，从西宁出发，经过日月山，徨源区域，到玛多、玉树、杂多、安多后，与川藏茶马古道在那曲汇合，从当雄进入拉萨。

（四）云南省的茶马古道和驿站

从云南省内的茶马古道路线图可以看出，大理州的茶马古道是以大理市（下关）为中心向四周辐射的。大理市下关在整个云南茶马古道线路中占据着举足轻重的地位。

（五）茶马古道的意义

1. 历史意义

①"茶马互市"的发展和茶马古道的繁荣，促进了川藏和滇藏沿线高原城镇化的发展。

②茶马古道也是各民族交往和融合之道。

③历代中央王朝通过茶马古道加强了与其他国家之间的经贸往来、政治文化交流。

2. 现实意义

①茶马古道是中国历史上最为著名的国际贸易通道之一。是中国西南各民族相互交往、融合的走廊，也是汉藏民族不断交融和西藏自古以来是中国一部分的见证。

②茶马古道沿线所经过的少数民族地区，拥有的独特自然、人文景观，具备成为独特旅游热线的可能。

③茶马古道拥有世界上最丰富的生物多样性和民族文化多样性。

④茶马古道无论在自然还是文化上都具有不可复制性，是一条具有国际影响力的古道，拥有国际市场潜力。

⑤积极融入"一带一路"建设，重现茶马古道辉煌。

3. 总结

现存古驿站以明清时期为主，因城市建设大多驿站均已失去当年的历史风貌，仅有部分沿线村庄尚存一丝遗貌。完整的茶马古道已不复存在，为数不多的遗迹也几近消失，现存的仅有凤阳邑700米的茶马古道，古道的保护与再现刻不容缓。

从云南省内的茶马古道路线图可以看出，大理州的茶马古道是以大理市（下关）为中心向四周辐射的。为了解历史古村落的兴衰，真实感受历史村镇的魅力，我们选择茶马古道大理段沿线村落作为我们课程的目的地。

二、大理地区概况

（一）总述

大理白族自治州位于滇西，东连楚雄彝族自治州，西接保山地区，北与丽江地区毗邻，南和临沧、思茅地区接壤。全州面积为2.95万平方公里，总人口320万，全州主要有白、汉、回、彝、藏、傈僳等25个民族，白族占总人口的三分之一。

大理市是大理白族自治州的州府所在地，位于云南省西北部，横断山脉南端，是一个依山傍水的高原盆地。大理是国家级历史文化名城、国家级风景名胜区和自然保护区，首批中国优秀旅游城市。大理市是以白族为主体的少数民族聚居区，全市人口49万人，其中白族占65%。

大理是中国西南边疆的文化发祥地之一。早在三千多年前，洱海周围就居住着白族先民。西汉元封年间，始建叶榆县。唐宋时期先后建立的"南诏国""大理国"等地方政权延续了五百多年，曾一度成为云南的政治、经济、文化中心。自古以来，大理就是滇西之通衢，博南古道、南方陆上丝绸之路必经之地，是云南的政治、经济、文化中心，是沟通云南丽江、迪庆、德宏、保山、楚雄、临沧、思茅等8个地州的昆畹公路、滇藏公路的交汇点和物资集散地，也是我国同东南亚各国文化交流、通商贸易的重要门户。现今已经成为连接滇西八地、州的交通枢纽和商贸、旅游、文化中心。

大理历史悠久，是云南最早的文化发祥地之一。据文献记载，一万多年前白族祖先就在这里繁衍生息，散布了许多氏族部落，史书中称为"昆明之属"，他们创造了灿烂的新石器文化。

早在公元前四世纪，从蜀地，也就是今天的四川出发的浩浩荡荡的商队，就已经拖着棉麻和丝绸，经过这里，一直到恒河流域的印度孔雀王朝，去换回宝石和海贝回来。

大理得天独厚的自然条件，使它理所当然地成为古南方丝绸之路上的重要枢纽和中国西南边陲最大的物资集散地（图4-1）。

图4-1 茶马古道历史沿革图

（二）白族文化与民居建筑

白族的起源具有多元的特点，最早的白族先民由洱海周边的土著昆明人、河蛮人与青藏高原南下的氐人、羌人融合形成，之后又融入了部分叟人、僰人、爨人、僚人、哀牢人、滇人、汉人等多种民族。白族的形成和发展是一个渐进的历史过程。在这个过程之中，"僰""爨"、氐羌、南诏大理国时的"乌蛮""白蛮"以及历代汉族、藏族、蒙古族及周边各少数民族，历经两千多年的融合演进，最终形成当代白族。大理白族自治州以外的白族，就是白族历代发展迁徙所形成的。

以"三坊一照壁""四合五天井"为代表的白族民居建筑是中国民居体系中的珍

贵遗产。这种合院建筑以"坊"作为院落布局的基本单元，结合照壁、门楼等共同组成优美宜人的居住空间。白族民居建筑在院落布局、结构形式、构造工艺等方面与汉族合院建筑有着十分紧密的脉络联系。在长期的发展演变过程中，白族民居呈现出鲜明的地方特点和民族文化特质，尤其是在照壁和门楼的建筑处理上最为突出。照壁、门楼有着优美的曲线檐口和精致的雕绘，以白为主的色调形成朴素、淡雅的风格，体现出白族"崇白"的风尚，不仅改善了院落光照条件和视觉环境，也极大地提升了建筑的文化和艺术品质。轻盈飞扬的屋檐翘角、精美绝伦的木雕艺术、清新淡雅的照壁彩绘，黑瓦白墙，屋顶错落，配以村落中古老的大青树，构成具有极强的艺术创造性的白族乡村风貌景观。因此，白族民居保留了白族居住文化演变历程的丰富信息，有极强的艺术创造性，是砖石建筑工程技术的杰出范例，更是传统土地利用与空间组合的典型范例。白族民居建筑传承、发展、创新的历史过程对于中国传统建筑历史与文化的研究具有重要意义。

（三）白族传统村落

1. 村落形态

①"平坝村落"：分布于山间的坝子区域，地势平坦，形态布局上严谨工整。道路系统也很工整，民居院落和庙宇建筑体量宽大，村落公共活动空间一般位于村中心，空间大、包容性强，设施比较完善（图 4-2）。

图 4-2 平坝村落

②"山地村落"：村落受地形限制，民居院落顺应山地等高线布局，层次丰富。交通组织和建筑布局随山就势，布局灵活，村落公共活动空间布置在村落重要节点处，村口设照壁以改变不好的山水格局（图 4-3）。

③"滨水村落"：村落沿河湖水滨地带布局，形态上通常与河岸形状相适应，灵活多变，主要道路纵横交错，相对规整，小路则比较凌乱。建筑布局依托背山面水的传统模式，村落公共活动空间以码头集市、街市和村落空地为主，庙宇较少，但周围植被茂盛（图 4-4）。

图4-3 山地村落

图4-4 滨水村落

2. 村落选址

白族传统村落寻求天人之间和谐相融，追求"人与自然""人与人""个人与社会"和谐的居住环境，传统村落也是白族独特朴实的乡土文化空间。传统村落多选址于山水之间，构建居耕结合、山水相融、入神入画的居家环境，既要讲究风水，又要考虑居住的宜居性。

首先，白族村落遵循"背靠山以避风，面对水是龙脉"的风水原则，意思就是指背靠苍山，面向洱海。实际上，在苍山洱海间向东倾斜的缓坡地带，背山面水主房东向，可以更好地接受阳光，又能更好地避风。

其次，居住宜居性需要考虑这几点：接近水源，满足正常的生活用水需求；交通便利，加强居民的交流沟通，便于耕作；地势高爽，利于排涝；建筑布局朝向好，保证冬暖夏凉；尽可能地避开自然灾害易发区；等等。

3. 村落公共活动空间

传统聚落的公共活动空间是村落的重要组成部分，体现着当地独有的生活和生产方式，承载着村落的人文精神。白族村落的公共活动空间以"四方街"最为典型，兼具了街道和广场的双重特征。主要集中在茶马古道沿线，在过去是马帮的货物集散地，周边会出现商铺、马店、客栈、会馆等公共建筑。随着时代的变迁，集市功能逐渐演变成为居民公共集会和日常社会交往的场所，茶余饭后人们都喜欢到广场上唠唠家常，形成独有的村落人文景观。四方街上的活动不仅反映了聚落日常生活状态，更充分展示了民族文化、宗教信仰和地域文化的高度融合，承载着诸多的历史记忆（图4-5、图4-6）。

图4-5 四方街（1）

图4-6 四方街（2）

4. 村落公共建筑和设施

①本主庙：白族人认为，本主能够保国保民，本主崇拜是白族特有的宗教信仰。本主庙是白族村寨中一方神圣之地，是白族人祈福和寄托心灵的场所，村民们每逢娶妻建房、生病死亡和节庆日都会到庙中祭拜本主，开展特有的白族传统宗教活动。本主庙建筑通常采用合院式布局，与民居相似，多由庙门、大殿、两厢及耳房组成三合院（图4-7）。

图4-7 本主庙

②文昌宫：文昌宫最初为当地土著民族祭龙的龙王庙，明清时成为文人墨客会友、吟诗作画、读书的场所。文昌宫一般是一座由大门、大殿、厢房、厨房等组成的院落。

③魁星阁：传说中，魁星是主管文坛之神，读书人的命运掌握在他手中。过去人们通过祭祀、祈祷，希望魁星神带来文运亨通而改变人生。魁星阁建筑以2~3层的阁楼式建筑为主。

④祠堂：在中华历史文化中，宗族观念可谓是根深蒂固，祠堂既是供奉家族祖先的场所，也是宗族议事的重要场所。修建祠堂是人们对家族祖先长辈的缅怀和尊敬，没有明确的建制规定，规模一般取决于家族的财力和物力（图4-8）。

⑤戏台：白族戏台作为白族民间音乐和宗教民俗的展示台，白族人热爱歌舞，在各种节日中，以戏台为媒介，传达民众情感或祈求神灵，对白族人具有现实的认知和体验起到重要作用。建筑形态上主要有四种：与照壁结合一体、与大门结合一体、与魁阁结合为一体和两面照的戏台（图4-9）。

⑥村头照壁：照壁是白族民居建筑的特色之一。在村头修建高大的照壁，主要是出于风水原因，以照壁的形式守住好本村的风水，也成为村民在村口等候休憩的场所。

⑦防御建筑：在兵荒马乱的时期，为了抵御盗匪的入侵，人们纷纷修建起城墙和大门，院落设高墙、外墙不开窗，村头碉楼、寨子门、宅院碉楼都是白族村落中重要的防御性建筑。

⑧公共水井：几乎每个白族村落都遗存着水井，这些水井为人们提供生活饮用水的同时，也被人们视为神圣之所在。水井旁可以看到设有用于安插棒香的香炉，甚至还会专门设有神龛，用来奉祀龙王（图4-10）。

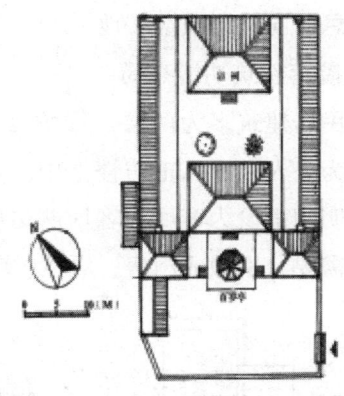

图4-8　祠堂

图4-9　戏台

图4-10　公共水井

（四）白族传统院落布局

1. 大理白族民居传统布局法则

（1）院落选址

依山建屋是白族传统民居在修建时所遵循的原则，因此白族民居建筑多建于缓坡地，背山面水，在自然条件下就地取材，因地制宜的建造，形成了顺应天成、融合自然、而极具时生态价值的生态特征。

（2）院落朝向

大理白族民居院落绝大多数的正房朝向是坐西向东，正房后端正对附近一个吉利的山峦，忌背向山沟或空旷地。

（3）院落建筑功能布局

白族民居建筑多为两层，每坊三开间。楼上通常为堆积食物和粮食，有时隔出一个次间作为老人卧室，正坊楼上中间做一宽大的壁龛，设神坛和祖堂。楼下无论正方或厢房的明间都设为客厅，客厅两边的房屋做卧室，耳房主要做厨房，或按照所在位置和使用需要分别做成门房、居室、厩房、厕所等（图 4-11~图 4-13）。

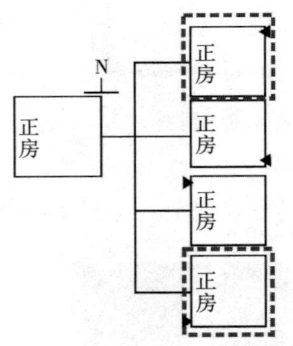 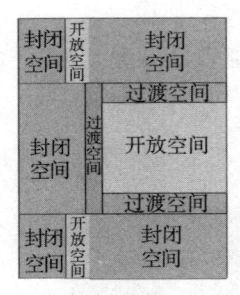 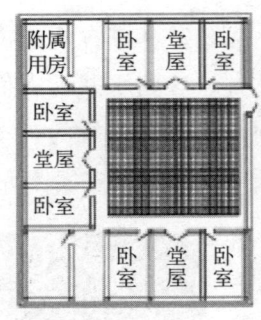

图 4-11　大理传统宅门位置示意图　　图 4-12　大理传统民居空间形态示意图　　图 4-13　白族民居建筑一层功能分布图

（4）院落建筑空间形态布局

白族民居建筑中，天井与住房有机结合，建筑空间整洁明快，主次分明。从大门到主房卧室，都由"大门—天井—夏廊—堂屋—卧室"这样一个建筑空间序列依次展示，明暗变化丰富的院落空间序列。天井能接受阳光雨露，可做打场、活动健身和逢节遇事的活动场地，是开放性公共空间。夏廊是一个室内和室外的过渡空间，它既不像天井那样空旷，又不像堂屋那样围蔽肃穆，深檐遮风避雨，空气清新，是一个主人做家务，邻居扯家常的休闲场所，恬静惬意散发出浓郁的生活气息，形成平台宽大的灰色过渡空间。堂屋相对高大、宽敞、明亮，而且简单、单纯，正中间悬挂中堂对联，摆设案条、八仙桌等，逢节遇事，撤去格子门与夏廊连为一体，因此堂屋属于宅内重要的空间。

（5）院落竖向布局

白族民居院落最讲究的是"步步高升"，即从入口进入主房要依次抬升。如在坡地上建房，则较为容易解决。而在平地上建房则需要进行竖向处理，三坊一照壁和四合五天井院落，可将主房基地抬高和建筑层高加高而形成的"步步升高"效果，一进多院落，则通过门厅、前厅、中厅、正厅台基逐级升高达到"步步升高"的效果（图4-14）。

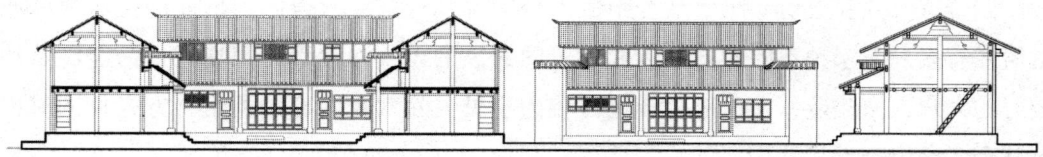

图4-14 房屋地基和建筑层层抬升示意图

2. 白族民居常见形式

（1）独坊

单坊房屋普遍为三开间建筑，三间房屋的功能为：中间为堂屋，两次间为卧室。堂屋为三合六扇木雕镂空格子门，通过格子门的镂空窗采光。两间卧室从堂屋两侧开门，或从夏廊开正门，或同时开正门和侧门，白天从正门出入，晚上从侧门出入，采光大多用美女窗单侧采光。这是白族传统民居建筑的基本单位，即通常称为"一坊两耳"（图4-15）。

（2）两坊

这种院落形式主要是在一向一坊的基础上一侧加建一栋厢房，院落中主体建筑的布局呈"L"形。厢房底层做客房，二层堆放杂物。一些正房两侧加建有耳房，用作仓储或厨房，较好的耳房也会作为书房使用。同时，厢房的山墙和正房一侧的耳房会留出一个称为"漏角天井"的小院落。正房对面设有照壁。该类型院落主要是由住户经济条件受限而造成的，院落往往预留有空间（图4-16）。

（3）三坊一照壁

三坊一照壁是白族民居最典型的院落方式，由正房及正房左右的两个耳房和两个厢房组成。院落中建筑围合出一大两小三个天井。正房对面为照壁，照壁一侧与厢房山墙结合做成造型精美的门楼。院子入口与入口处厢房的檐廊组合，一些院落也会在入口处厢房的檐廊下正对宅门设一个小照壁。院落中的正房、厢房一般规格较高，以"走马楼""带腰厦楼房""土库房"为主。大理白族在建造院落时通常以三坊一照壁为范本，即使没有足够的资金建设也会预留空间（图4-17）。

（4）四合五天井

四合五天井院落通常由四个三开间的木构传统建筑围合而成，院落中围合出四个漏角天井和一个大天井。院落入口通常开在沿街的漏角天井处，进一道大门后还有另外一道开在入口左侧厢房山墙上的一道大门。正房两侧设有耳房，在一些漏角天井中也会开后门通往院落外。四合五天井布局在山地白族中较为罕见，通常为地形平坦的富裕人家所建造（图4-18）。

（5）六合同春

四合五天井和三坊一照壁结合组成六合同春的形式。六合同春形式的民居如今通常居住有多户人家，不同的漏角天井为不同人家的出入口。六合同春通常为经济条件较好的大户人家建造，在山地白族地区较为罕见。除六合同春这类组合方式外同时也有其余多种组合方式（图4-19）。

注：院落朝向通常为背山面水。正房多为东西朝向。宅门多开在院落东北角北方山尖下。

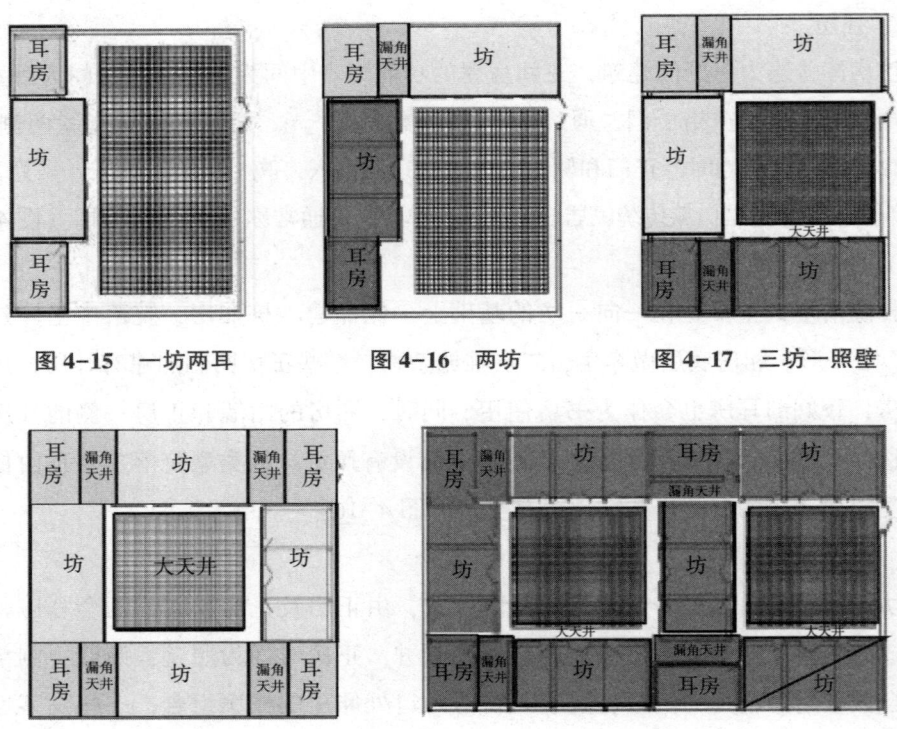

图4-15 一坊两耳　　图4-16 两坊　　图4-17 三坊一照壁

图4-18 四合五天井　　图4-19 六合同春

3. 建筑体量认知（图 4-20）

（1）进深

房屋进深指的是前檐柱至后檐柱的距离，典型白族传统民居的进深为一丈八尺（6米）。廊深指的是前檐柱至厦柱的中距距离，一般为五尺（1.67米）。白族民居常用的进深还有一丈五尺（5米），二丈（6.66米）。

（2）开间（面阔）

"面阔"又称"顺深"也称"开间"，即两品屋架之间的距离。一般明间一丈二尺（约4米），次间一丈一尺六寸（3.86米）。

白族民居常用的开间还有一丈一尺八寸（3.93米），一丈一尺四寸（3.8米），山地民居小尺寸开间有九尺六寸（3.2米），九尺八寸（3.26米）。

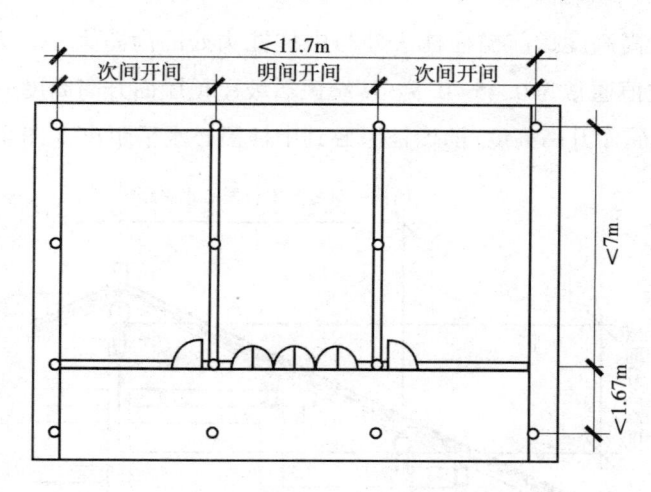

图 4-20 房屋进深、开间示意图

（3）层高

典型白族民居建筑一般正房一坊较高，方向朝东，面对照壁。主要供老人居住；南北厢略低，由晚辈居住。正房（主房）房屋高一般为"上七下八"，即上层（楼层）承重梁至大插高七尺（233厘米），下层室内地坪面至承重梁高八尺（266厘米）。

而白族地区民间工匠在实际建造中，是下层层高从室内地平面量至楼楞上皮，为八尺六寸（286厘米），上层层高从楼楞量至柱头（盖梁下皮），为七尺四寸（246厘米）。

民间常因地势高低、功能不同，经济条件，或木料建材的限制而灵活配置。一般底层层高宜取 2.6~2.8米，不超过3米，楼层层高宜取 2.3~2.6米。

闷楼民居，闷楼层一半面积的净高不低于2米，其余最低处高度不低于1.2米（图 4-21）。

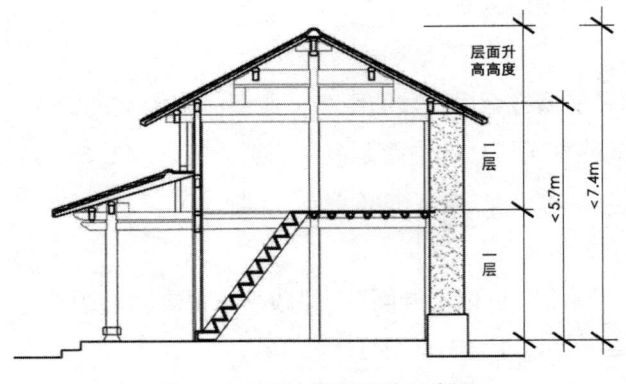

图 4-21　建筑高度尺寸示意图

4. 坡屋顶屋面升高高度

坡屋顶屋面升高高度指前檐柱柱头处与中柱柱头处的高差大小，大理白族传统民居屋顶坡度分水比值通常为 0.45~0.5。传统民居坡屋顶屋面升高高度一般不超过 2 米。屋顶坡面分水值=屋面升高高度/前檐柱墨心到中柱墨心水平距离（图 4-22）。

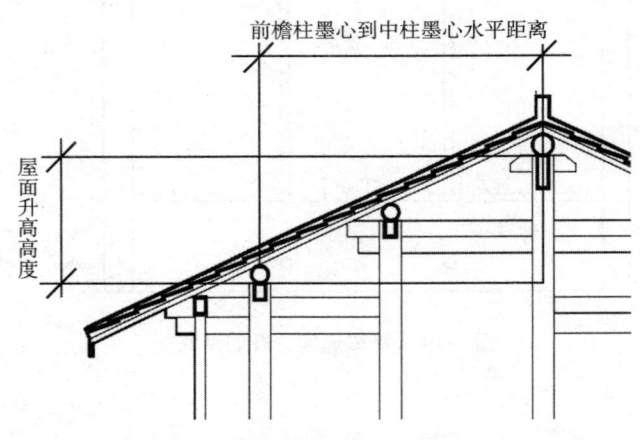

图 4-22　坡屋顶屋面分水值示意图

（五）白族民居建筑构筑物

1. 带厦楼房

带厦楼房在大理白族地区较为普遍。这类建筑为重檐结构，在前檐柱前设厦柱，之间通过厦插和厦合底进行连接，腰檐之下为一个较宽的走廊，称为"屋檐台"。屋檐台在白族院落中是重要的活动场所，人们常常在此处摆宴席、休息、从事生产活动。腰檐顶部左右两侧山墙向外凸出一块，称为"包子头"，主要用于防火和方便住户对屋顶进行修葺。正房和厢房连接处的"包子头"通常组成一体，为三边形样式，也称为"转角马头"。"包子头"

正立面通常绘有大理白族装饰壁画。建筑二层的窗子可为三间都连通的木格条窗，也可以为板壁和木质方窗。这类建筑等级较高，常用于院落中的正房和厢房（图4-23~图4-26）。

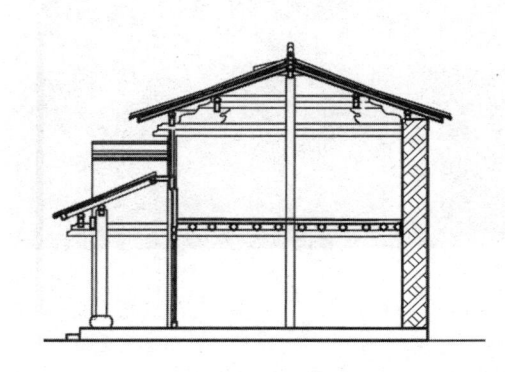

图4-23 带厦房屋山架结构（资料来源于《居民与村落——白族聚集形式的人类社会学研究》）

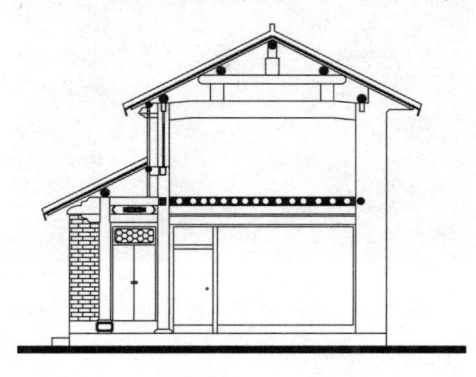

图4-24 带厦房屋中间架结构（资料来源于《居民与村落——白族聚集形式的人类社会学研究》）

图4-25 带厦楼房房屋

图4-26 带厦楼房围成的院落

2. 挑厦楼房

挑厦楼房也为重檐结构，但腰檐不同于带腰厦楼房利用厦柱支撑，而是将承重延长作为挑头，在挑头上放置檩用于支撑腰檐，挑厦楼可以单面出厦也可以双面出厦。这类建筑等级较低，通常用作厢房和门面房。门面房的做法通常有两种：第一种是在前檐柱外用条石或者木板砌成大约33.3厘米的柜台，柜台上安放条形窗板，用于售后的围护。第二种是在开间沿街一面安装格子门，将柜台移至室内。这些店铺在白族农村不多，除了贩卖商品还是人们社交的重要场所（图4-27~图4-29）。

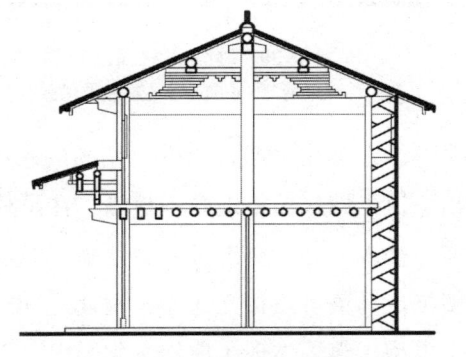

图4-27 挑厦房屋山架结构（资料来源于《云南民居》）

图 4-28　挑厦房屋下闲聊的人们　　　　　图 4-29　挑厦楼房形式的门面房

3. 吊柱楼房

吊柱楼房是大理白族地区较为常见的一种建筑类型。主要有以下两种类型。

①挑楼，吊柱设于承重挑头和大插之间，下不着地，上端承支前子桁梁，用以延伸二楼屋面的出檐。二层板壁有两种做法：一种连接在吊柱处，另一种连接在檐柱处。这种结构的建筑等级较低，一般只用作厢房、耳房以及一些附属用房。这类建筑也常在地形较差的地方使用（图4-30、图4-31）。

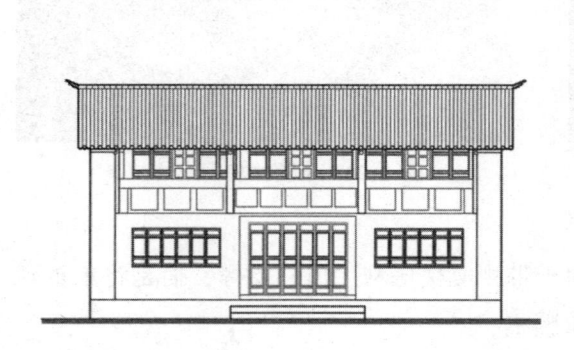

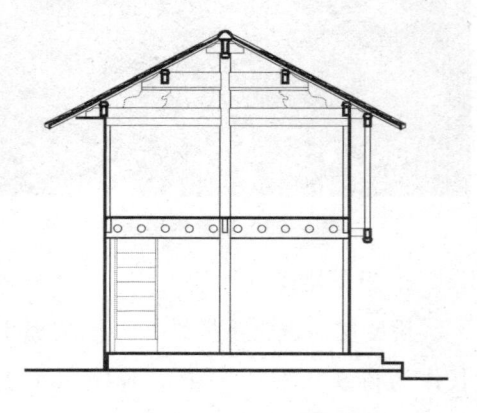

图 4-30　挑楼正立面示意图　　　　　　　图 4-31　挑楼房山架结构示意图
（资料来源于《白族传统民居建筑》）　　　　（资料来源于《云南民居》）

②走马楼，拥有和挑楼相同的吊柱结构，前京柱落地，在二层吊柱和京柱之间空出一道走廊，二楼走廊不封闭，在吊柱处设栏杆进行围护，以保证二楼的采光，同时在一楼入口处也空出了一道走廊。这类建筑的等级较高，通常用作正房和厢房，并且多栋走马楼可以相互连通，因此也叫作走马转角楼。这类型的建筑是我国出现较早的一类型建筑，体现了白族文化同内地文化的融合（图4-32~图4-35）。

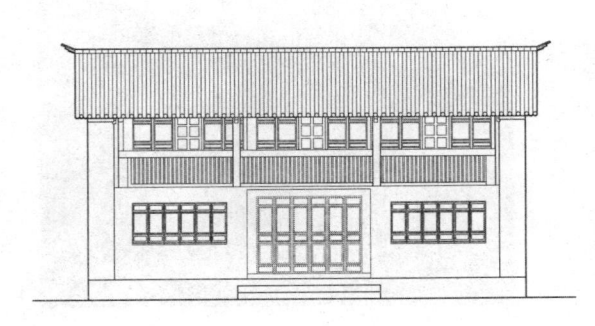

图 4-32　走马楼正立面示意图
(资料来源于《白族传统民居建筑》)

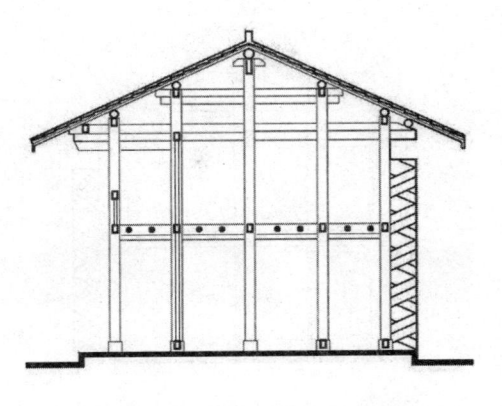

图 4-33　走马楼山架结构示意图
(资料来源于《居民与村落——白族聚集形式的人类社会学研究》)

图 4-34　挑楼

图 4-35　相互连通的走马转角楼

4. 土库房

　　土库房也称为过江楼。由于大理地区有较多的卵石所以在大理白族地区较为流行。建筑为木结构建筑，墙体皆用条石和卵石砌成。在底层檐廊上有一条跨度和明间宽度相等的整石，称为"过江石"。明间门窗向里内收，形成一个浅窄的门廊。一层明间门为与明间等宽的六扇格子门，二层窗子有两种做法一种是仅在明间安装木格条窗，另外一种是三开间连通的木格条窗，单独的次间开窗均为开口较小的方格窗，一来是由于云南地区阳光充足大理人民热爱自然生活，二来保证了一定的私密性。在方窗靠中间明间的下角，各有两个鸽子洞，呈圆拱形、方形不等（图 4-36、图 4-37）。

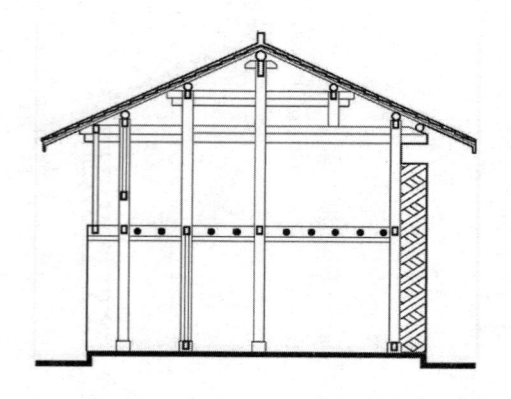

图 4-36 土库房山架结构示意图
（资料来源于《云南民居》）

图 4-37 土库房

5. 白族民居房屋结构

白族传统民居基础一般采用毛石条形基础，基深以挖到生土层下约 30 厘米，如遇土质疏松或潮湿土质时，一般下挖三四尺（1~1.2米）后，打入栎木或杉木木（称万年桩）。基础厚（宽）不小于 60 厘米，顶面宽度一般比墙厚大 6~12 厘米。未入墙的柱脚基础一般采取独立基础，即先挖一个 100 厘米×100 厘米的基坑，深达生土层下约 30 厘米，用毛石砌基墩（白族称"鸡窝石"基础）。基墩上放柱础石，柱础石上立木柱（图 4-38、图 4-39）。

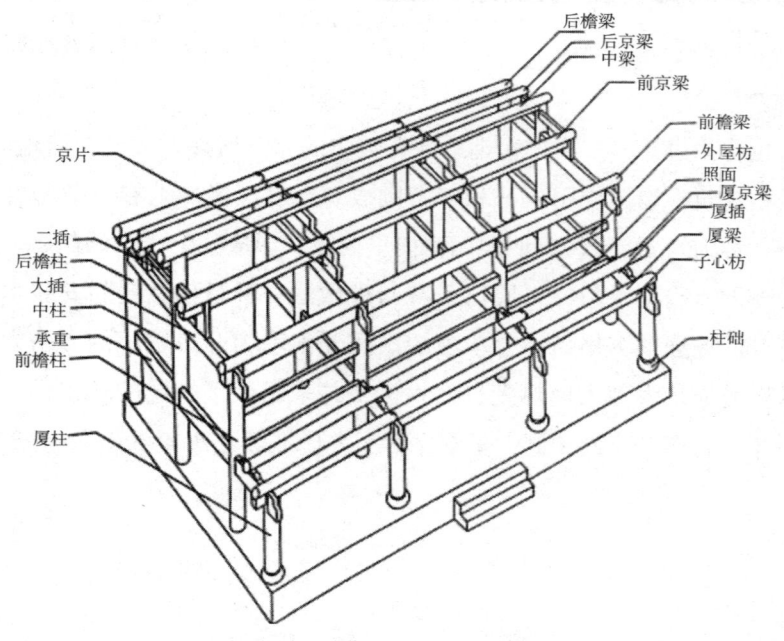

图 4-38 白族民居构架图（资料来源于《白族传统民居建筑》）

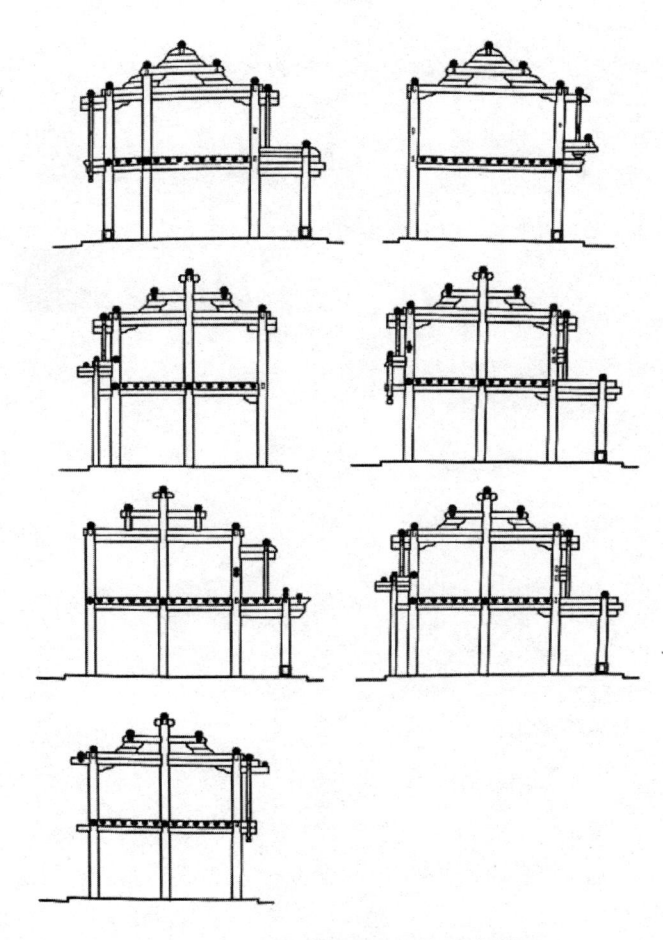

图4-39 白族民居常用木构架类型图
(资料来源于《白族传统民居建筑》)

第五章　历年测绘成果展示

一、总述

自 2016 年暑期开始，连续七年赴云南省大理州，以茶马古道沿线重要的历史文化村镇为研究对象，进行传统村落测绘及规划方法研究教学活动。其中：

2016 年赴大理州剑川县沙溪镇（3 周），测绘传统村庄一个（黄花坪村），传统民间建筑 8 栋，测绘及研究成果集一册；

2017 年赴大理州剑川县沙溪镇（3 周），测绘传统村庄七个（涵盖沙溪坝区主要行政村），测绘及研究成果集一册；

2018 年赴大理州大理市下关镇（3 周），测绘传统村庄四个（洱西茶马古道沿线白族传统村落），历史街区两处（龙尾关、凤阳邑）。

2019 年赴大理州大理市（3 周），测绘 11 个村庄，其中测绘传统村庄两个、茶马古道沿线重点村落六个、历史遗产保护点一处（龙尾关），传统民间建筑 8 栋。

2020 年赴大理州剑川县剑川古城（3 周），测绘古城历史街区四处（早街、东门街、北门街、西门外街），传统民间建筑和历史建筑 7 栋。

2021 年赴大理市喜洲镇中和邑村（3 周），测绘传统村庄一个（中和邑村），以及典型的传统民居建筑 6 栋。

2022 年赴大理市祥云县云南驿村（3 周），测绘传统村落一个（云南驿村），以及典型的的传统民居建筑 12 栋。

（注：因篇幅有限，仅在书中展示部分成果。）

二、历年测绘成果目录

历年测绘成果展示见表 5-1。

表 5-1 历年测绘成果展示表

年级	人数	时间	地点	测绘内容	完成成果
2013 级	一个班（36 人）	2016 年	大理州剑川县沙溪镇黄花坪村	村庄测绘、院落测绘	村庄现状总平面图、村庄道路交通图、村庄用地布局图、村庄公共设施布局图、建筑质量分析图、总平面图及指标表、建筑平面图、主要立面及剖面、建筑结构大样、主体建筑 SU 模型
2014 级	一个班（32 人）	2017 年	大理州剑川县沙溪镇甸头村、北庄、段家登村、大木渡村、金树禾村、北龙村、下科村、丰登禾村、华龙村、东南村、南坡头村、福寿长村、中登村、长乐村、西麦场村、沙坪村、新联村	村庄测绘	村庄基础资料、现状总平面图、土地利用现状图、道路交通现状图、空间结构分析图、基础设施现状图、建筑结构分布图、建筑年代分析图、建筑高度分布图、建筑质量分析图、新建建筑分布图、现状问题分析图
2015 级	一个班（37 人）	2018 年	大理州大理市龙尾关凤阳邑、中和村	院落测绘、历史街区测绘	总平面图及指标表、建筑平面图、主要立面及剖面、建筑结构大样、主体建筑 SU 模型、街区道路断面和立面
2016 级	一个班（32 人）	2019 年	大理州大理市龙尾关、周城村、上官村、鹤阳村、银桥村、七里桥村、双阳村、中和村、庆洞村、文阁村、上阳溪	村庄测绘、院落测绘	现状总平面图、土地利用现状图、道路交通现状图、公共服务设施现状图、建筑结构分布图、建筑年代分析图、建筑层数分析图、建筑质量分析图、建筑风貌评价图、重要节点图
2017 级	一个班（36 人）	2020 年	大理州剑川县剑川古城	院落测绘、历史街区测绘	现状总平面图、建筑年代分析图、建筑层数分析图、建筑质量分析图、道路交通现状图、公共服务设施现状图、街区道路断面和立面、建筑平面图、主体建筑 SU 模型、建筑风貌评价图、重要节点图、场景速写

续表

年级	人数	时间	地点	测绘内容	完成成果
2018级	一个班（34人）	2021年	大理市喜洲镇中和邑村	村庄测绘、院落测绘	现状分析、村庄规划、建筑平面图、建筑立面图、建筑剖面图、建筑现状SU模型、建筑改造平立剖、建筑改造SU模型

第一节 2016年测绘成果篇
——大理州剑川县沙溪镇黄花坪村测绘

2016年测绘人员合影，如图5-1所示。

图5-1 2016年测绘人员合影

大理州剑川县沙溪镇黄花坪村测绘

2016年8月
城乡规划131班
指导老师：王连、胡荣、王贺

(一)调研及测绘任务简介

本次历史城镇实地调研与测绘选址在云南省大理州剑川县沙溪镇。其任务主要分为两部分,现场调研以及测绘。首先通过调研熟悉城镇发展的相关知识,历史街区的形成由来、功能分区和道路布局结构,传统城镇、村落与现代生活方式的融合,历史城镇可能的开发方向等。同时,掌握当前较为常用的社会调研方法,锻炼与不同访谈对象的良好沟通能力,增强社会责任感与团队协作精神。然后具体对黄花坪村的单体建筑、建筑群落进行测绘,加深和提高对中国古代优秀建筑文化遗产的感性认识和理论修养,培养良好的建筑空间概念、尺度感和设计思维能力,提高制图表现水平。

测绘和调研所形成的图纸与报告资料,可以为发掘、整理、保护、开发历史城镇遗产提供丰富而坚实的基础资料,具有史料收藏价值与出版发行价值。

(注:因篇幅有限,文中仅展示部分成果。)

沙溪镇黄花坪村鸟瞰图如图 5-2 所示。

图 5-2 沙溪镇黄花坪村鸟瞰图

(二)沙溪古镇简介

1. 地理位置

大理白族自治州地处云南省中部偏西,海拔 2090 米,东邻楚雄州,南靠普洱市、临沧市，西与保山市、怒江州相连，北接丽江市，地跨东经98°52′~101°03′，北纬24°41′~26°42′，东至洱海，西及点苍山脉，辖大理市和祥云、弥渡、宾川、永平、云龙、洱源、鹤庆、剑川8个县以及漾濞、巍山、南涧3个少数民族自治县，是中国西南边疆开发较早的地区之一。

剑川县位于云南省西北部，大理州北部。县境东西横距58千米，南北纵长55千米，总面积2318平方千米，其中山区面积占87.78%。有白、汉、彝、傈僳、回、纳西等民族，是州内主要白族聚居县。剑川县辖5个镇、3个乡。共有5个居委会、88个行政村。县政府驻金华镇。

沙溪镇位于剑川县东南部，距县城32公里，地处大理、丽江、香格里拉三大旅游区之间，东南与洱源县交界，西北与本县弥沙、羊岑、甸南相邻。截至2011年，沙溪镇版图总面积288平方千米，其中坝区面积26平方千米，辖14个行政村。沙溪镇先后获得云南省级历史文化名镇、国家历史文化名镇、云南旅游名镇、108个中国村庄名片、中国乡村文化遗产地标村庄名录等荣誉称号。

2. 地形地貌及气候条件

沙溪镇地势北高南低，平均海拔2100米，坝子南端米子坪村海拔1973米，为境内最低海拔点最东端三棵桩村海拔3150米，为最高海拔点。东西横距28千米，南北纵距35千米土壤分布为暗参壤、棕壤、红棕壤、黄棕壤。沙溪镇气候属南温带温凉层，年均气温12.3℃，年日照时数2400小时，年降水量790毫米，坝子中部为全县最少降水处，降水671毫米，无霜期215天左右。

3. 自然资源

水资源。沙溪镇居于金龙河—黑油江水系南部，黑惠江由北向南流经整个坝子。境内有长乐水库、石龙水库，蓄水量共56万立方米。

耕地资源。截至2011年，沙溪镇有全年粮食作物播种面积39250亩，占总面积的8.9%；林地37.4万亩，占总面积的86.7%；荒山、草地1.8万亩，占总面积的4.2%；水面815亩，占总面积的0.2%。73%的耕地面积分布于坝区，其余为山区耕地。

4. 人口民族

2011年，沙溪镇有常住人口23172人，其中户籍人口5988户，居住有汉、白、彝、傈僳纳西等民族，其中白族为主要民族，占总人口85%。

5. 经济

2011年，沙溪镇固定资产投资5147万元，比2010年增长24.38%，招商引资协议资金10015万元，财政收入750万元，比2010年增长21.55%，财政支出1598万元农民人均纯收入3212元，比2010年增长35.4%。2011年，沙溪镇农民人均纯收入3212元，比2010年增长35.4%，沙溪镇第二产业主要为农副产品加工，收入2653.7万元。2012年上半年，沙溪镇1至5月接待海内外游客8.28万人（次），同比增长31%，其中海外游客达1.62万人（次），旅游社会总收入5700万元。2014年，沙溪镇旅游社会收入3040万元。

6. 城镇建设

截至2011年，沙溪镇城镇建成区面积1.2平方公里，城镇化率22.58%。重点实施"1·1"地震恢复重建，平甸公路沙溪段油路改造，黑违江过镇段整治和河滨路建设，完成14个村委会办公大楼建设和卫生室建设。在瑞士苏黎世联邦理工大学等单位的支持下，启动了"沙溪复兴工程"重点完成了沙溪复兴二、三期工程，寺登街核心区管线入地工程，入镇路口至寺登街石板路铺装和水景工程，分洪桥改造，河滨路建设和绿化，寺登街区美化、绿化和亮化工程。

7. 文化教育

截至2011年，沙溪镇有小学13所，初中1所，办学校点14个，文化站1个，村级党团活动室14个，村文化活动室2个，业余文艺宣传队48个。2010年，沙溪镇小学适龄儿童入学率100%，初中入学率达100%，青壮年文言率由2005年的0.4%降至0.21%，广播和电视覆盖率从2005年的98%上升到100%。

8. 医疗卫生

截至2011年，沙溪镇有沙溪卫生院和14个村卫生室。

9. 道路交通

剑川-乔后公路和平（坡）甸（南）公路横穿沙溪镇境内，境内全长35公里。截至2011年，沙溪镇村委会通公路率100%。

10. 地方文化

石宝山歌会为剑川境内传统的盛大民族节日，每年农历七月二十七日至八月初一在石宝山举行。石宝山歌会被誉为滇西北享誉盛名"情人节"。

二月八太子会是沙溪坝传统的宗教民俗活动节日。每年农历二月初六至二月初八在寺登街举行，二月初六起由佛教"阿吒力""信士们至"兴教寺"将""太子"（少年释迦牟尼请到本主庙中，初七祭祀拜佛，初八下午时分，即送佛返回兴教寺。

本主崇拜是白族独有的一种原始宗教崇拜，"本主"被视为地方保护神，每个白族村寨都有自己的独立本主庙。每逢祭祀本主时，全村老幼要一起参加。

图5-3~图5-6为剑川县沙溪古镇风貌及测绘影像。

图 5-3 剑川县 2016 年白族文化节

图 5-4 沙溪古镇民居

图 5-5 2016 年沙溪测绘人员合影

图 5-6 沙溪古镇鸟瞰图

(三) 黄花坪村简介

1. 地理位置

黄花坪自然村隶属于沙溪镇沙坪村行政村。属于坝区，距离村委会1.00公里，国土面积1.62平方公里，海拔2100.00米，年平均气温12.00℃，年降水量600.00毫米。

2. 自然资源

耕地总面积517.50亩，人均耕地1.37亩，主要种植水稻、玉米、大麦、油菜、蚕豆等作物；拥有林地1868.70亩，其中经济林果地20.00亩，人均经济林果地在0.06亩，主要种植核桃等经济林果。

3. 基础设施

该村2014年底，全村有79户通自来水，有81户通电，有74户通有线电视，安装固定电话或拥有移动电话的农户65户，每隔一段距离有路灯。公厕、垃圾集中堆放场地，生活排水沟渠设施不完善，有待建设。该进村道路属于柏油、水泥路面，主要道路已经实现硬化。距离最近的车站（码头）1.50公里，距离最近的集贸市场1.50公里。该村到2014年底，全部居住于土木结构住房。

4. 农村经济

该村2014年农村经济总收入168.50万元，其中：种植业收入77.20万元，畜牧业收入40.00万元（其中，年内出栏肉猪326头，肉牛92头，肉羊0头）；林业收入5.60万元，第二、三产业收入39.00万元，工资性收入26.00万元。农民人均纯收入4941.00元，农民收入以劳务输出种植业畜牧业等为主。全村外出务工收入26.00万元，其中，常年外出务工人数5人，在省内务工3人，到省外务工2人。

5. 特色产业

该村的主要产业为畜牧业，主要销售往本县。2014年主产业全村销售总收入16万元，该村目前正在发展烤烟畜牧业特色产业，计划大力发展畜牧业产业。

6. 医疗保障

该村现有农户79户，共乡村人口358人，其中男性171人，女性187人。其中农业人口334人，劳动力255人。到2014年底，全村参加农村社会养老保险215人；参加农村合作医疗354人，村民的医疗主要依靠乡（镇）卫生院，该村距离村委会卫生所1.00公里，距离镇卫生院1.50公里。人畜混居的农户有70户。

7. 文化教育

该村小学生就读于田园小学，中学生就读于沙溪中学。该村距离小学1.50公里，距离中学1.50公里。目前，该村义务教育在校学生中小学生14人，中学生15人。

8. 发展重点

该村目前存在的主要困难和问题是有：村民的思想素质差，科技意识淡薄。各项产业无法形成。

该村今后的发展思路和重点是：解决交通，大力发展畜牧业和地参子、烤烟产业。打牢基础设施建设。美化绿化村容村貌。

（四）黄花坪村现状测绘成果

测绘团队在镇政府同事的引领下，详细对黄花坪村的整体风貌进行了现状测绘。

绘制了村庄用地现状及总平面图，对村落内的建筑风貌及质量、道路街巷空间进行分析，并对重点传统院落进行建筑测绘（图5-7~图5-11）（其测绘成果支持了村集体建设客栈的改造需求）。

第五章 历年测绘成果展示

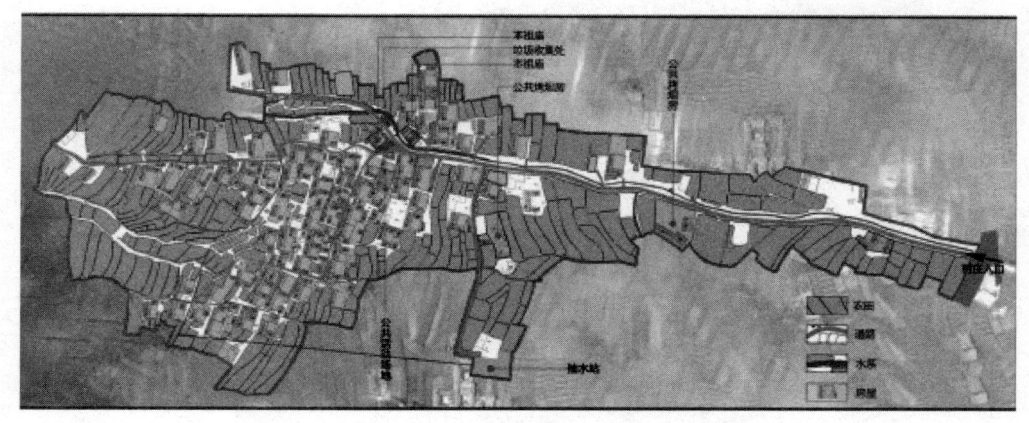

图 5-7 村庄总平面图

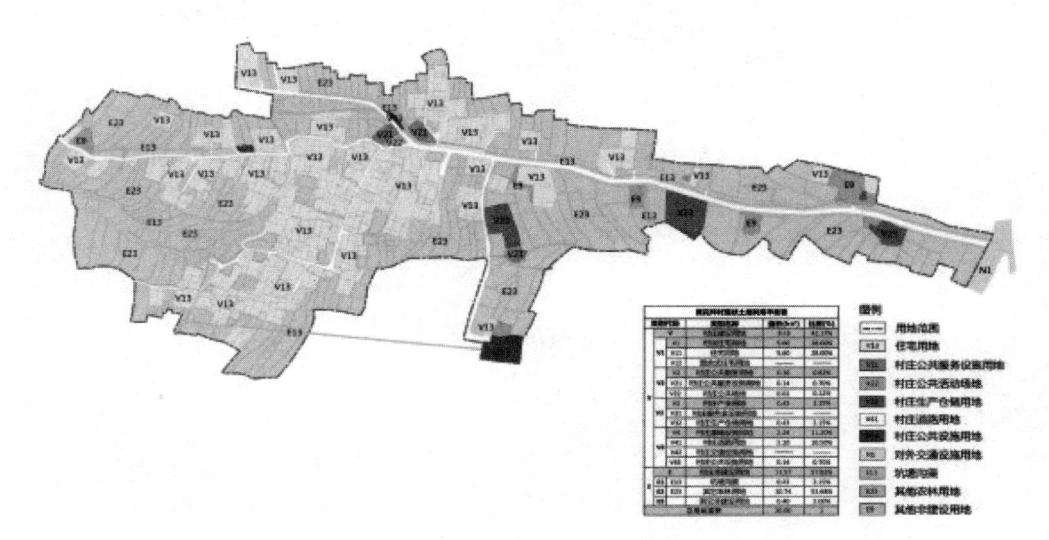

图 5-8 村庄用地现状图

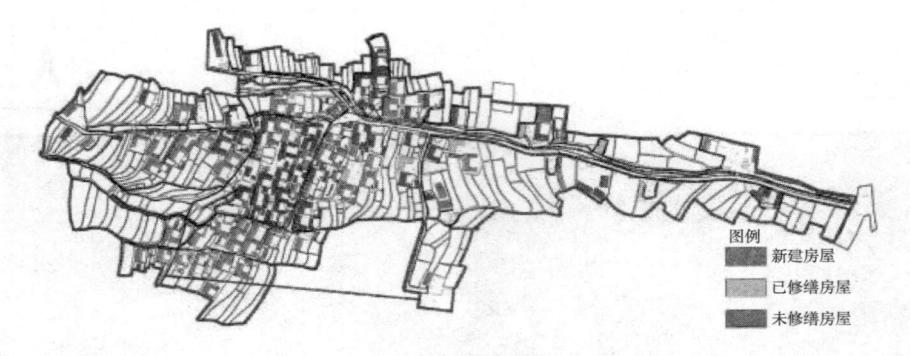

图 5-9　村庄用地现状图

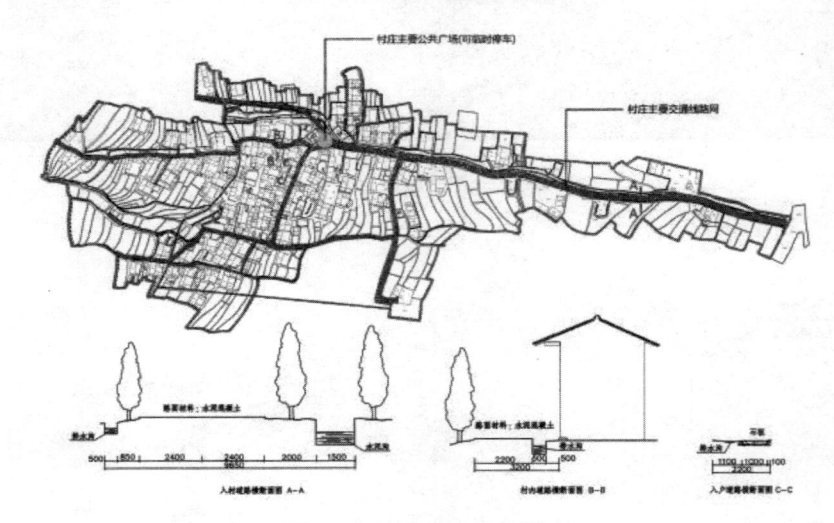

图例
■ 新建房屋
■ 已修缮房屋
■ 未修缮房屋

图 5-10　村庄道路现状图

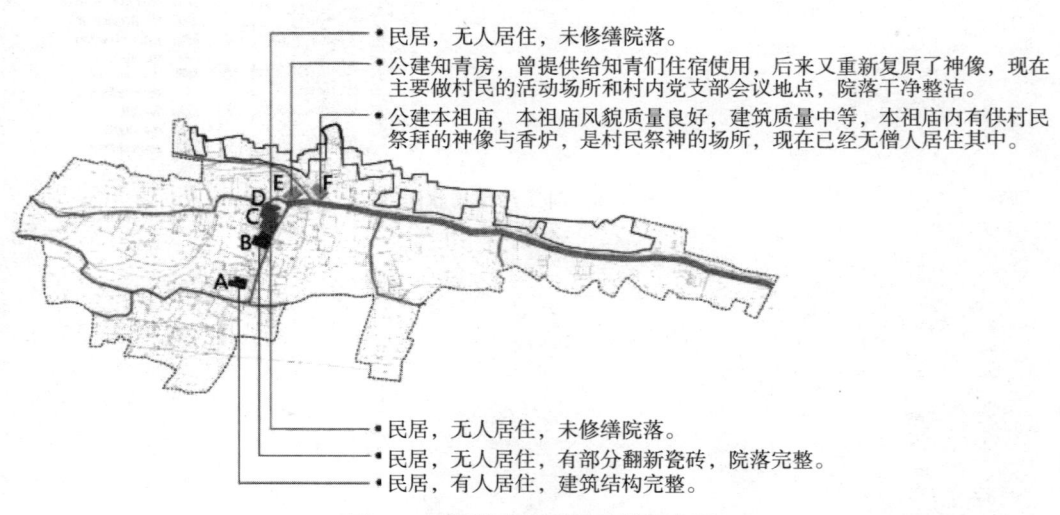

- 民居，无人居住，未修缮院落。
- 公建知青房，曾提供给知青们住宿使用，后来又重新复原了神像，现在主要做村民的活动场所和村内党支部会议地点，院落干净整洁。
- 公建本祖庙，本祖庙风貌质量良好，建筑质量中等，本祖庙内有供村民祭拜的神像与香炉，是村民祭神的场所，现在已经无僧人居住其中。

- 民居，无人居住，未修缮院落。
- 民居，无人居住，有部分翻新瓷砖，院落完整。
- 民居，有人居住，建筑结构完整。

图 5-11　测绘建筑单体位置示意图

1. 代表性建筑 A 院落的测绘成果

A 院落如图 5-12~图 5-21 所示。

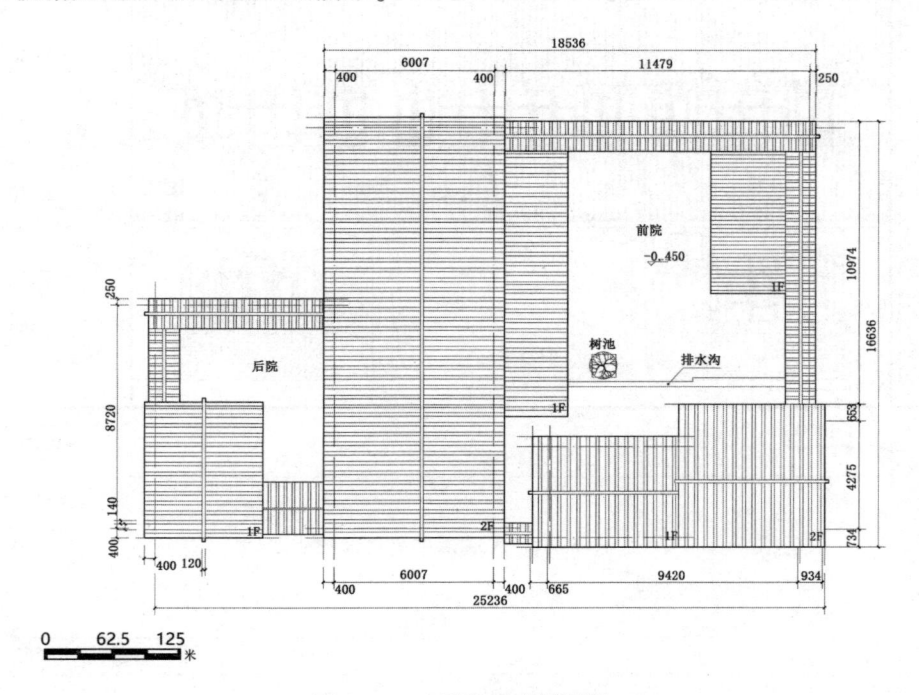

图 5-12　A 院落屋顶平面图

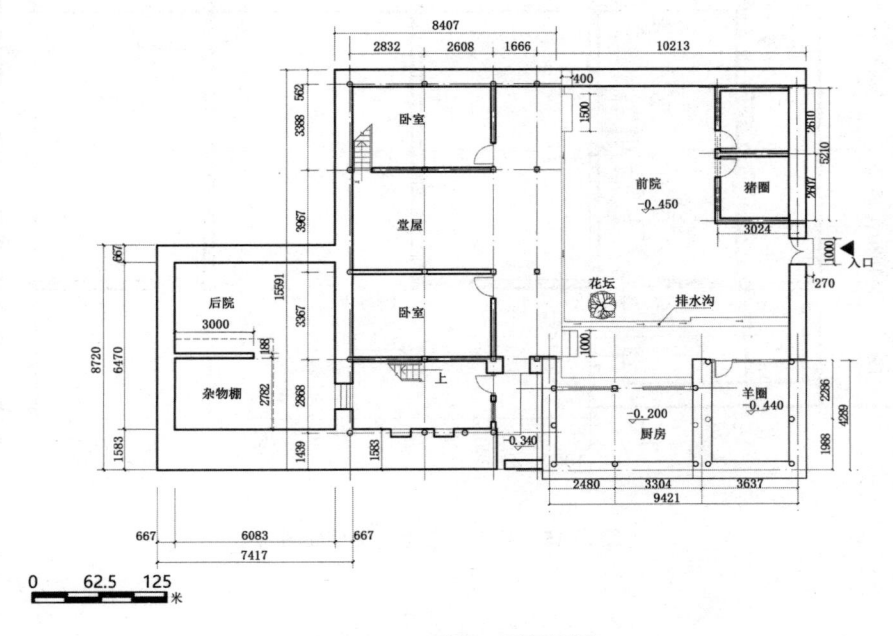

图 5-13　A 院落一层平面图

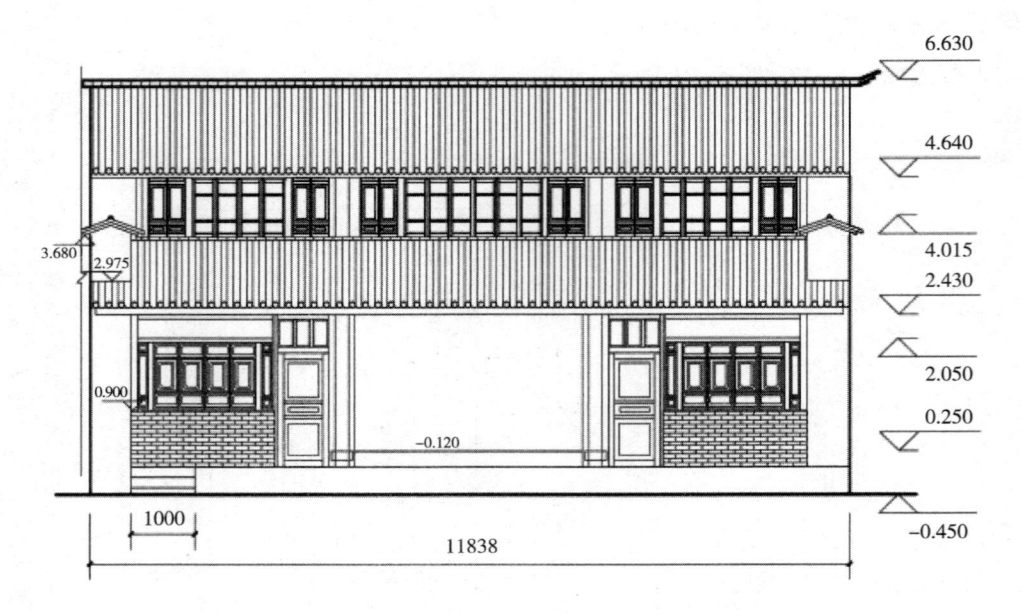

图 5-14　A 院落主屋立面图

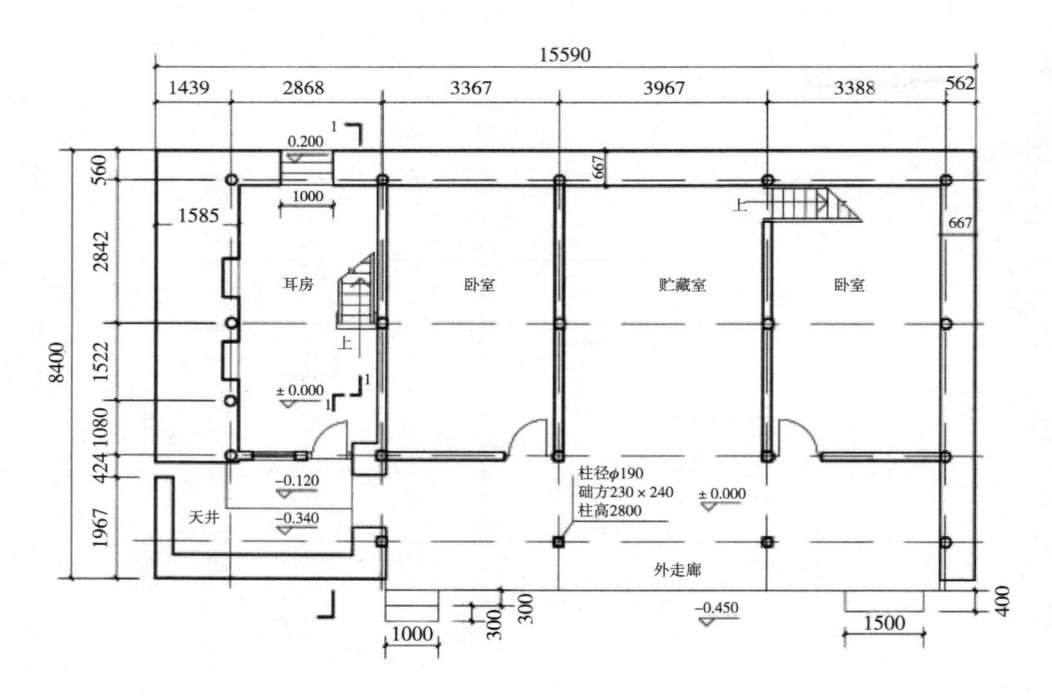

图 5-15　A 院落主屋一层平面图

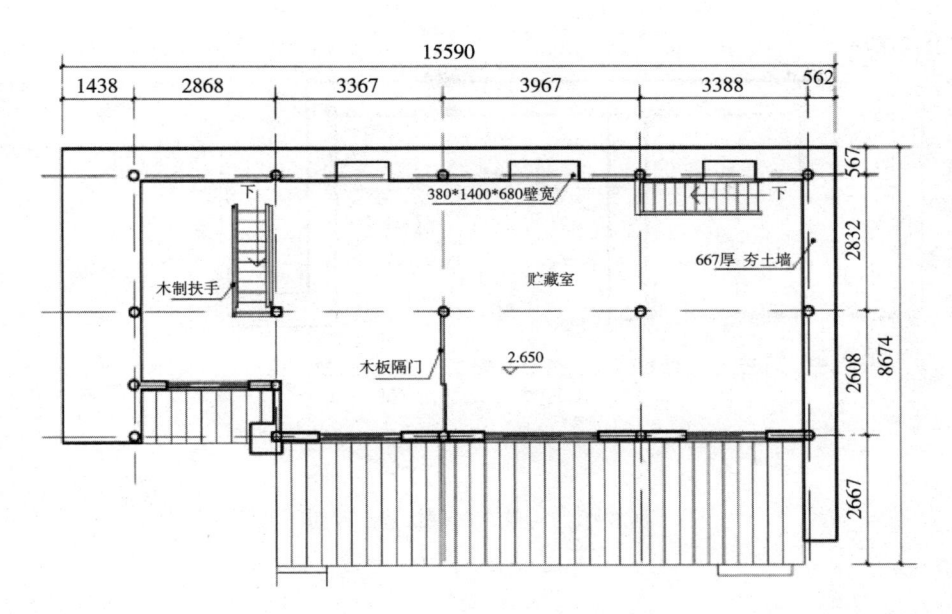

图 5-16 A 院落主屋二层平面图

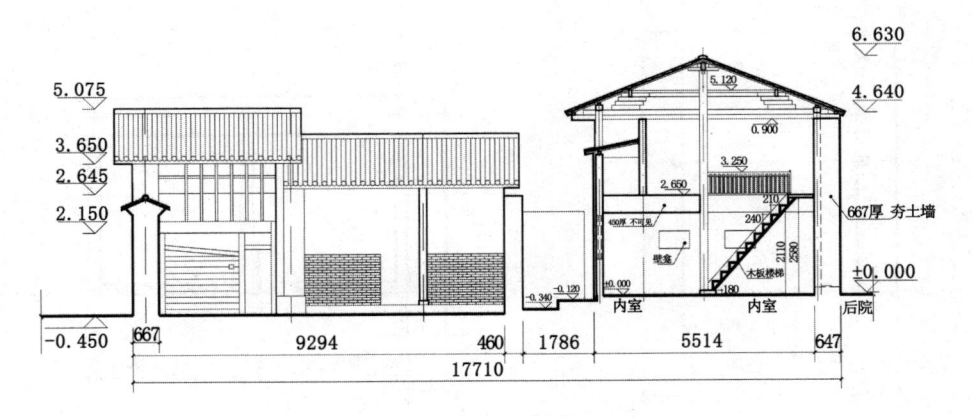

图 5-17 A 院落主屋剖立面图

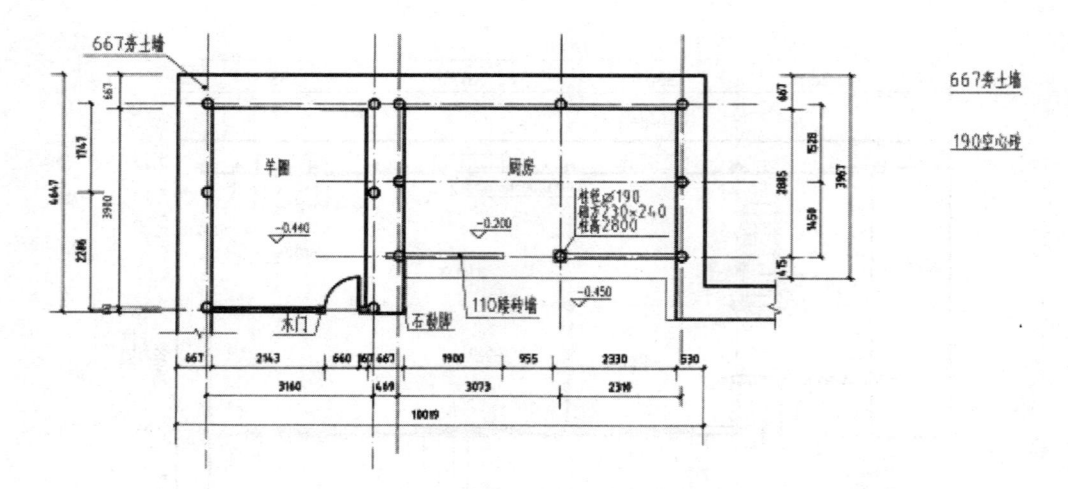

图 5-18 A 院落羊圈二层平面图

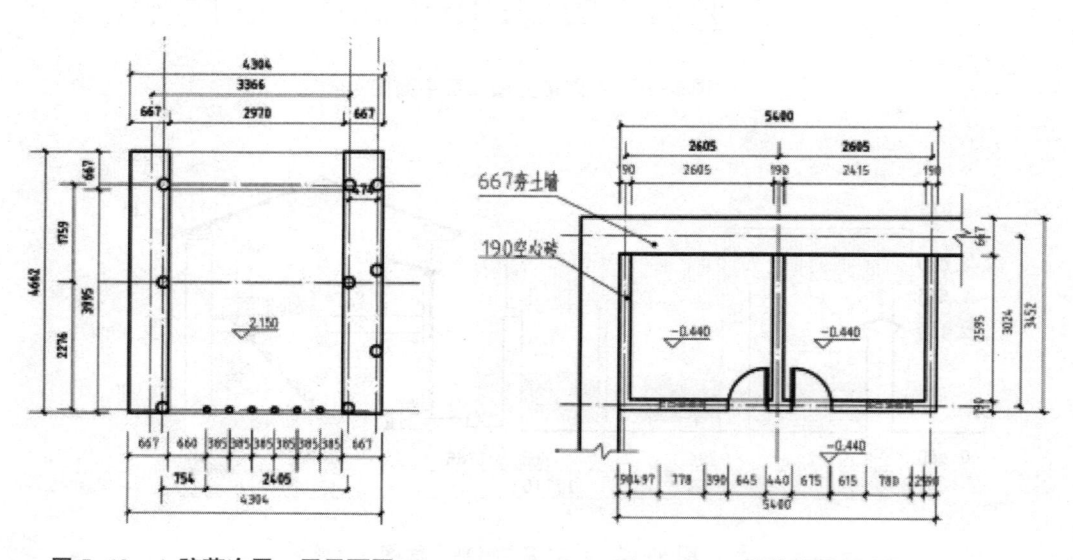

图 5-19 A 院落次屋一层平面图

图 5-20 A 院落猪圈平面图

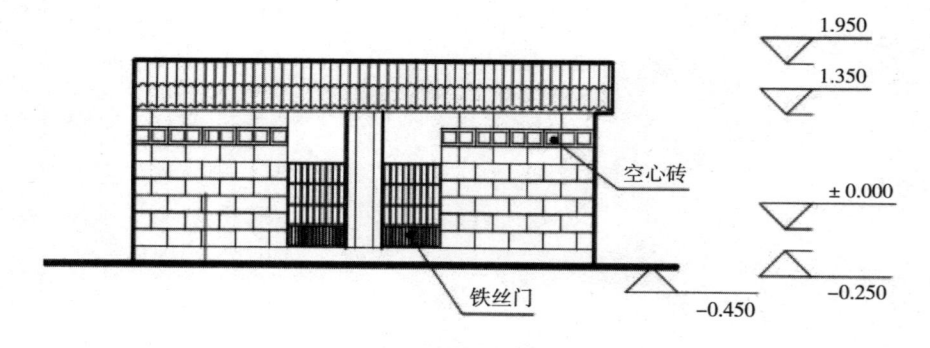

图 5-21 A 院落猪圈立面图

2. 代表性建筑 B 院落的测绘成果

B 院落如图 5-22~图 5-34 所示。

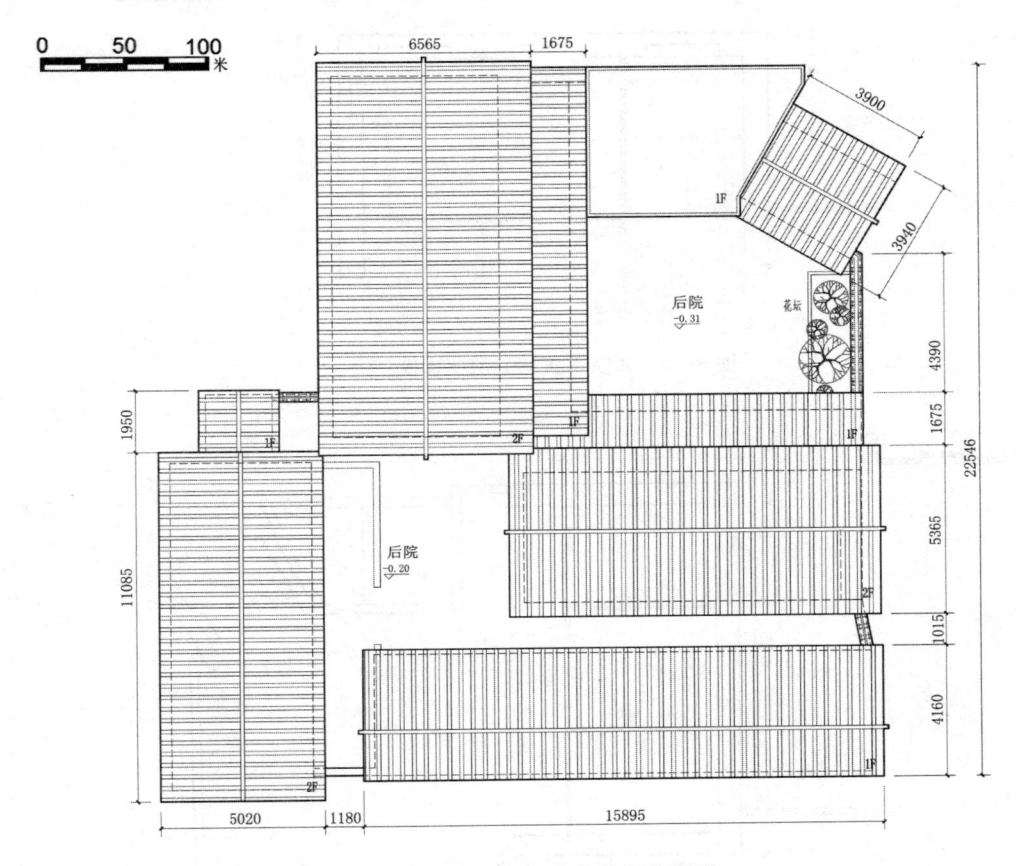

图 5-22 B 院落屋顶平面图

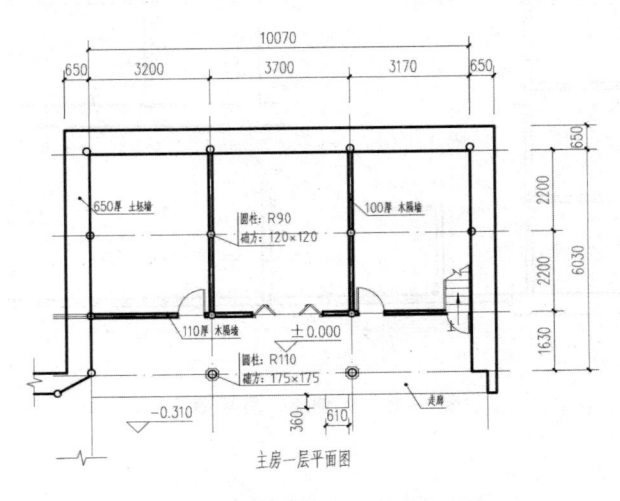

图 5-23 B 院落主屋一层平面图

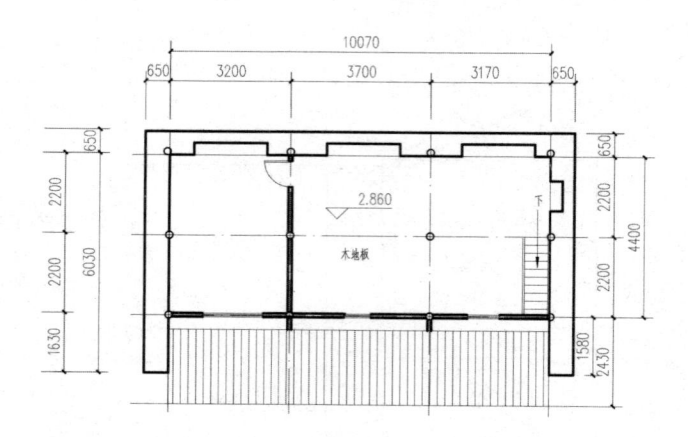

图 5-24　B 院落主屋二层平面图

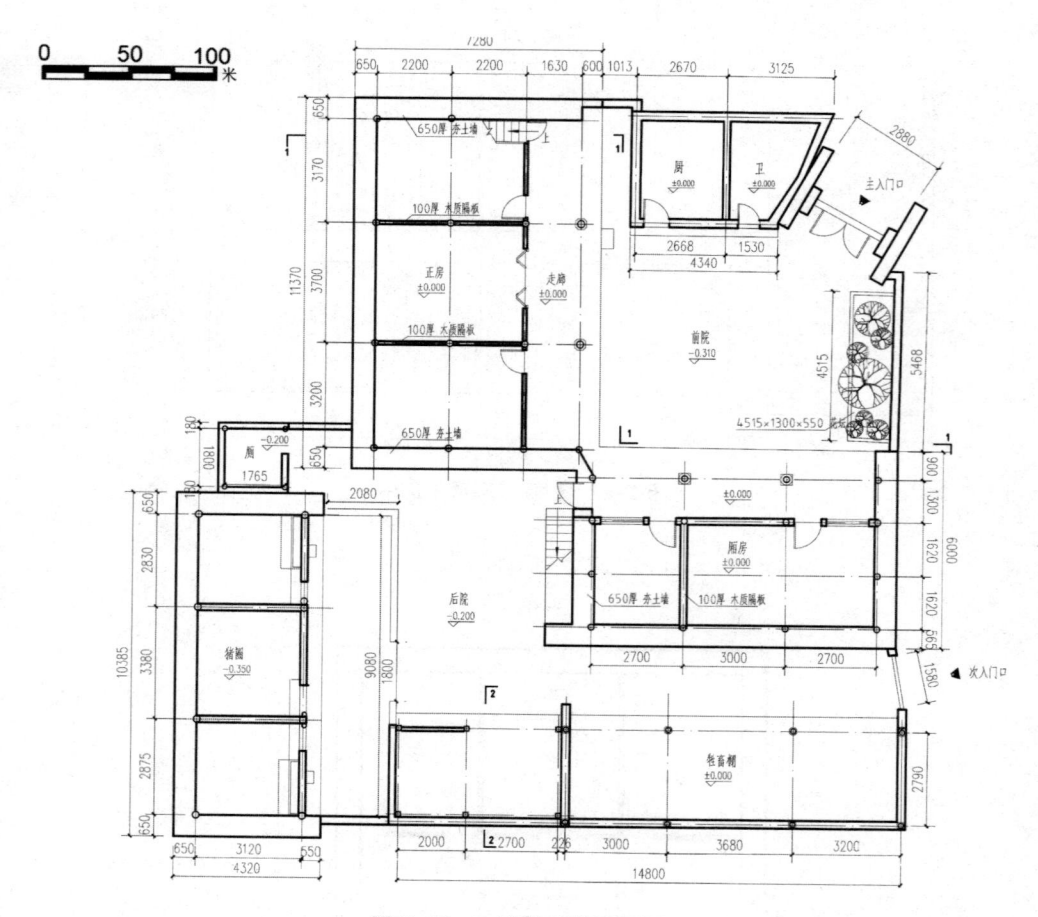

图 5-25　B 院落一层平面图

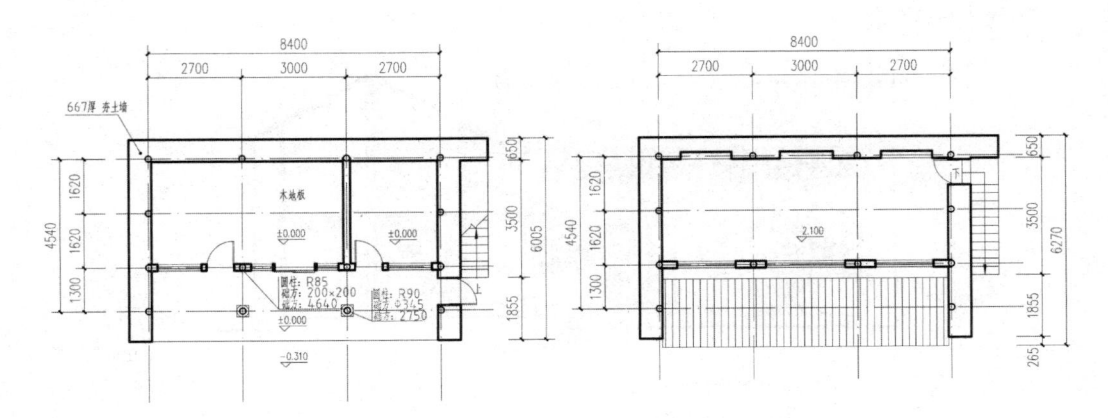

图 5-26　B 院落厢房一层平面图

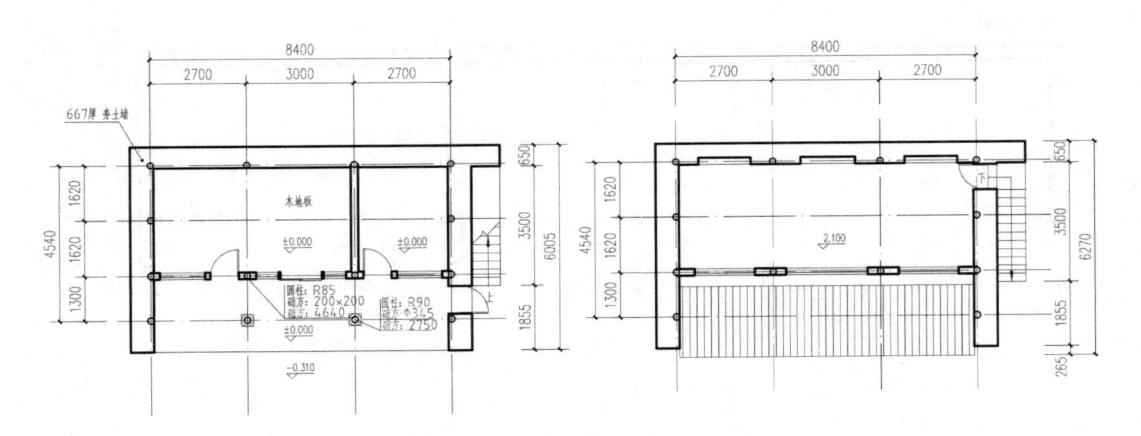

图 5-27　B 院落厢房二层平面图

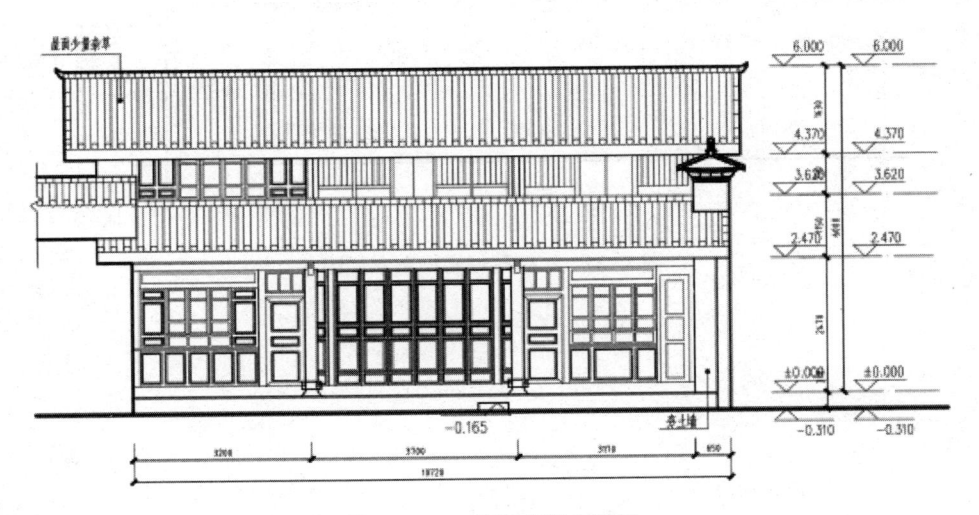

图 5-28　B 院落主屋立面图

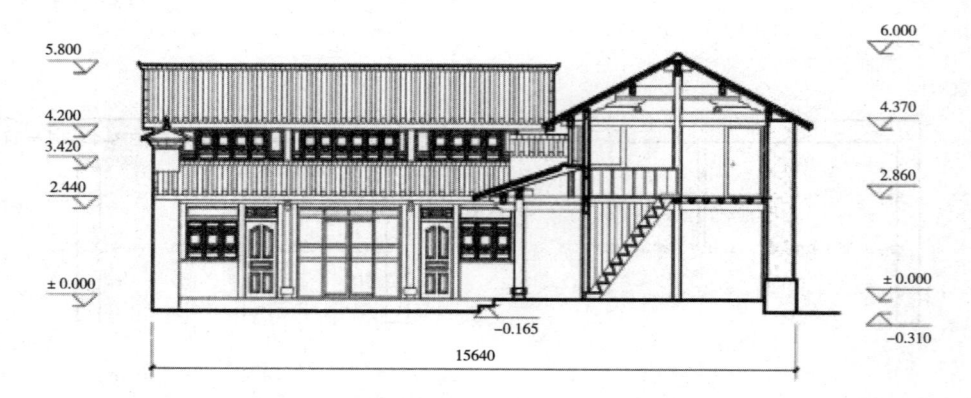

图 5-29　B 院落厢房立面图

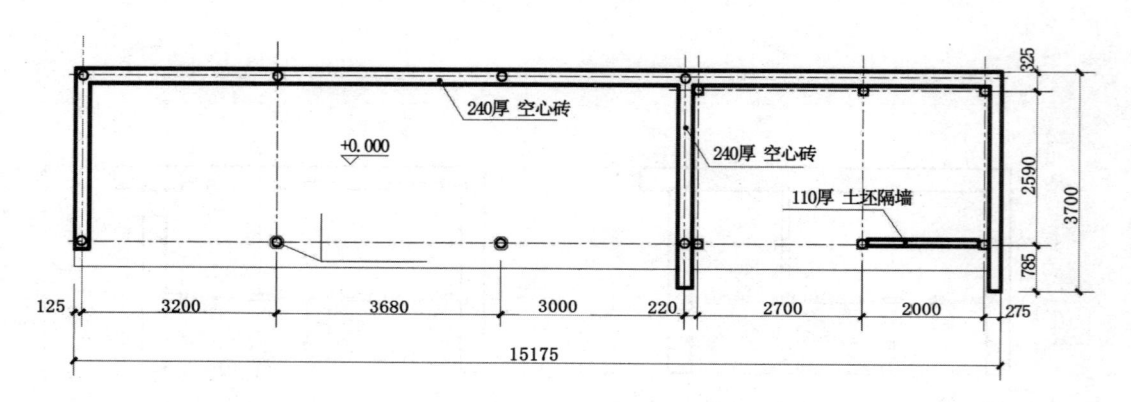

图 5-30　B 院落牲畜棚平面图

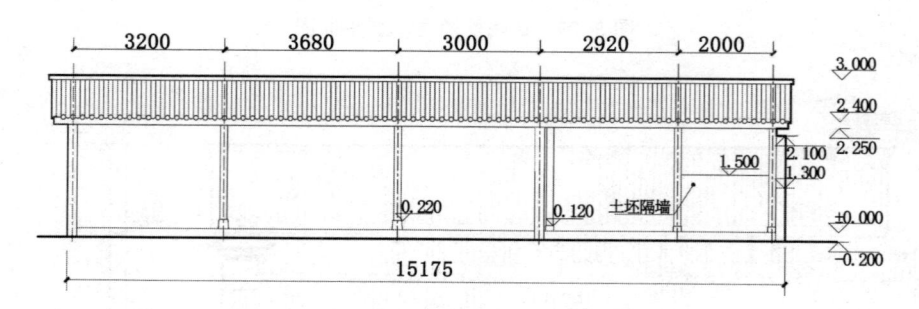

图 5-31　B 院落牲畜棚正立面图

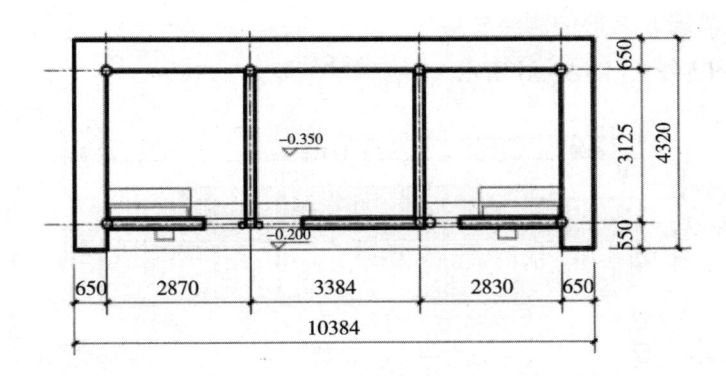

图 5-32 B 院落猪圈平面图

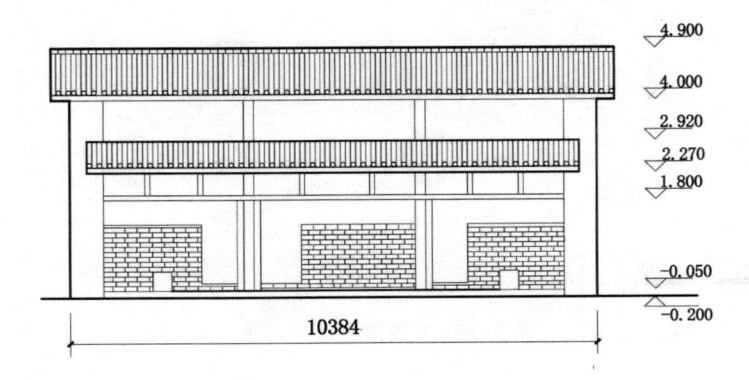

图 5-33 B 院落猪圈立面图

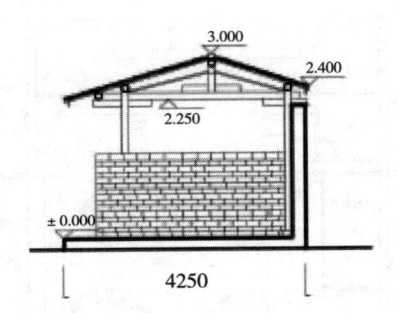

图 5-34 B 院落牲畜棚剖面图

3. 代表性建筑 E 院落的测绘成果

E 院落如图 5-35、图 5-36 所示。

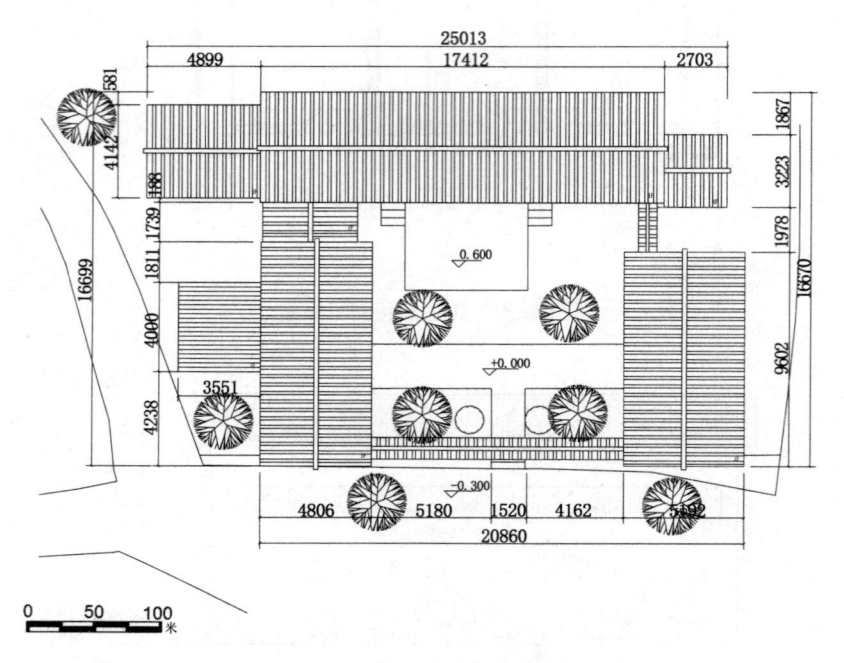

图 5-35 E 院落屋顶平面图

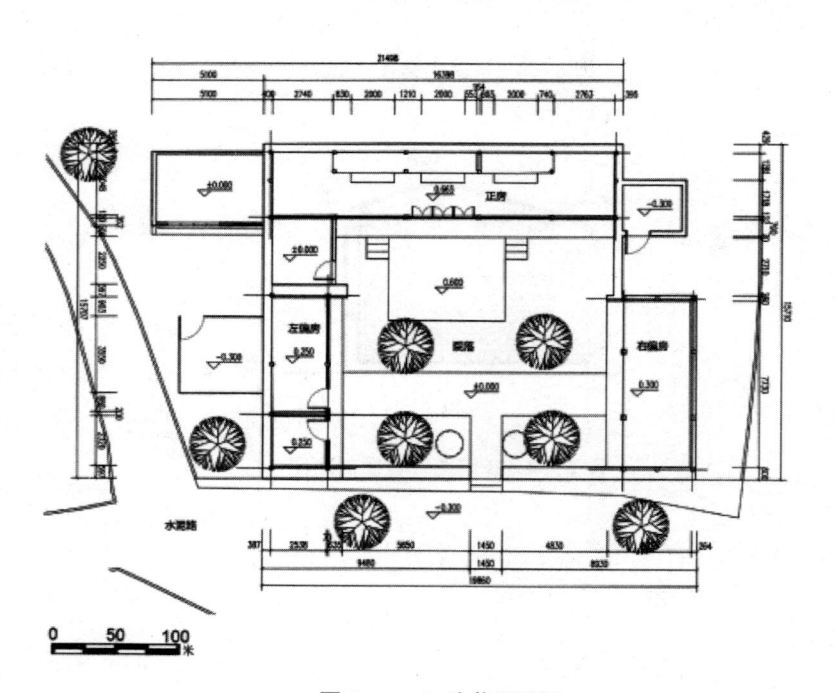

图 5-36 E 院落平面图

第二节 2017年测绘成果篇
——大理州剑川县沙溪镇部分村庄测绘

2017年沙溪古镇测绘人员合影,如图5-37所示。

图5-37 2017年沙溪古镇测绘人员合影

大理州剑川县沙溪镇部分村庄测绘

2017年8月

城乡规划141班

指导老师:王连、徐婷婷、王颖

本年度历史城镇调研与测绘选址为云南省大理州川县沙溪古镇。主要内容为现场调研及测绘。在本次调研与测绘的过程中深入观察研究,逐步了解沙溪古镇及周边村落的发展现状,功能布局、产业布局和村庄风貌等,以及历史街区的由来情况,并思考历史城镇未来可能的发展方向,同时感受历史城镇的文化气息,加深和提高对我国少数民族优秀传统建筑文化遗产的感性认识和理论修养。通过资料收集和图纸绘制,对沙溪古镇历史文化进行发掘、梳理、保护以及开发。

整个沙溪坝区包括寺登在内有13个村落,其中有7个已经被列入中国传统村落名录,其他几个也在积极申请,有望继续加入,这里可谓是中国最为富集的传统村落群体。

测绘村庄街巷尺度和民居建筑测绘,包括:村庄宅基地现状图(补齐新增建筑)、村庄整体建筑布局图、村庄道路现状图、村庄公共服务设施及绿化级周边环境图、村庄特色建筑测绘图(选一栋建筑,测绘平立剖结构草图、收集材质照片及细部大样图),如图5-38~图5-41所示。

图 5-38　2017 年测绘地点示意图

图 5-39　2017 年沙溪古镇测绘照片

第五章 历年测绘成果展示

图 5-40　2017 年沙溪测绘照片

图 5-41　沙溪古镇民居

· 57 ·

一、剑川县·沙溪镇·甸头村

测绘人员：席翰媛、孙玉洁、白丹、孙思靖、胡崇敬

（一）村情概况

该行政村隶属剑川县沙溪镇，地处沙溪镇北边，距沙溪镇政府所在地2公里，到镇政府道路为弹石路，交通方便，距县28公里。东邻段家登，南邻沙登，西邻石宝山，北邻棚林子。辖甸头禾、棚袜子等4个村民小组。农民收入主要以种植业为主。

1. 基础设施

该村截至2011年底，全村有341户通自来水，有341户通电，有225户通有线电视，拥有电视机农户2户，安装固定电话或拥有移动电话的农户数260户，其中拥有移动电话农户数200户。该进村道路属于柏油、水泥路面。全村有效灌溉面积为141.00亩，其中有高稳产农田地面积1200.0亩，人均高稳产农田地面积0.82亩。该村到2011年底，有0户居住砖木结构住房；有39户居住于土木结构住房。

2. 产业经济

全村有耕地总面积2087.00亩（其中：田1411.00亩，地76.00亩），主要种植水稻、油菜、包谷等作物；拥有林地10500亩，其中经济林果地1010.00亩，主要种植经济林果。

3. 人口卫生

该村2011年农村经济总收入592.00万元，其中：种植业收入277.00万元，畜牧业收入133.00万元；林业收入4.00万元，第二、三产业收入160.00万元，工资性收入40.00万元。农民人均纯收入168.00元，全村外出务工收入18.00万元，其中，常年外出务工人数23人，在省内务工18人，到省外务工5人。

4. 文化教育

该村小学生就读于田园小学，中学生就读于沙溪中学，村内幼儿园在建，有暂用托儿所，目前容纳村内12名孩童。

第五章 历年测绘成果展示

（二）测绘成果（图 5-42～图 5-51）

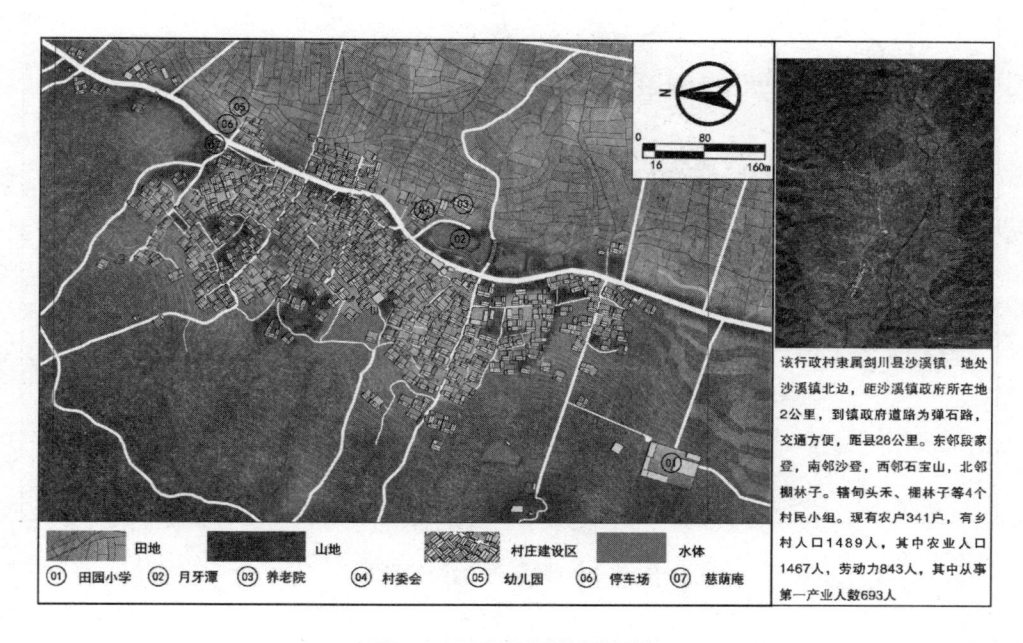

图 5-42 甸头村总平面图

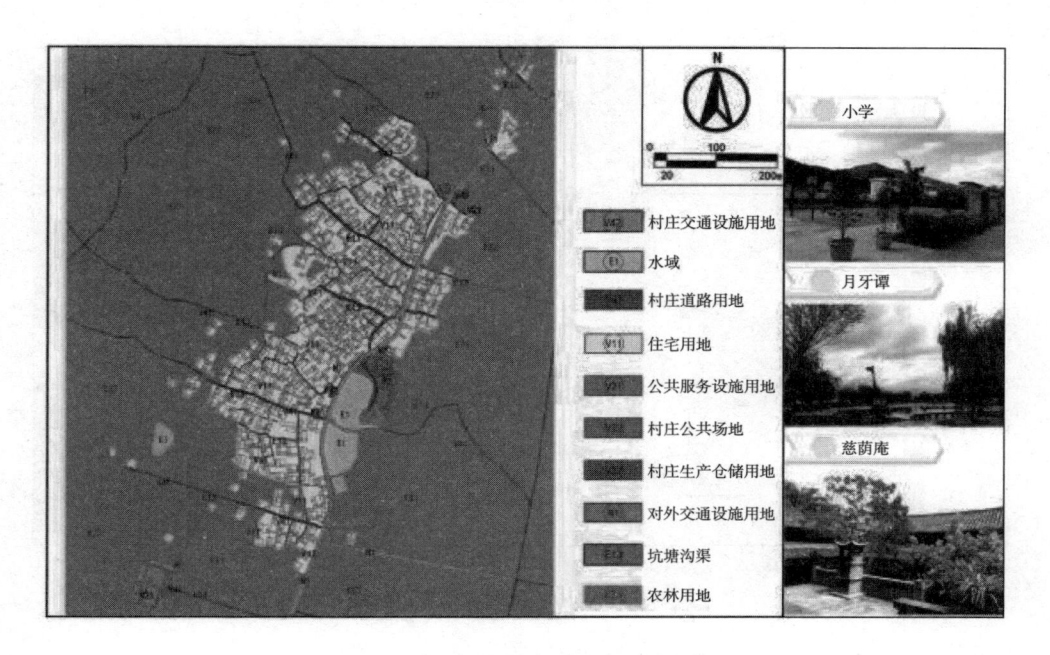

图 5-43 甸头村土地利用现状图

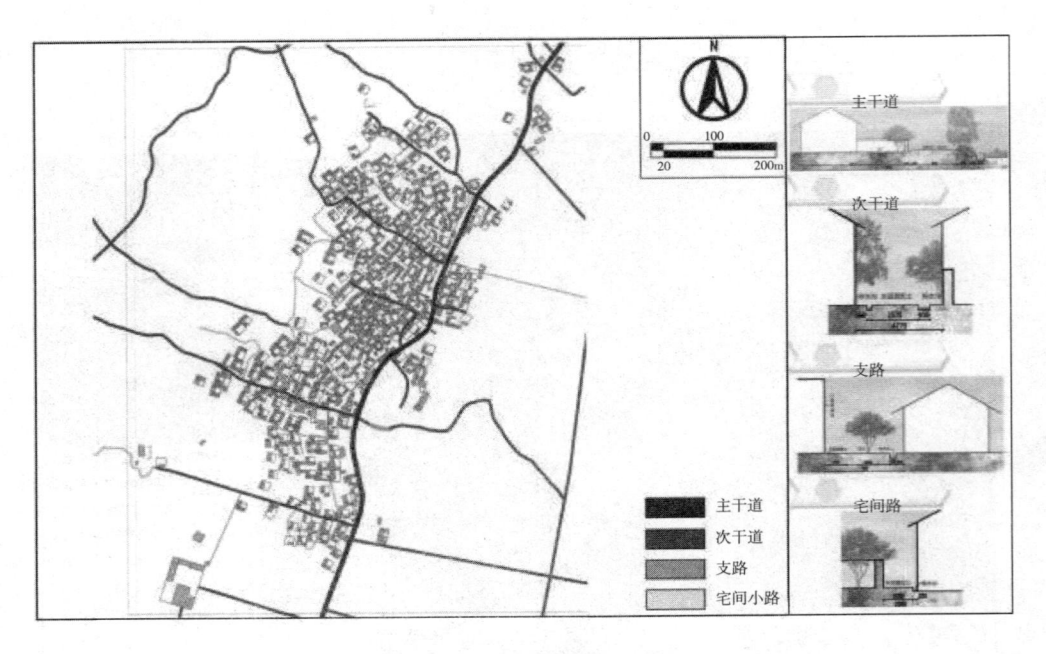

图 5-44　甸头村道路分级图

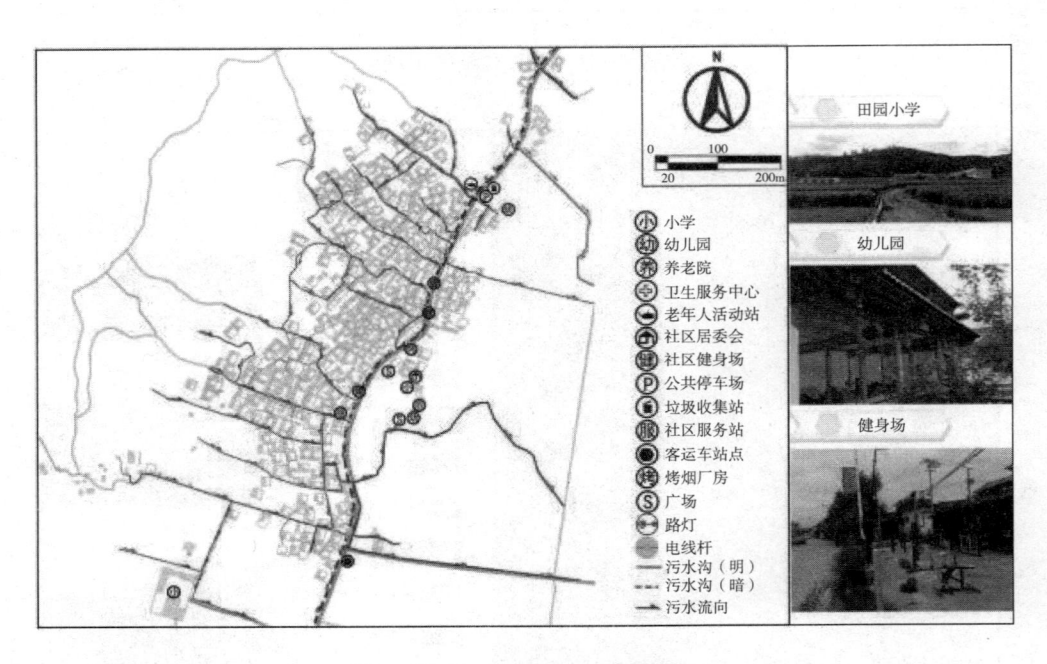

图 5-45　甸头村基础设施分析图

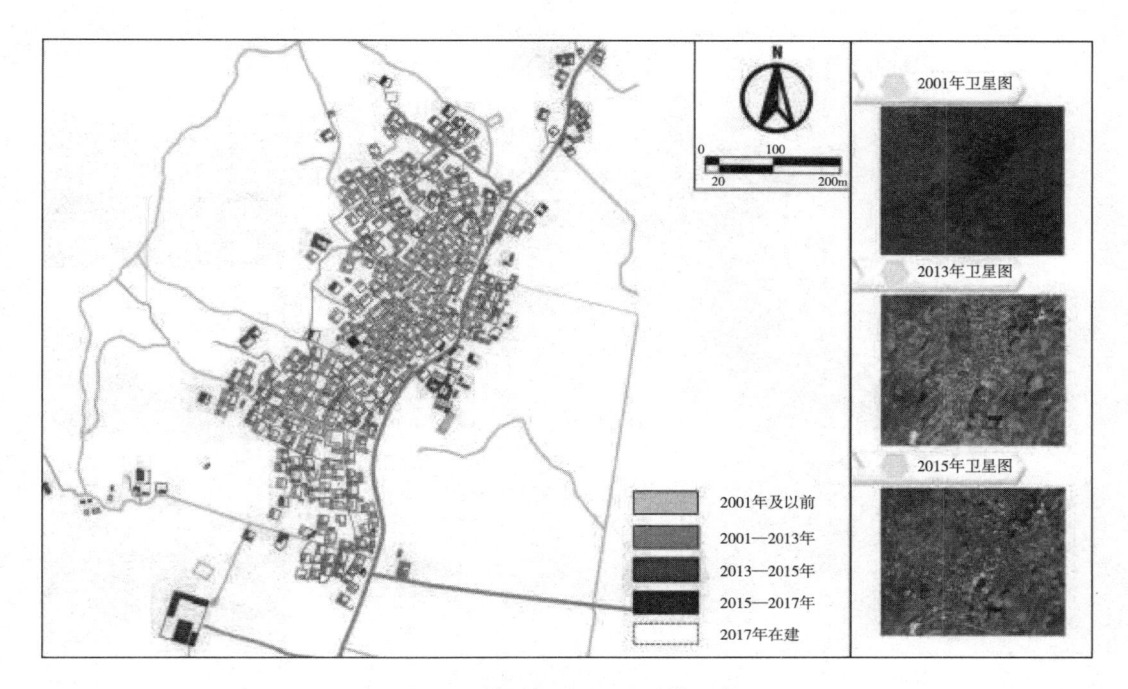

图 5-46 甸头村建筑年份分析图

图 5-47 甸头村建筑层数分析图

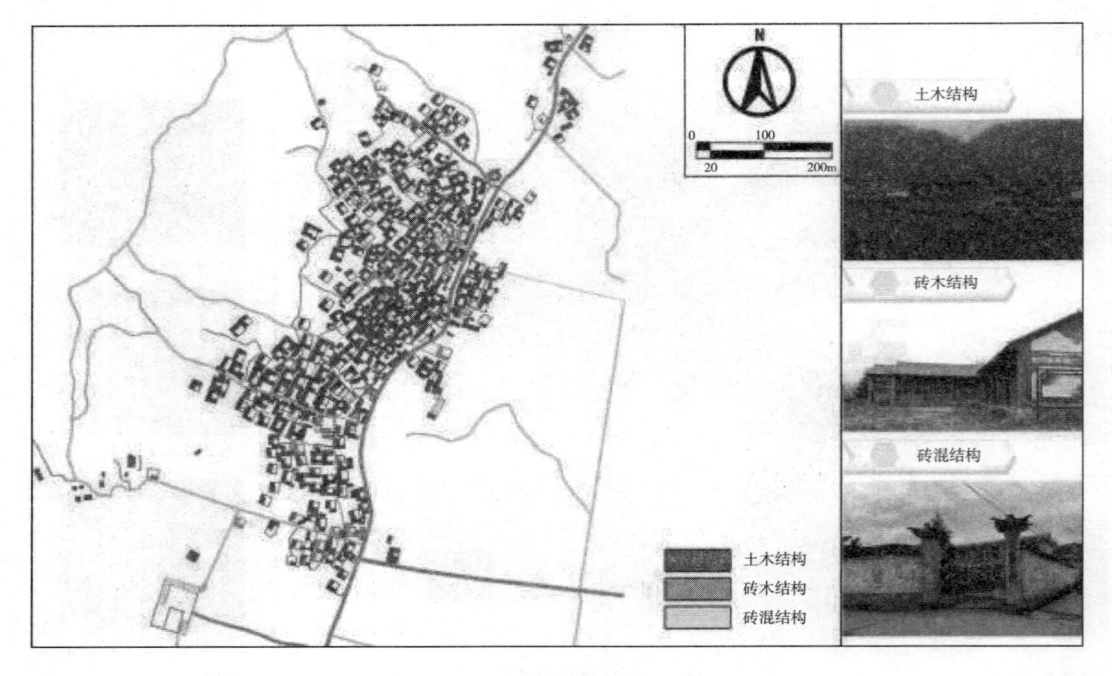

图 5-48　甸头村建筑结构分析图

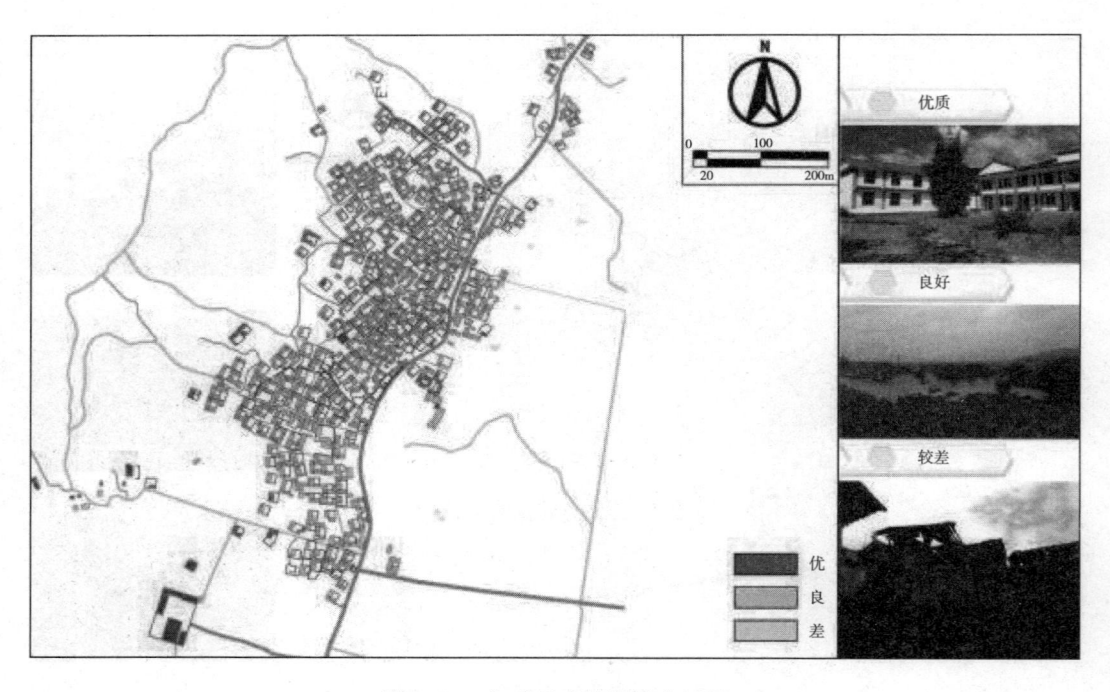

图 5-49　甸头村建筑质量分析图

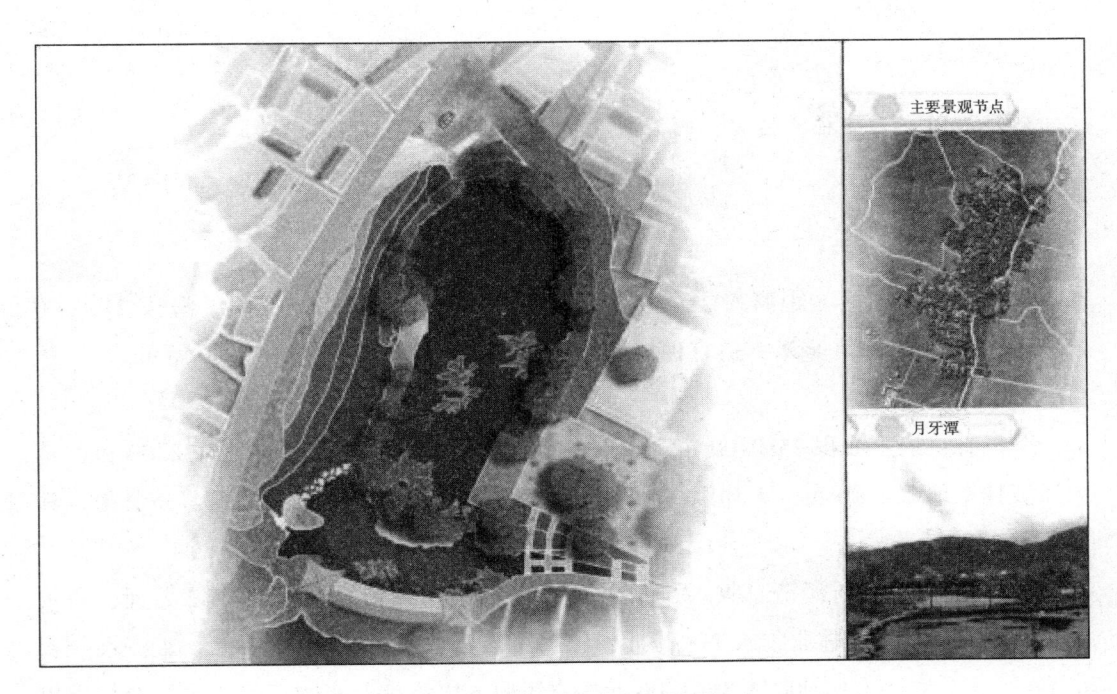

图 5-50　甸头村节点大样图

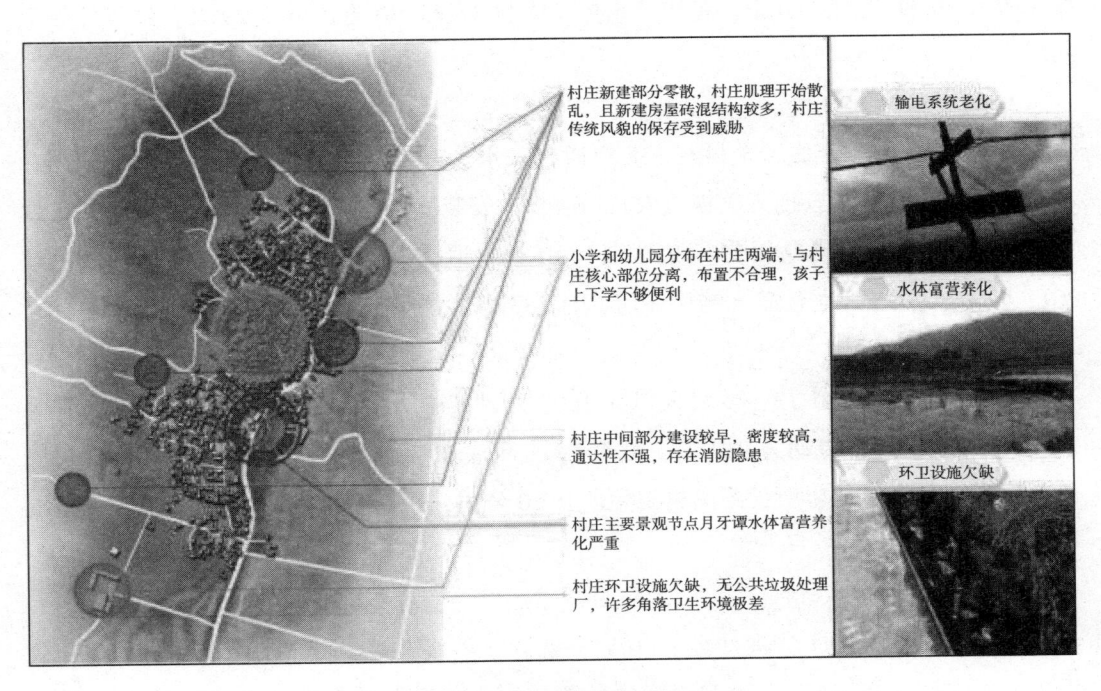

图 5-51　甸头村现状问题图

二、沙溪镇·华龙村

测绘人员：刘安福、吕宾、巴振东、高杨

（一）村情概况

华龙村属于坝区。距离村委会 0.30 公里，距离沙溪镇 2.50 公里，海拔 2190.00 米，年降水量 600.00 毫米，适宜种植水稻等农作物，如图 5-52～图 5-59 所示。

1. 产业经济

全村有耕地总面积 2580.00 亩，主要种植水稻等作物；拥有林地 22438.00 亩，其中经济林果地 294.00 亩，人均经济林果地 0.19 亩，主要种植板栗核桃等经济林果；其他面积 258.00 亩。

该村 2011 年农村经济总收入 535.59 万元，其中：种植业收入 294.42 万元，畜牧业收入 94.52 万元；林业收入 718 万元，第二、三产业收入 125.76 万元，工资性收入 46.00 万元。农民人均纯收入 1801.00 元，农民收入以种植业畜牧业等为主。全村外出务工收入 39.00 万元，其中，常年外出务工人数 37 人，在省内务工 29 人，到省外务工 8 人。

2. 基础设施

该村截至 2011 年底，全村有 338 户通自来水，有 13 户饮用井水，有 441 户通电，有 187 户通有线电视，拥有电视机农户 263 户，安装固定电话或拥有移动电话的农户数 320 户，其中拥有移动电话农户数 283 户。该进村道路为属于柏油、水泥路面；该村到 2011 年底，有 25 户居住砖木结构住房，有 333 户居住于土木结构住房。

3. 人口卫生

该村现有农户 441 户，乡村人口共 1605 人，其中男性 800 人，女性 805 人。其中农业人口 1561 人，劳动力 912 人。截至 2011 年底，参加农村合作医疗 1566 人，村民的就医主要依靠村卫生所，距离村卫生所 0.30 公里，距离镇卫生院 2.50 公里。人畜混居的农户 361 户。

4. 文化教育

该村小学生就读于华龙小学，中学生就读于沙溪中学。该村距离小学校 0.20 公里，距离中学 3.00 公里。目前，该村义务教育在校学生中，小学生 195 人，中学生 87 人。

(二) 测绘成果（图 5-52~图 5-59）

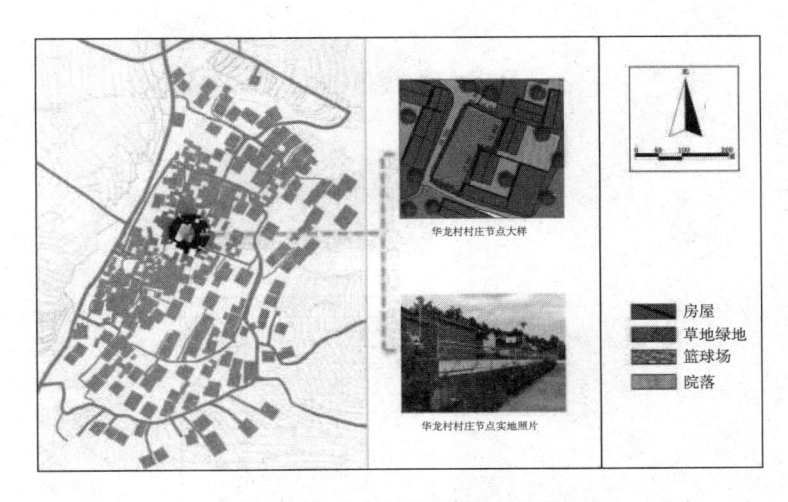

图 5-52　华龙村村庄节点大样图

图 5-53　华龙村总平面图

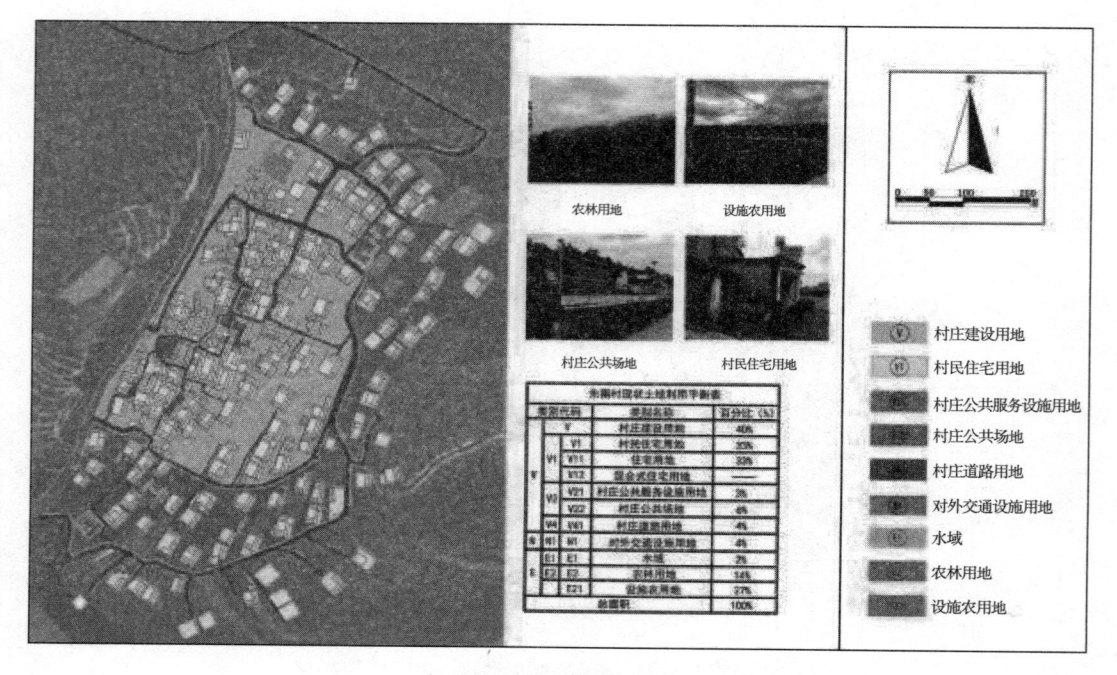

图 5-54　华龙村土地利用现状分析图

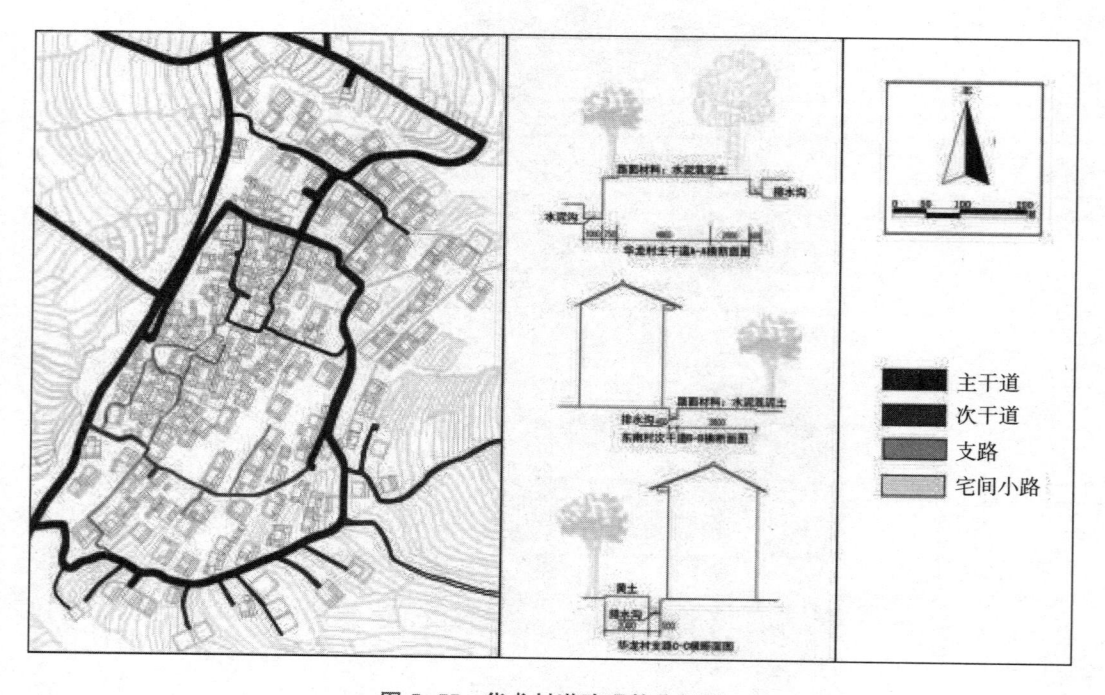

图 5-55　华龙村道路现状分析图

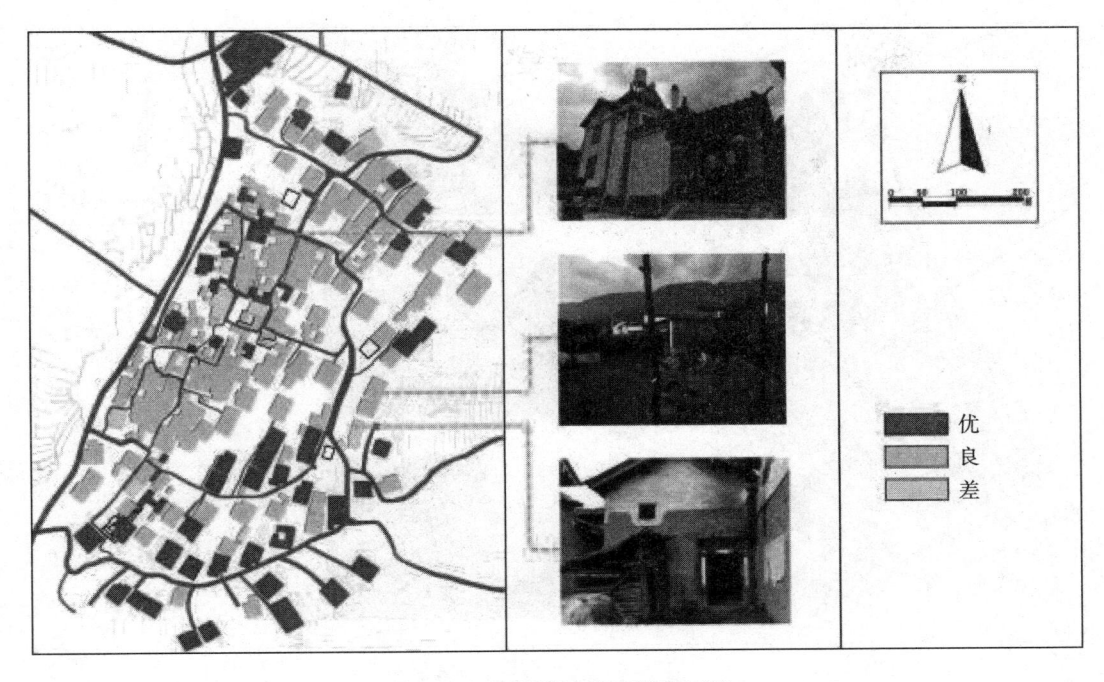

图 5-56　华龙村建筑质量分析图

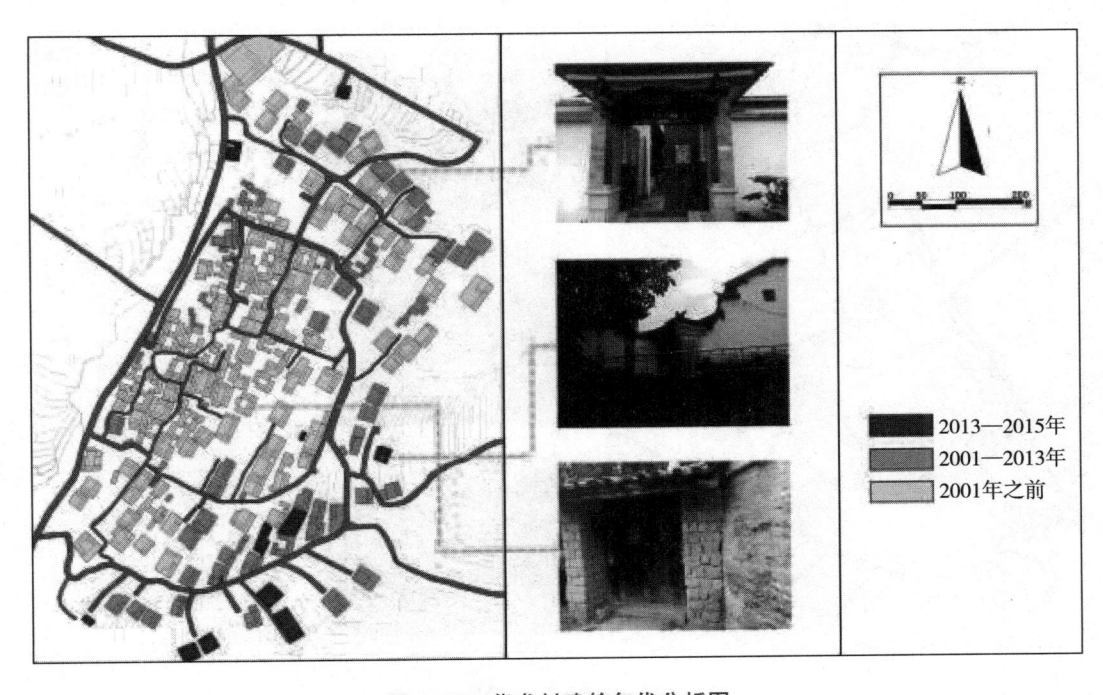

图 5-57　华龙村建筑年代分析图

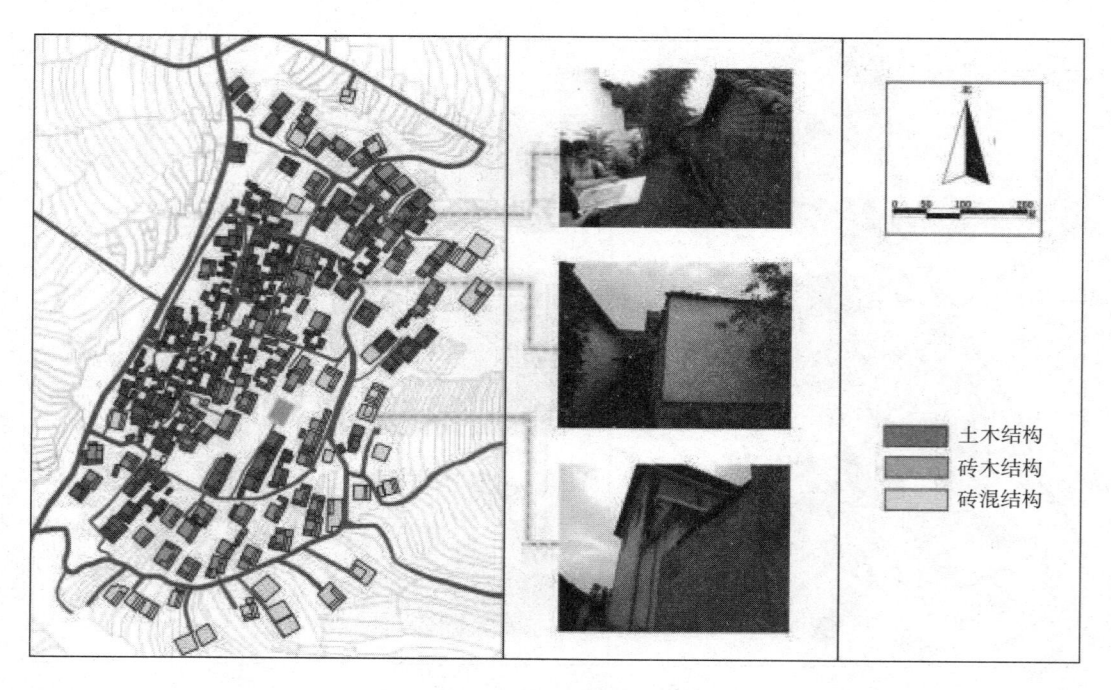

图 5-58　华龙村建筑结构分析图

图 5-59　华龙村基础设施分析图

第三节 2018年测绘成果篇
——大理州大理市龙尾关、凤阳邑、中和村测绘

2018年测绘人员合影,如图5-60所示。

图 5-60 2018 年测绘人员合影

大理州大理市龙尾关、凤阳邑、中和村街道立面测绘、院落测绘

2018年8月

城乡规划151班

指导老师:王连、王颖、徐婷婷

本次历史城镇实地调研与测绘选址在云南省大理州大理市龙尾关、凤阳邑、中和村。其任务主要分为两部分,现场村落机理及街巷调研以及院落测绘。首先通过调研、熟悉城镇发展的相关知识,历史街区的形成由来、功能分区和道路布局结构,传统城镇、村落与现代生活方式的融合,历史城镇可能的开发方向等。同时掌握当前较为常用的社会调研方法,锻炼与不同访谈对象的良好沟通能力,增强社会责任感与团队协作精神。

然后,具体对村庄的单体建筑、建筑群落进行详细测绘,加深和提高对中国古代优秀建筑文化遗产的感性认识和理论修养,培养良好的建筑空间概念、尺度感和设计

思维能力，如图 5-61~图 5-63 所示（注：因篇幅有限，文中仅展示部分成果）。

图 5-61　凤阳邑彩绘图

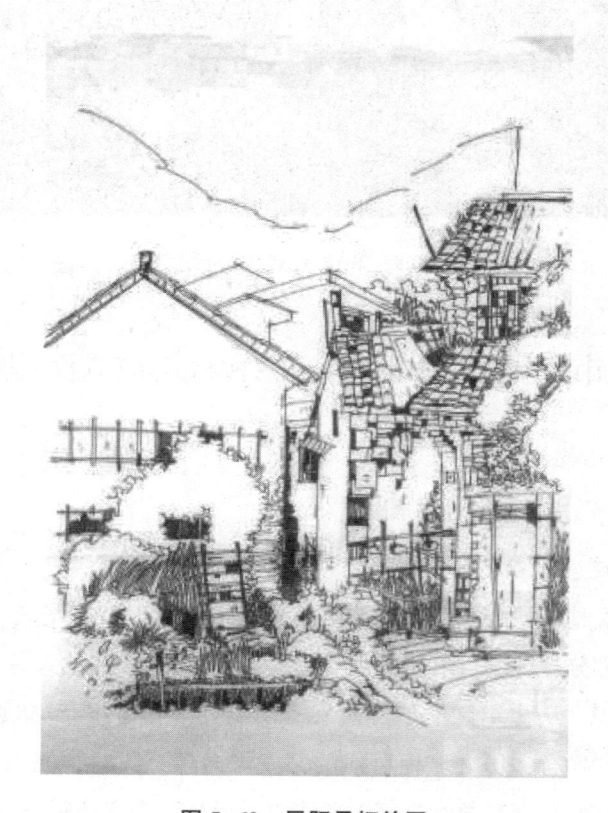

图 5-62　凤阳邑钢笔画

图 5-63 测绘人员风采展示

一、大理市·龙尾关

大理市下关龙尾关鸟瞰图，如图 5-64 所示。

图 5-64 大理市下关龙尾关鸟瞰图

(一)龙尾关简介

龙尾关位于云南省大理市下关黑龙桥北口,属于大理市下关镇关迤社区,是南诏国时期位于国都之南的一座关隘,古籍上又称为龙尾城,和上关的"龙首城"相呼应,也叫下关,它西起天生桥,东至大关邑村,由苍山斜阳峰南坡向东延伸,城南有天然护城河——西洱河。龙尾街的主干道便是当年的寿康坡,是茶马古道必经之路,也是下关到大理唯一的通道,有很多大小马店,如图 5-65 所示。

龙尾关历经唐、宋、元、明、清、民国至今,已有 1200 多年的历史,也是我国唐、宋与东南亚各国通商贸易的南方丝绸之路——博南古道

图 5-65 龙尾关街道风貌图

和茶马古道的必经之地,近现代成为滇藏、滇缅公路交汇处。1987 年被大理州人民政府公布为重点文物保护单位。

龙尾关总面积 57.76 公顷,地势西北高,东南低。西依苍山,东有洱海,年降水量 695.3 毫米、年均气温 15.1℃,昼夜温差小。

龙尾关的用水和其他地方不太一样,主要供给依靠两口井:大井和二井,两井其实不是真正意义上的"井",均为苍山浅表地层的涌泉,古人在两地出水口建龙王庙、修水池、供人们饮用。两井用水公约规定:头井饮水,二井洗菜,三井洗衣服,四牛、五井作他用,千百年来已约定俗成。井池的底部和四周用青石板铺就,既美观实用又较好蓄水。池与池之间有平面出水口,各池都保持一定的水面,多余的水自然流出。由于地形优势,排水、饮水都有很大的便利,可以借助地势自由排水,也是当地的一个特色。

2017 年下关镇关迤社区有居民 5204 户、15613 人,居住有汉族、白族、彝族等民族,其中以白族为主。

龙尾关现存的文物古迹及主要传统民居等共有 61 处,还有 28 座名士宅院和遗址。

龙尾街、中承街有170多间临街商铺，有历史上老字号150多家。龙尾关城内分布着众多的具有较高历史文化价值的文物遗迹：龙尾城遗址、龙尾关、寿康楼、将军庙、文庙、弥它寺、玉龙书院、江风寺、天生桥、大唐天宝战士冢等历史人文景点，还有龙尾街、中承街等传统民居街巷，是当代大理市下关镇区中最能集中体现大理历史文化名城悠久历史风貌的重要街区，如图5-66、图5-67所示。

龙尾关相对大理来说是很小的一个地方，但是确实是大理的生活记忆所在。龙尾关设施相对来说还是比较完善的，虽然里面店铺的装修和设施不是那么的现代，但是充满了历史感与回忆感。在这个小小的地方布满了有着数十年历史的老店，有些历史已逾百年，口口相传，每天都有许多大理本地的居民来此休息用餐。

图5-66　龙尾关街道风貌图　　　　图5-67　龙尾关街道风貌图

（二）测绘成果

作为下关镇重要的历史街区，中丞街（龙尾关遗址）南北两侧的民居建筑依然保持着良好的传统风貌，测绘团队分组分段将其街道立面按现状进行测绘。作为防御性和商业性并存的古街道，地势起伏、门面狭小、商居混杂，依然保留着当地传统的市井生活。测绘图成果对历史街区保护提供重要的基础资料，如图5-68~图5-88所示。

图5-68　1组沿街建筑立面图 1:200

图 5-69　1 组沿街建筑全景图

图 5-70　2 组龙尾关地段立面图 1∶200

图 5-71　2 组龙尾关地段立面图片拼接图

图 5-72　3 组龙尾关街道立面图

图 5-73　3 组龙尾关沿街建筑全景图

图 5-74　4 组沿街建筑立面图

图 5-75　4 组沿街全景图

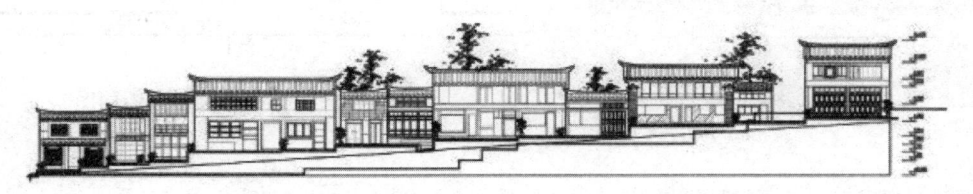

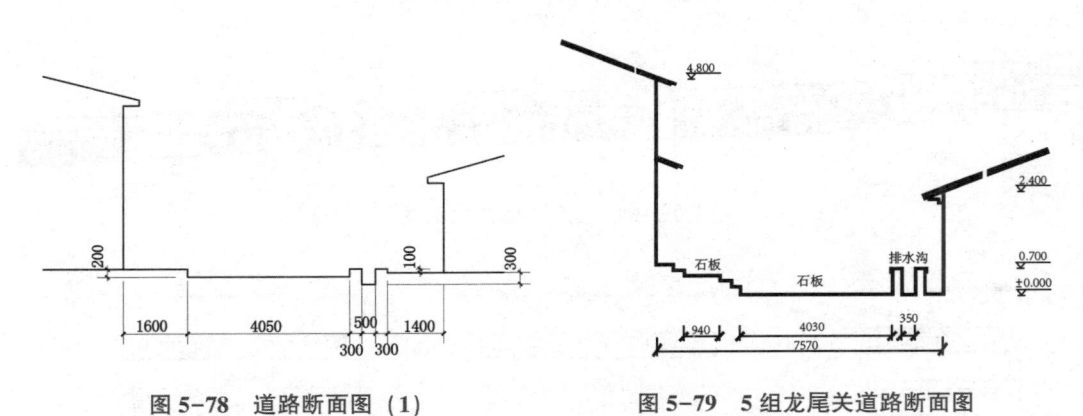

图 5-76　5 组沿街建筑立面图 1：200

图 5-77　5 组沿街建筑全景图

图 5-78　道路断面图（1）　　　图 5-79　5 组龙尾关道路断面图

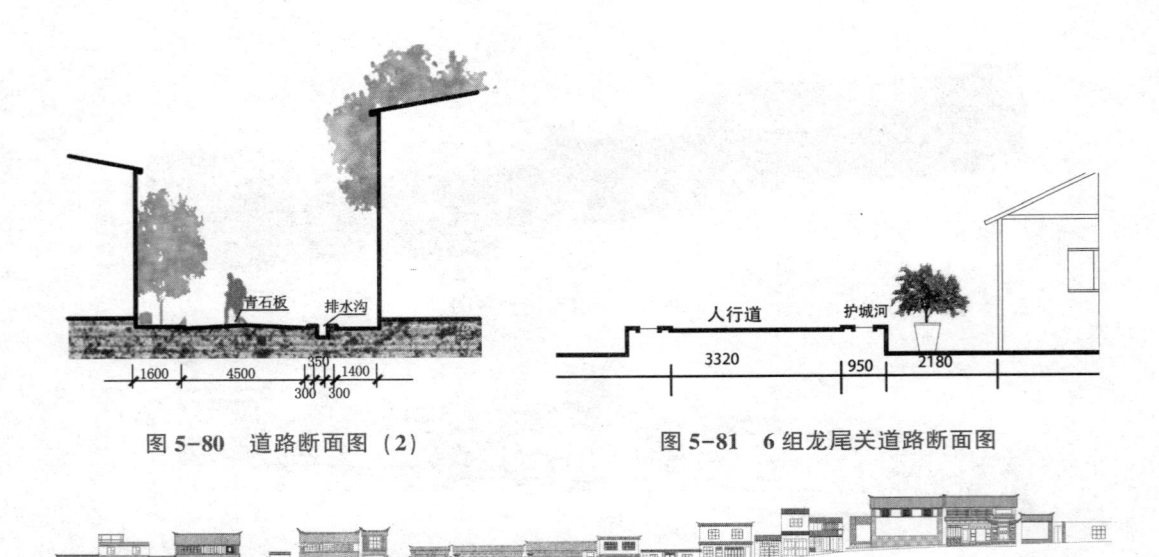

图 5-80　道路断面图（2）　　　　　图 5-81　6 组龙尾关道路断面图

图 5-82　7 组沿街建筑立面图

图 5-83　7 组沿街建筑全景图

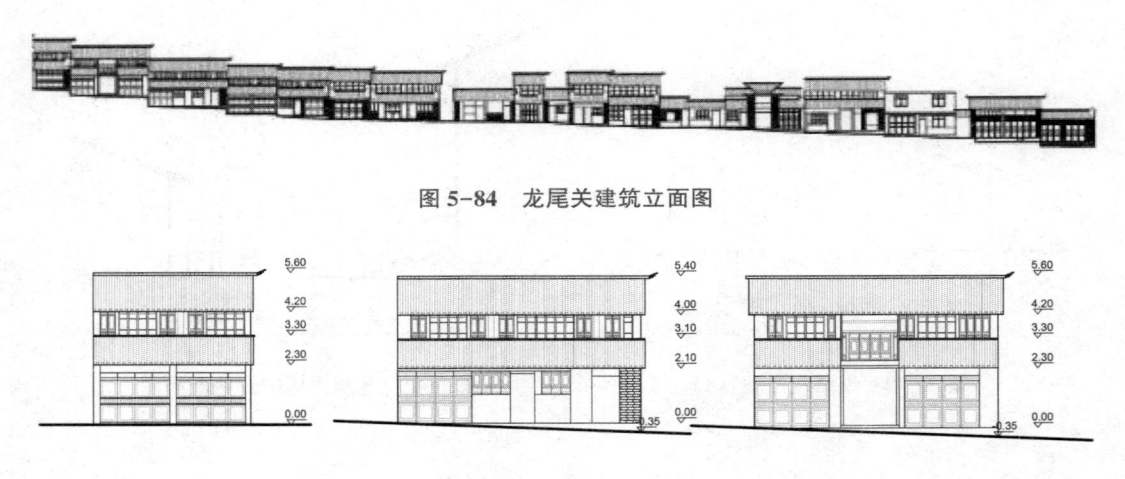

图 5-84　龙尾关建筑立面图

图 5-85　建筑单体 1：100

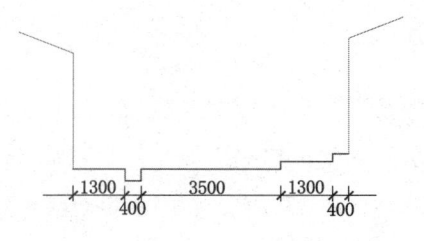

图 5-86　7 组道路横断面图（1）

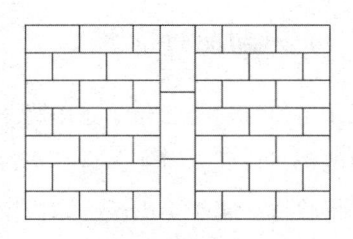

图 5-87　7 组道路横断面图（2）

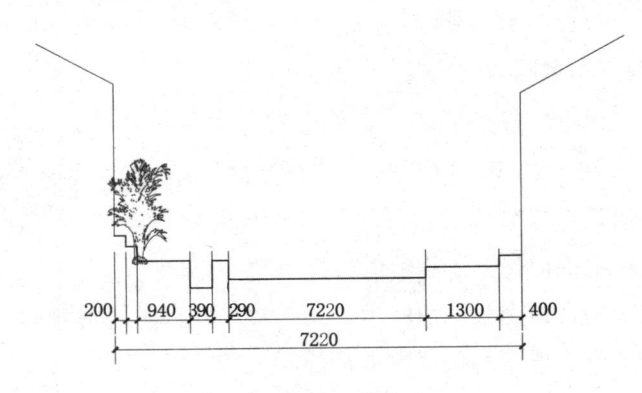

图 5-88　道路横断面 1：50

二、大理市·凤阳邑

大理市凤阳邑鸟瞰图，如图 5-89 所示。

图 5-89　凤阳邑鸟瞰图

· 77 ·

（一）凤阳邑村情概况

凤阳邑传统村落区位于苍山脚下，地势总体上为西高东低，呈缓坡。东面为洱海西部平坦地带，且面向洱海，自然形成"背山面水"的整体格局。凤阳邑村隶属于下关镇刘官厂行政村，属于半山区。海拔1880米，年平均气温15.7℃，年降水量695.3毫米。

凤阳邑具有良好的交通区位优势。北距大理古城6公里，车程约10分钟，南距下关镇中心约6公里，车程约10分钟。与大理火车站相距10公里，车程15分钟。与大理机场相距20公里，车程约40分钟。

凤阳邑是百年古村落，曾经是茶马古道上的一个节点驿站，至今仍留存着约700米的古道路段。2013年8月28日被列入中国传统村落名录。在两排古老的白族民居中，一条由青石板铺筑而成的"引马石"穿过村心。20世纪90年代因山体滑坡隐患，整村进行外迁，老村也因此保留了当年的历史风貌。

现存的凤阳邑茶马古道全长约700米，宽3米左右，中间铺条石，两侧铺鹅卵石，路旁有石凳和店铺，具有典型的茶马古道特征。

（二）测绘成果

本次测绘调研对村庄的街巷空间机理、老村核心区的历史风貌空间界定进行了详细研究，并对地方政府计划收购整合的多个传统小院进行建筑测绘风貌修复和改造评估。其完整的测绘成果提供给当地政府相关部门，作为片区发展规划的前期基础研究和技术支撑，如图5-90~图5-116所示（注：因篇幅有限，文中仅展示部分成果）。

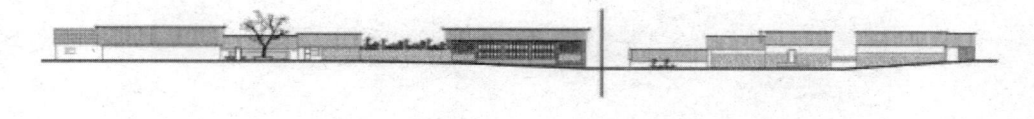

图5-90 街道立面图 A-B 段

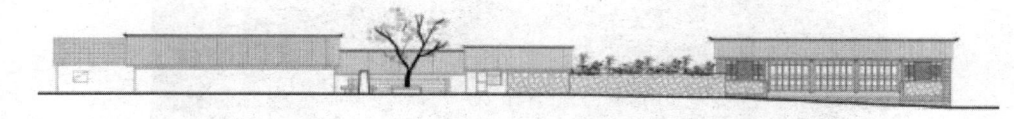

图5-91 街道立面 A 段

图 5-92 街道 A 段全景图

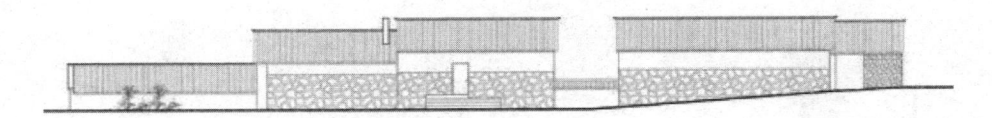

图 5-93 街道立面 B 段

图 5-94 街道 B 段全景图

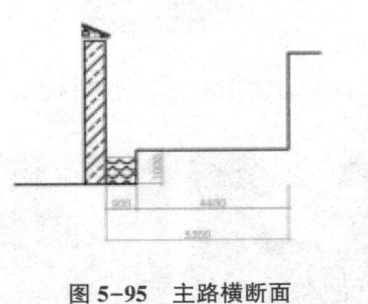

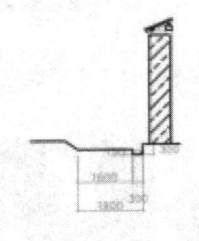

| 图 5-95 主路横断面 | 图 5-96 小巷横断面 1 |

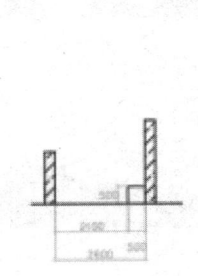

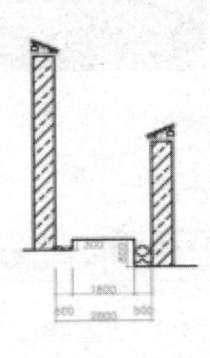

图 5-97 小巷横断面 2　　图 5-98 小巷横断面 3　　图 5-99 小巷横断面 4

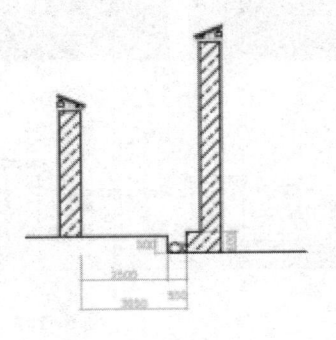

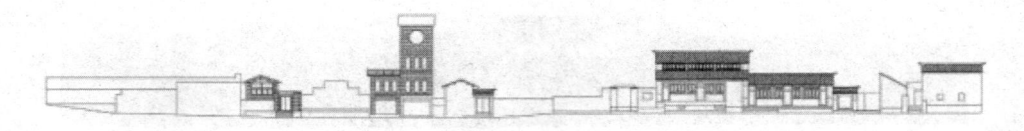

历史村镇实地调研与测绘：云南大理地区茶马古道沿线传统聚落

图 5-100　茶马古道沿街立面图 1∶400

图 5-101　茶马古道道路横断面　　图 5-102　背街小巷横断面 1　　图 5-103　背街小巷横断面 2

图 5-104　背街小巷横断面 3　　图 5-105　背街小巷横断面 4

图 5-106　小巷风貌图

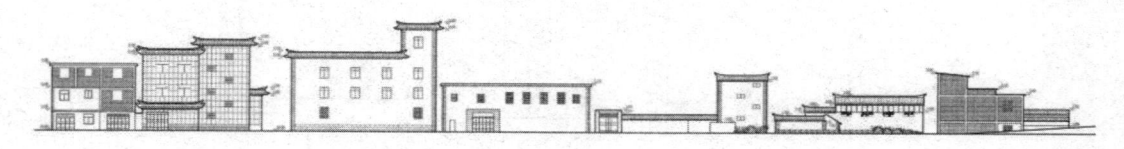

图 5-107　凤阳邑茶马古道沿街建筑立面图

第五章 历年测绘成果展示

图 5-108 凤阳邑茶马古道沿街全景图

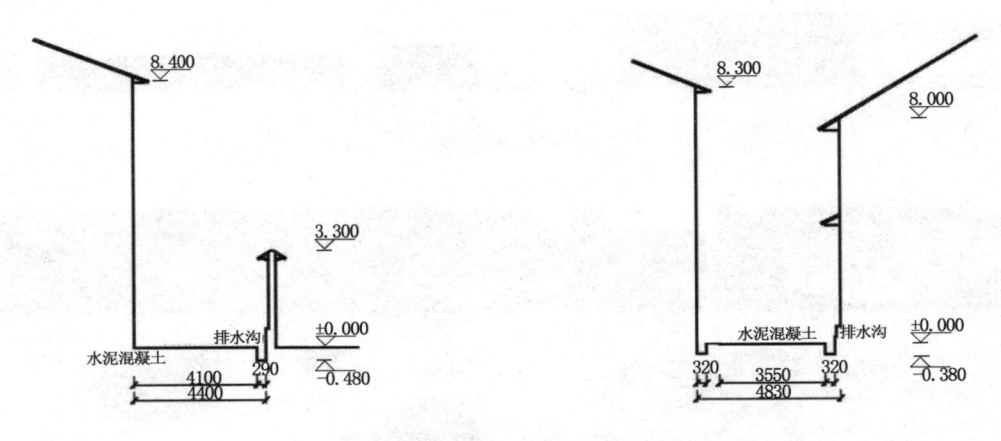

图 5-109 沿街立面 1

图 5-110 立面复原图

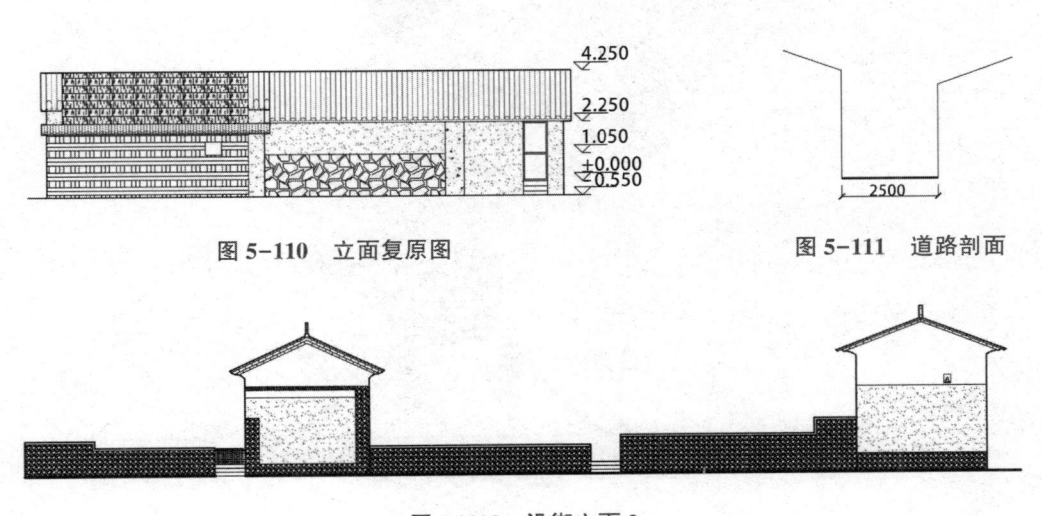

图 5-111 道路剖面

图 5-112 沿街立面 2

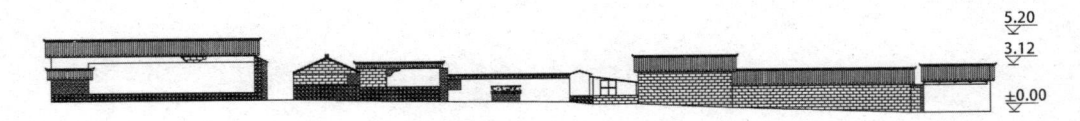

图 5-113 背街小巷街道立面 1∶200

图 5-114　背街小巷风貌图

图 5-115　背街小巷街道立面 1∶200

图 5-116　凤阳邑整体平面图

1. 一号院落测绘成果

一号院落如图 5-117~图 5-122 所示。

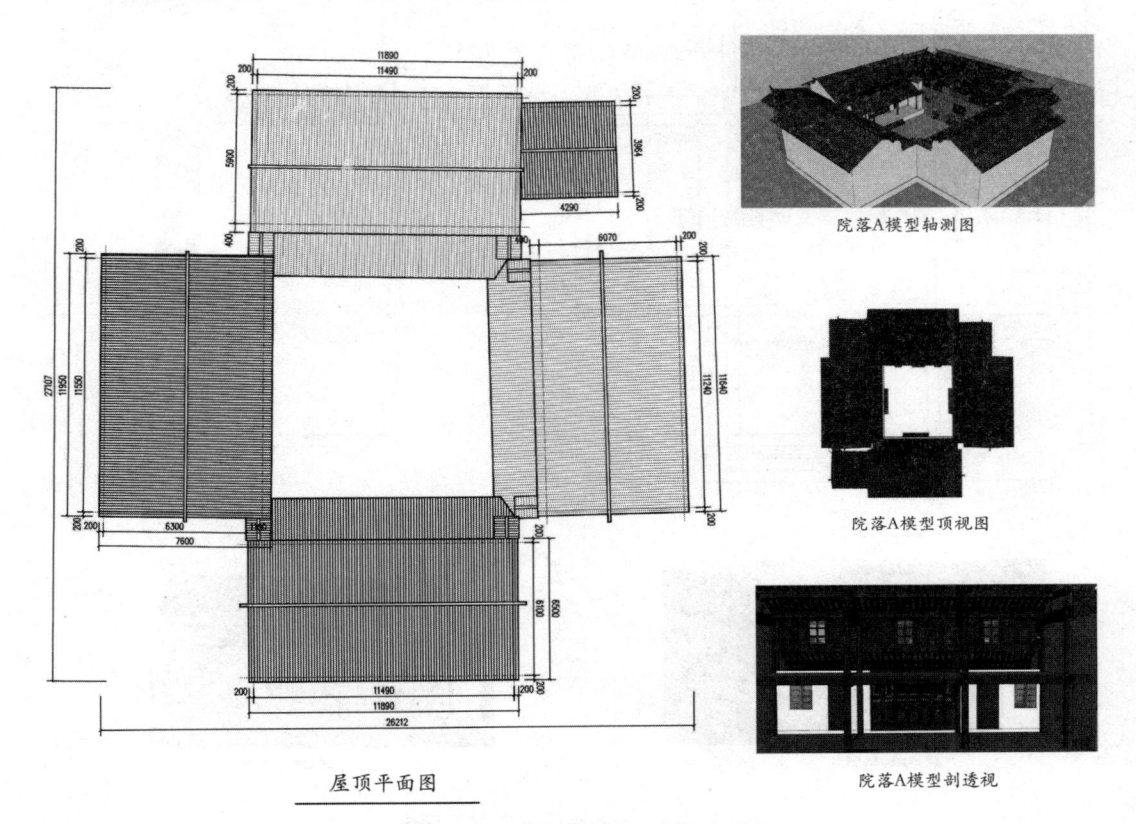

图 5-117　一号院落屋顶平面图

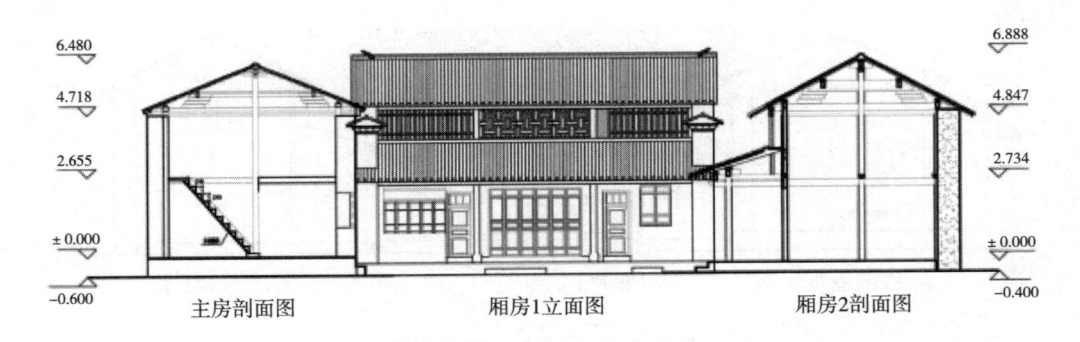

图 5-118　一号院落剖立面图

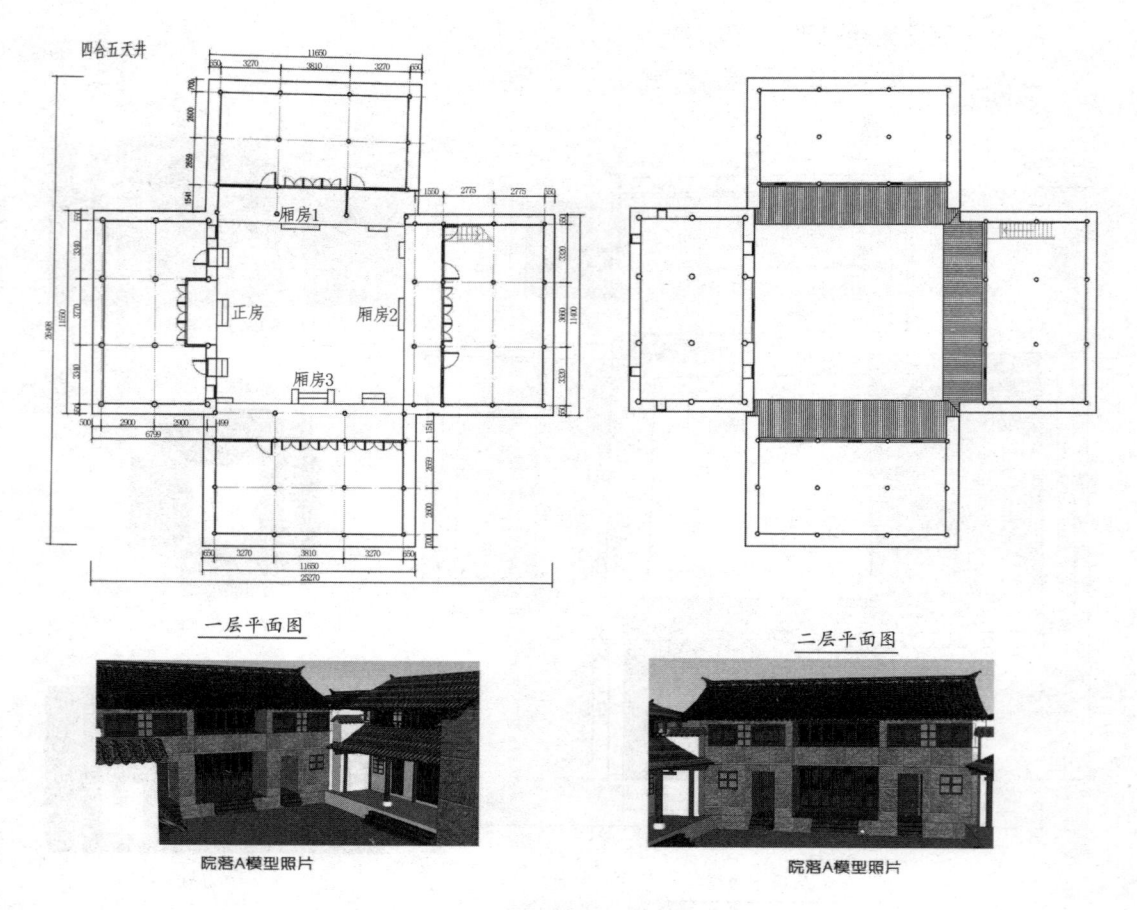

历史村镇实地调研与测绘：云南大理地区茶马古道沿线传统聚落

图 5-119　一号院落一二层平面图

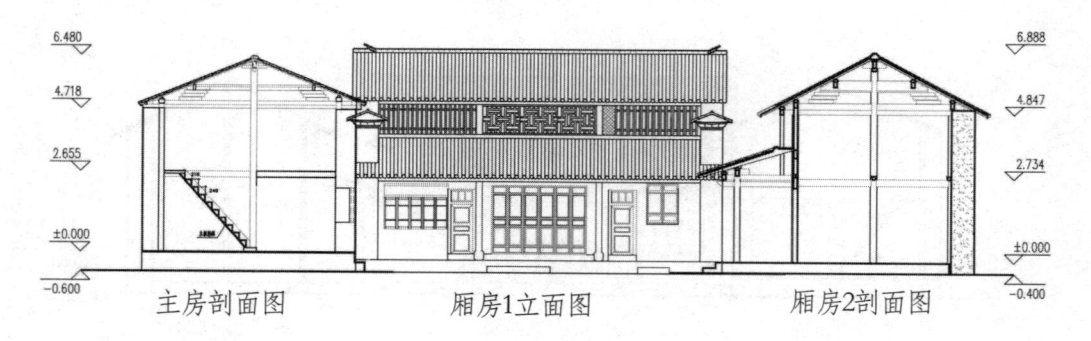

图 5-120　一号院落剖立面图

第五章 历年测绘成果展示

厢房3立面图

图 5-121 一号院落厢房立面图

正房立面图

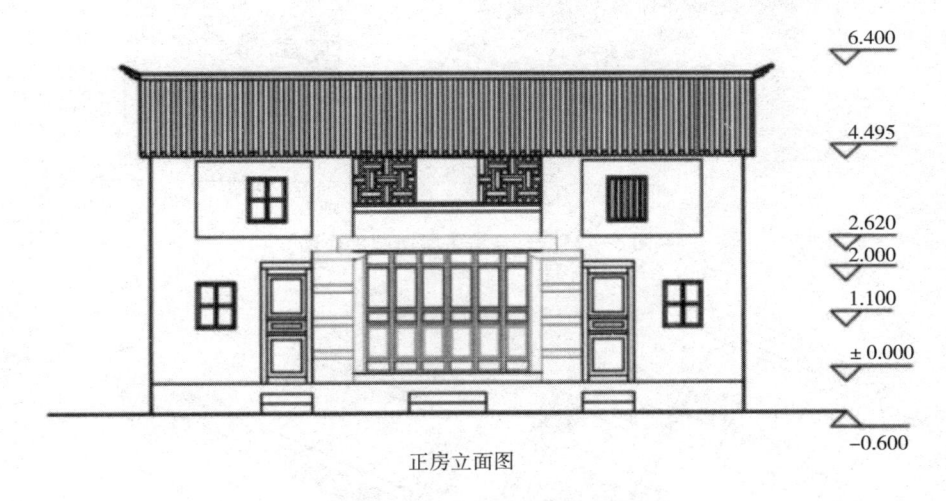

图 5-122 一号院落正房立面图

2. 二号院落测绘成果

二号院落如图 5-123~图 5-125 所示。

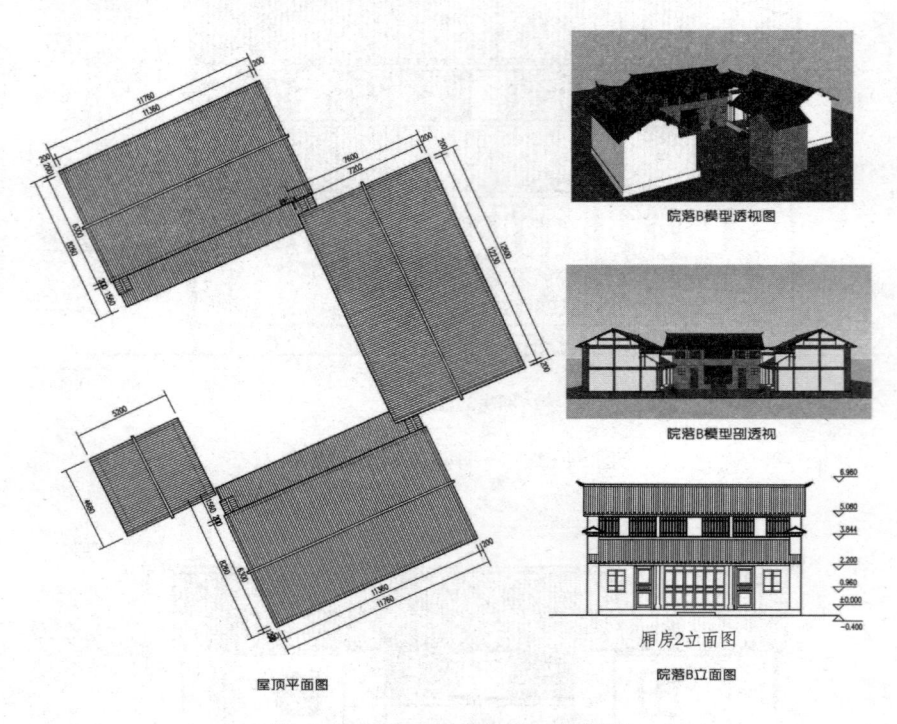

图 5-123　二号院落屋顶层平面图

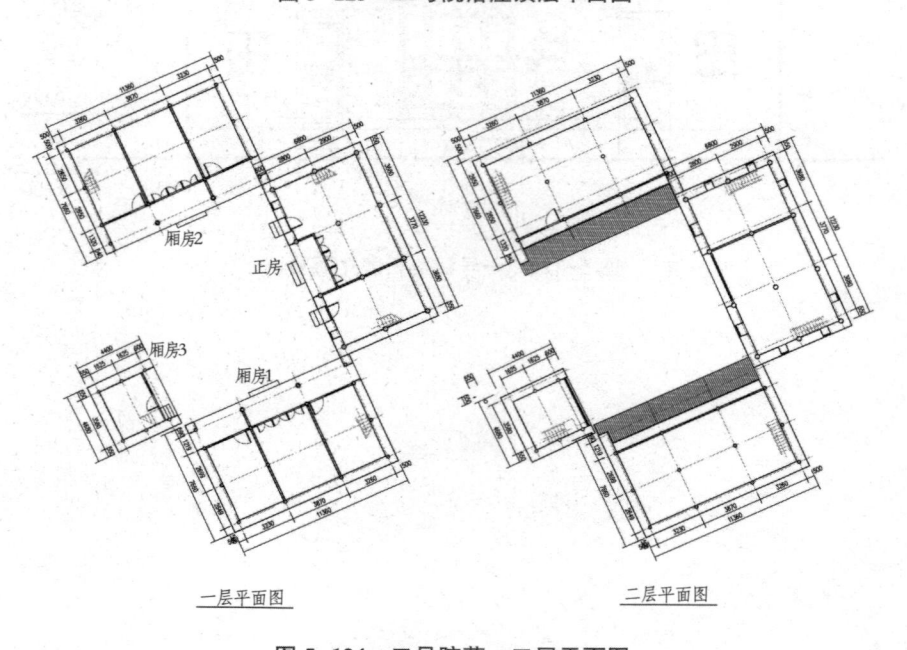

图 5-124　二号院落一二层平面图

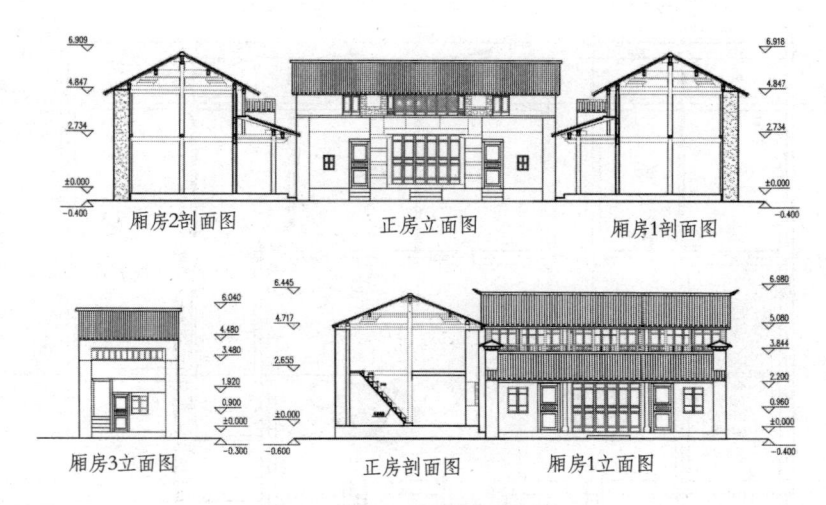

图 5-125　二号院落剖立面图

3. 三号院落测绘成果

三号院落如图 5-126~图 5-128 所示。

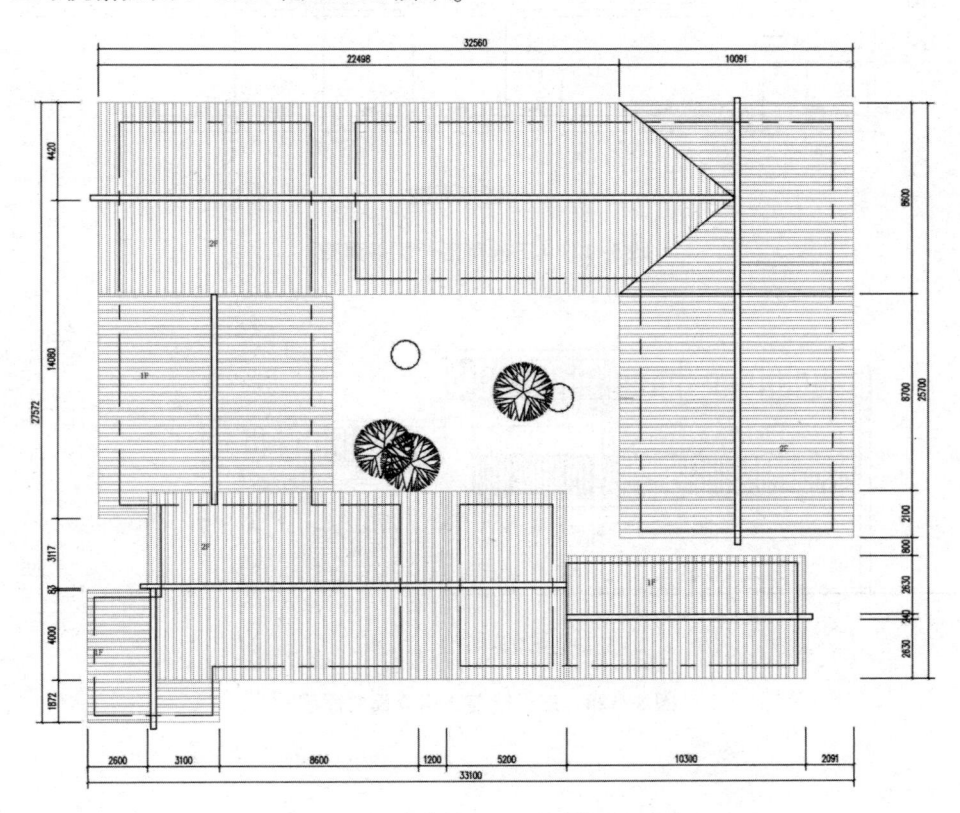

图 5-126　三号院落屋顶层平面图

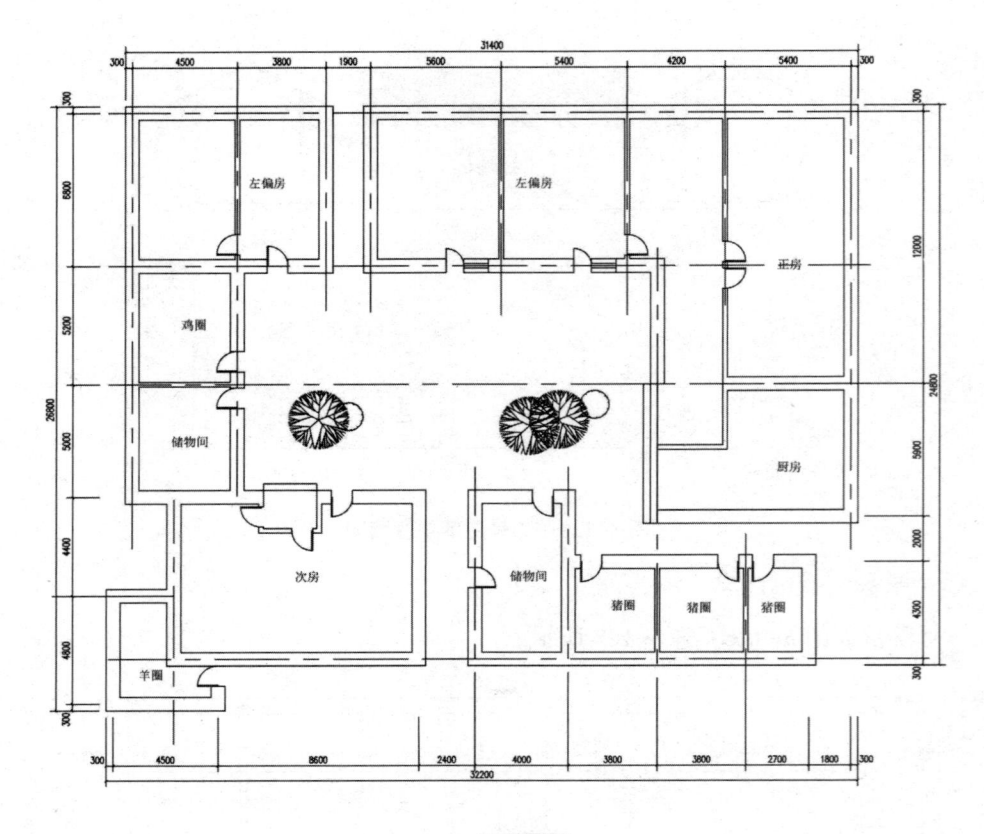

一层平面图

图 5-127　三号院落一层平面图

正房立面复原图

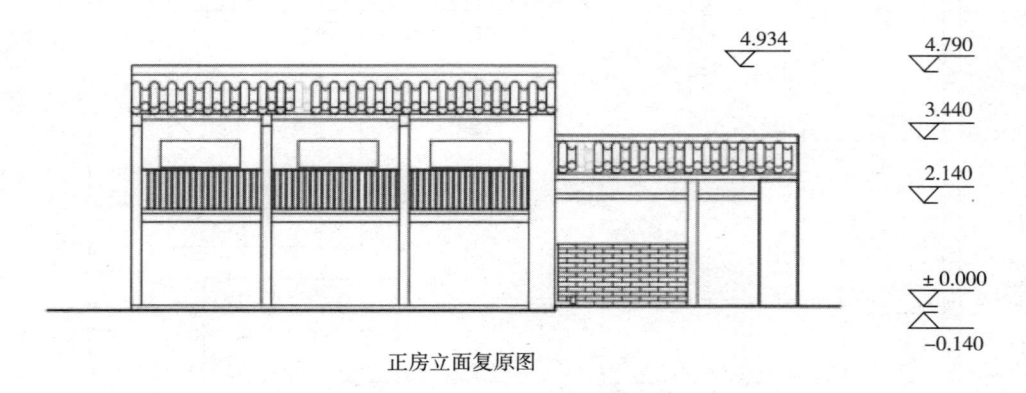

图 5-128　三号院落正房立面复原图

4. 四号院落测绘成果

四号院落如图 5-129~图 5-132 所示。

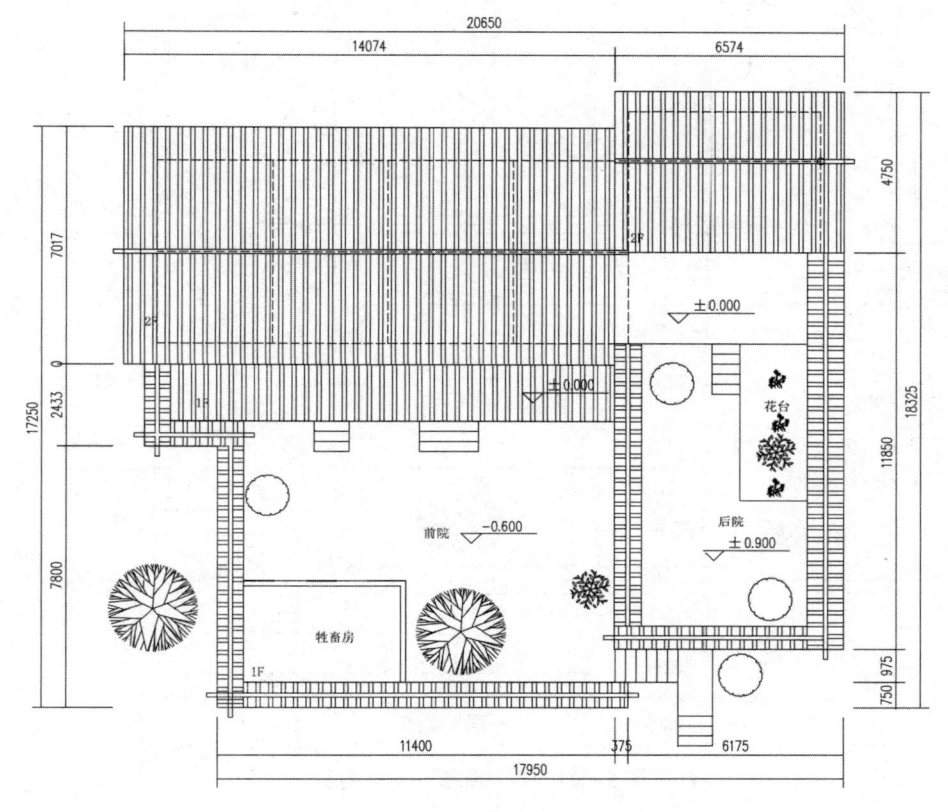

屋顶平面图

图 5-129 四号院落屋顶层平面图

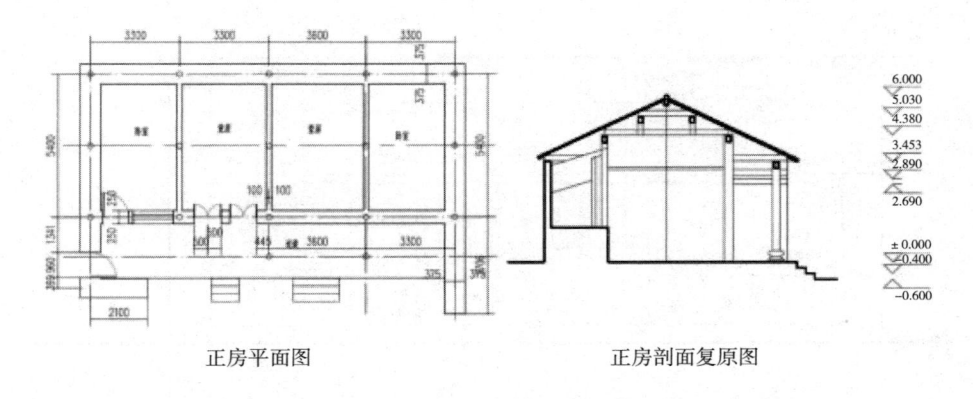

正房平面图　　正房剖面复原图

图 5-130 四号院落正房平面及剖面图

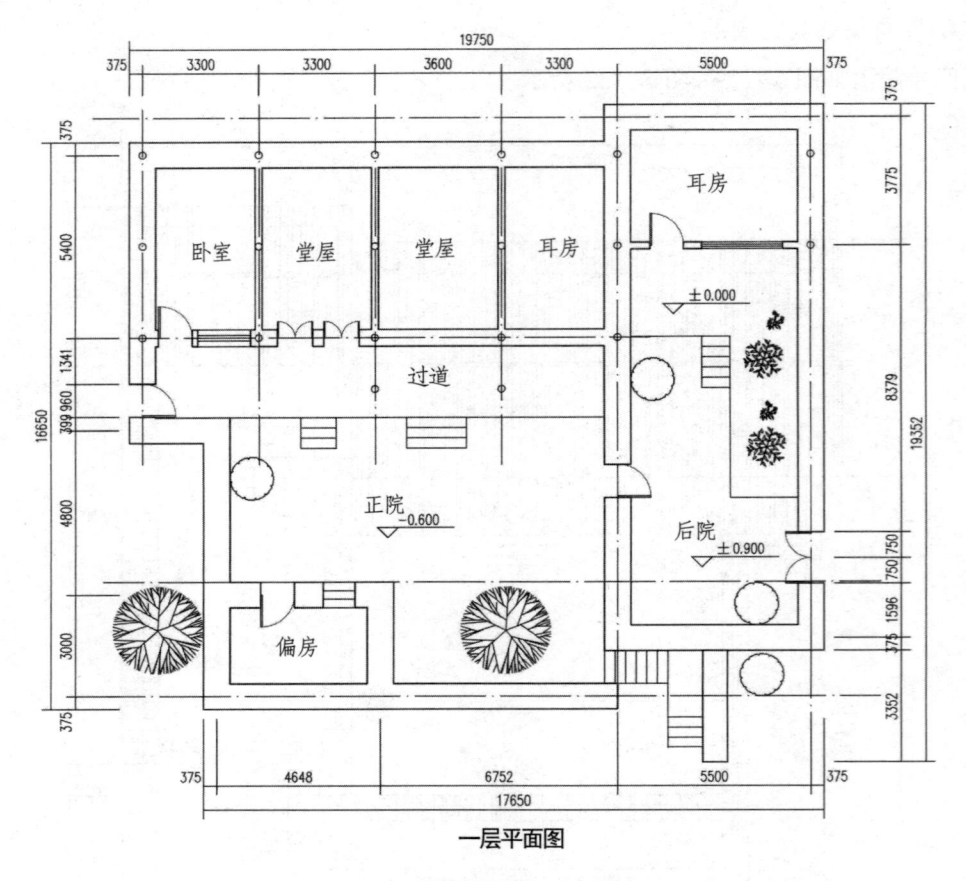

图 5-131　四号院落一层平面图

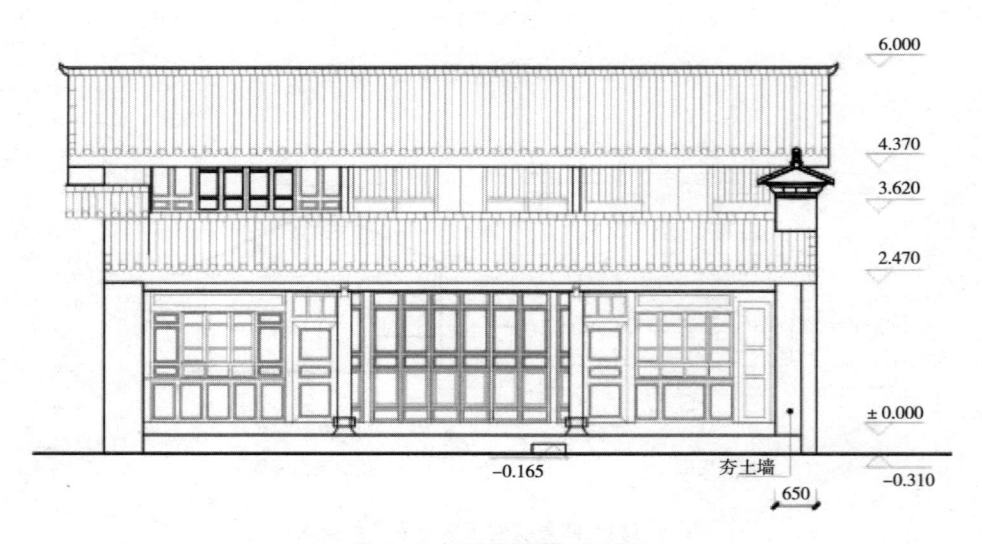

图 5-132　四号院落立面图

5. 五号院落测绘成果

五号院落如图 5-133~图 5-137 所示。

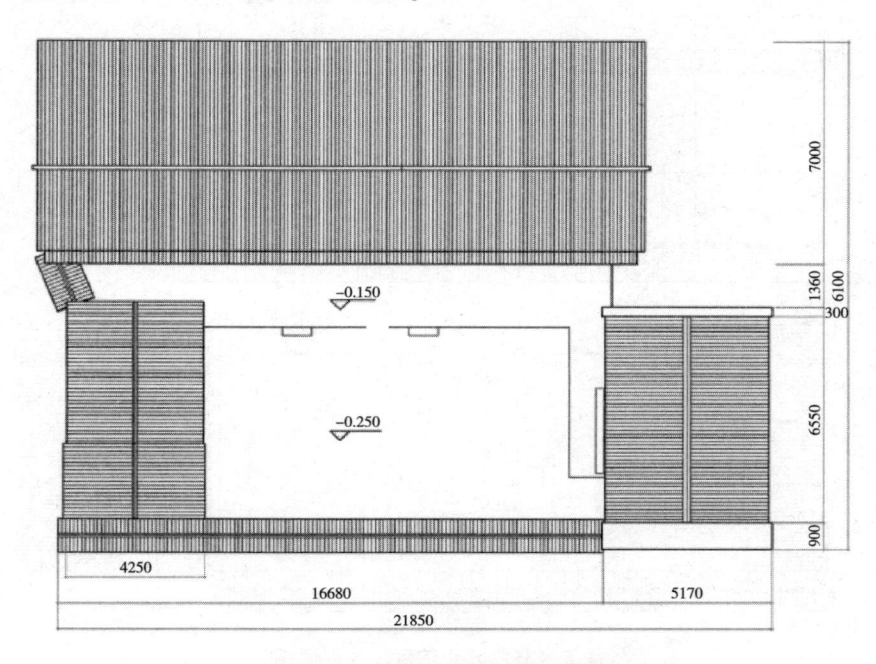

图 5-133　五号院落屋顶层平面图

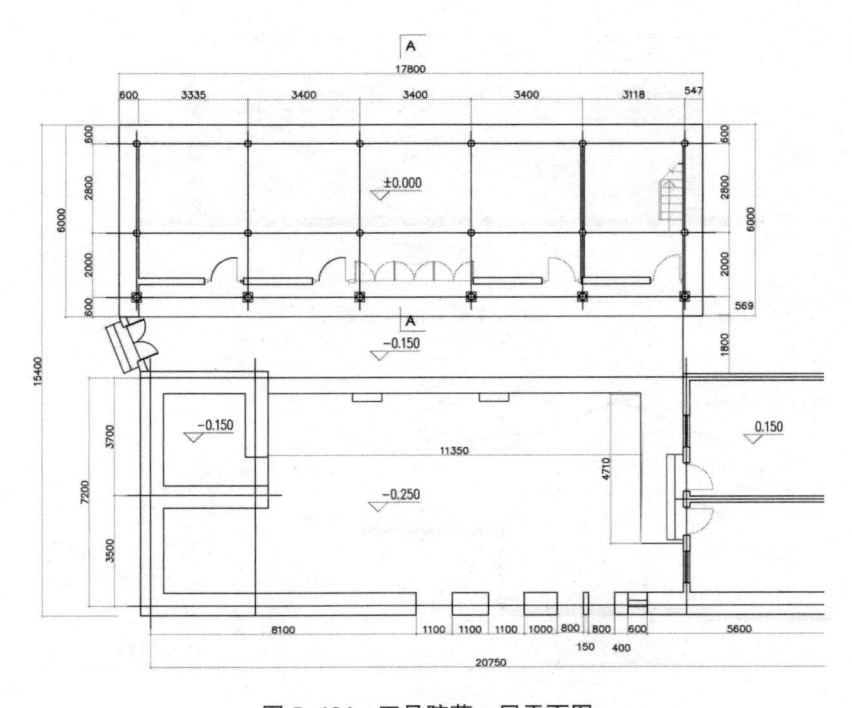

图 5-134　五号院落一层平面图

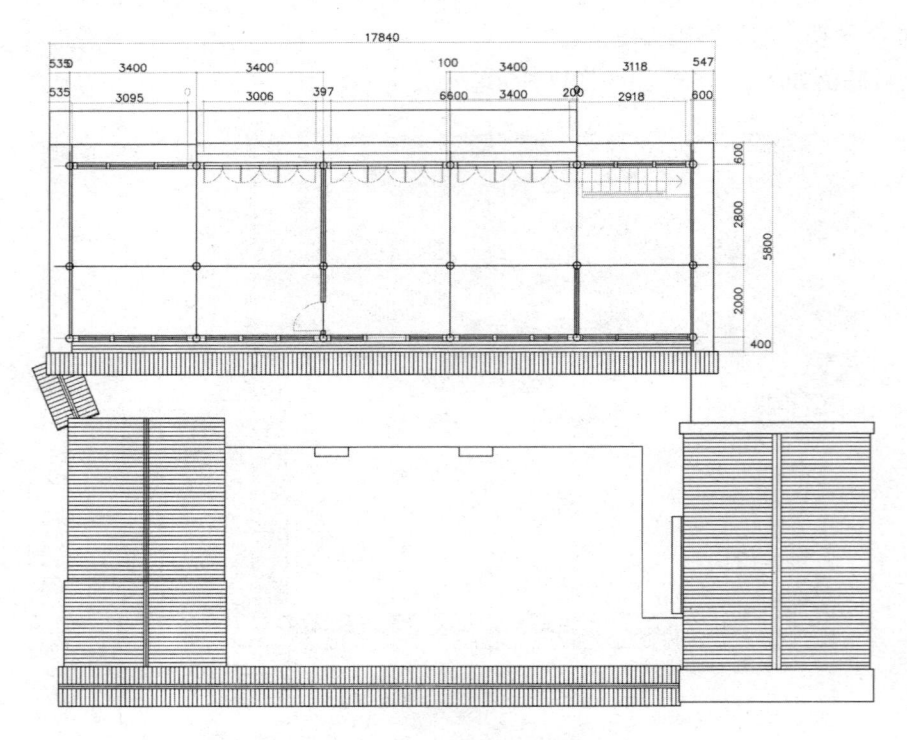

图 5-135　五号院落二层平面图

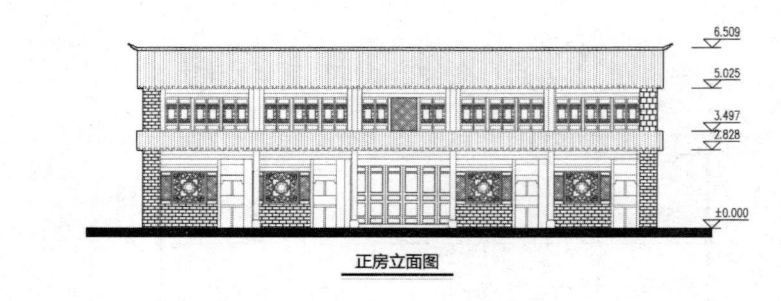

图 5-136　正房立面图

正房立面图

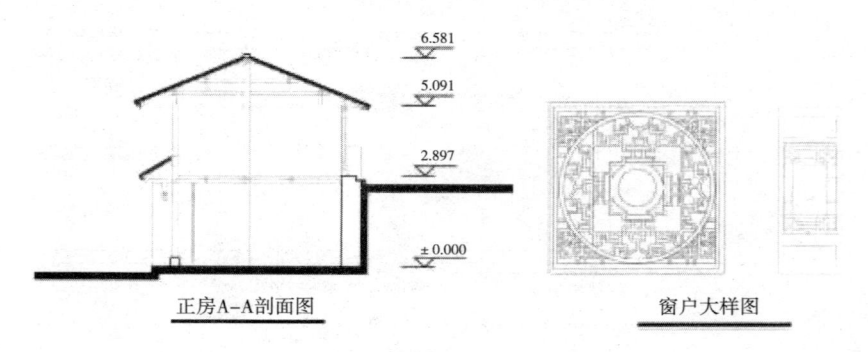

正房A-A剖面图　　　窗户大样图

图 5-137　五号院落立剖面图及窗户大样

6. 六号院落测绘成果

六号院落如图 5-138、图 5-139 所示。

凤阳邑B17主屋立面

图 5-138　六号院落立面图

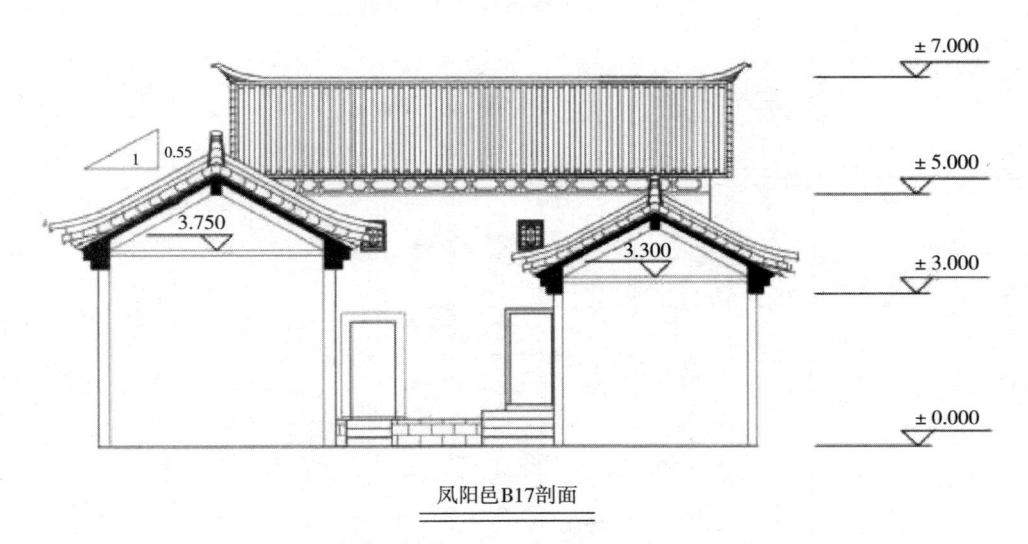

凤阳邑B17剖面

图 5-139　六号院落剖面图

7. 七号院落测绘成果

七号院落如图5-140~图5-143所示。

屋顶平面图

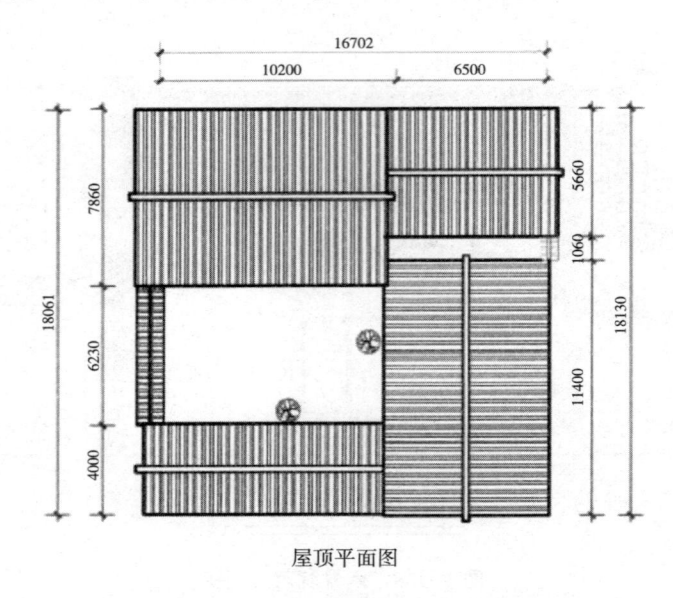

图5-140 七号院落屋顶层平面图

一层平面图

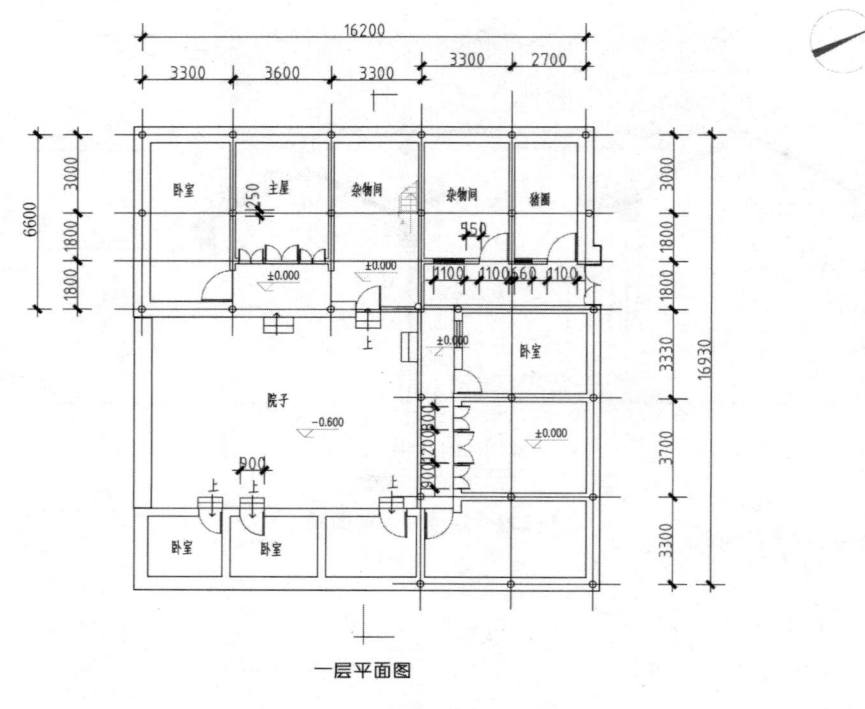

图5-141 七号院落一层平面图

立面图

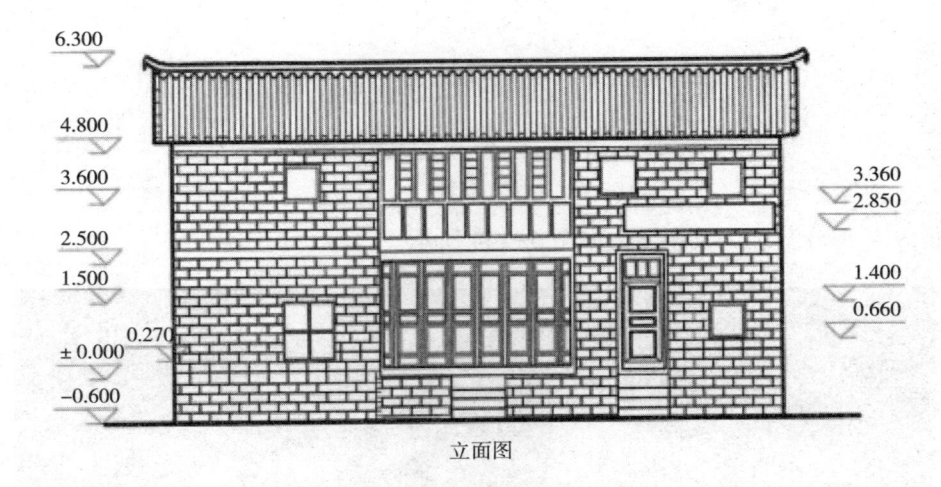

图 5-142 七号院落立面图

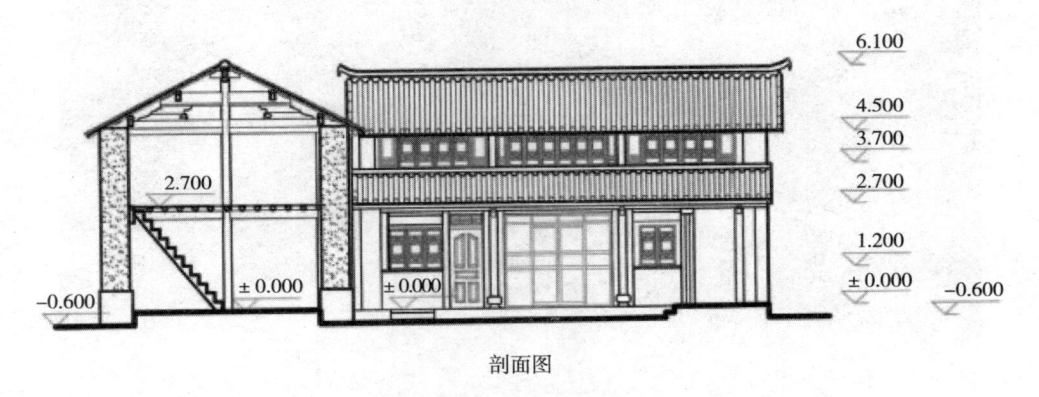

剖面图

图 5-143 七号院落剖面图

第四节　2019年测绘成果篇
——大理州大理市茶马古道沿线村庄测绘

2019年部分测绘人员合影，如图5-144所示。

图5-144　2019年部分测绘人员合影

大理州大理市茶马古道沿线村庄测绘

2019年8月

城乡规划161班

指导老师：王连、王颖、项振海、段文

本次测绘一方面是规划专业既定教学活动，另一方面，该调研活动与目前正在编制的"大理市国土空间总体规划项目"相关。该项目是2015年底由大理州、大理市根据规划行业机构改革，成立州、市自然资源局后，由云南省政府直接指导推进的在编重点规划项目。

其核心内容就是改变以往传统的城乡规划编制管理体系，融入国土空间规划编制体系，以生态环境保护、历史文化保护为重点，科学合理地布局国土空间规划。为此，很多在编或待编的项目都是暂停状态，待国土空间总体规划编制完成后，再有序推进！

自2018年以来，大理州旅游度假管委会着手对大理洱西茶马古道沿线的村庄进行遗产整治并编制保护性专项规划。力争在新一版空间规划编制期间，将古道沿线的村庄及周边生态环境、农业空间的发展纳入未来大理文化旅游产业中。为此，我们测绘团队借以调研实习的机会对古道沿线村庄的现状进行情况摸底和实地测绘。团队利用两周的时间，对沿线主要历史村落进行了考察，并梳理了重点村落的传统风貌遗存片区，对有历史保护价值的街巷和庭院建筑进行了测绘和文献整理，其成果上交地方政府支持相关规划及研究工作，如图5-145所示（注：因篇幅有限，文中仅展示部分成果）。

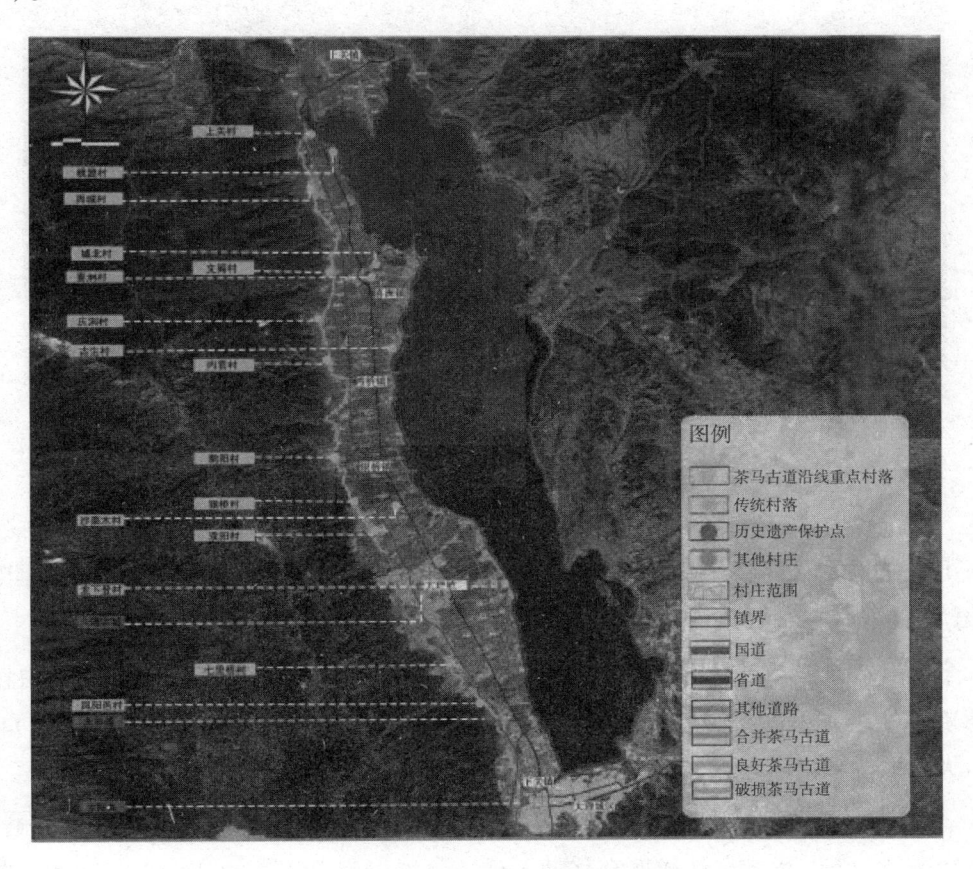

图5-145　茶马古道沿线综合现状图

一、大理镇·七里桥乡（以上末村为主）

测绘人员：李雨露、王翠巧、董育爱、和桃娟、管安茹、苏宏伟、金蝶、钟巧

大理七里桥乡鸟瞰图如图 5-146 所示。

图 5-146 大理七里桥乡鸟瞰图

（一）上末村村情概况

上末村国土面积 16.00 平方公里，海拔 1981.00 米，年平均气温 15.50℃，年降水量 10700 毫米，适宜种植蔬菜、粮食等农作物。

全村有耕地总面积 2436.94 亩（其中田 1876.75 亩，地 560.19 亩），人均耕地 0.38 亩，主要种植蔬菜、粮食等作物；拥有林地 7428.00 亩，其中经济林果地 74.00 亩，人均经济林果地 0.01 亩，主要种植茶叶等经济林果。

该村截至 2014 年底，全村有 1709 户通自来水，有 0 户饮用井水，有 1709 户通电、通有线电视、安装固定电话或拥有移动电话。该进村道路属于柏油、水泥路面。全村有效灌溉面积为 2436.94 亩，其中有高稳产农田地面积 2436.94 亩，人均高稳产农田地面积 0.38 亩。该村到 2014 年底，有 280 户居住砖木结构住房；有 75 户居住于土木结

构住房（图5-147）。

该村2014年农村经济总收入32574.00万元，其中：种植业收入5082.0元，畜牧业收入1671.00万元（其中，年内出栏肉猪3441头，肉牛68头，肉羊0头）；林业收入0.00万元，第二、三产业收入24388.00万元，工资性收入971.00万元。农民人均纯收入11271.00元，农民收入以第二、三产业为主。全村外出务工收入1380.00万元，其中，常年外出务工人数960人，在省内务工1100人，到省外务工500人。

该村现有农户1709户，共乡村人口6421人，其中男性3146人，女性3275人。其中农业人口6186人，劳动力4173人。到2014年底，全村参加农村社会养老保险2869人；参加农村合作医疗6002人，村民的医疗主要依靠村卫生所、乡（镇）卫生院，距离村委会卫生所0.10公里，距离镇卫生院6.60公里。

该村小学生就读于上末完小、阳和庄完小，中学生就读于大理镇二中、下关镇二中。该村距离小学0.50公里，距离中学0.50公里。目前，该村义务教育在校学生中，小学生518人，中学生382人。

该村的主要产业为种植业，主要销售省内。

图5-147　大理七里桥乡村庄风貌图

（二）测绘成果

上末村测绘成果见图 5-148~图 5-159。

图 5-148　七里桥乡总平面图

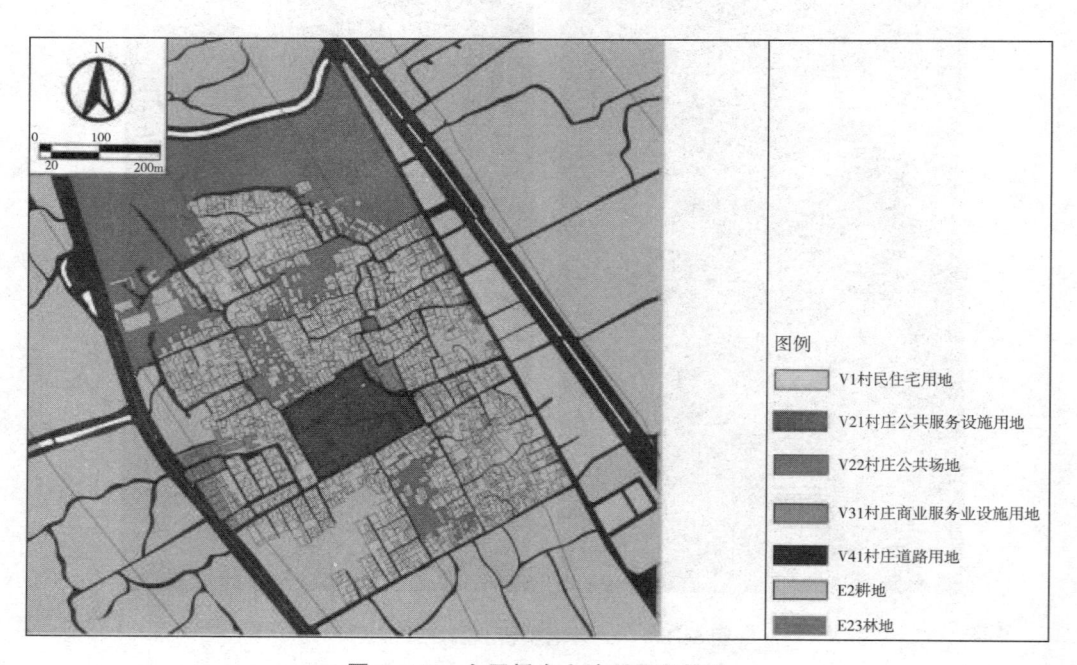

图 5-149　七里桥乡土地利用现状图

图 5-150　七里桥公共空间分布图

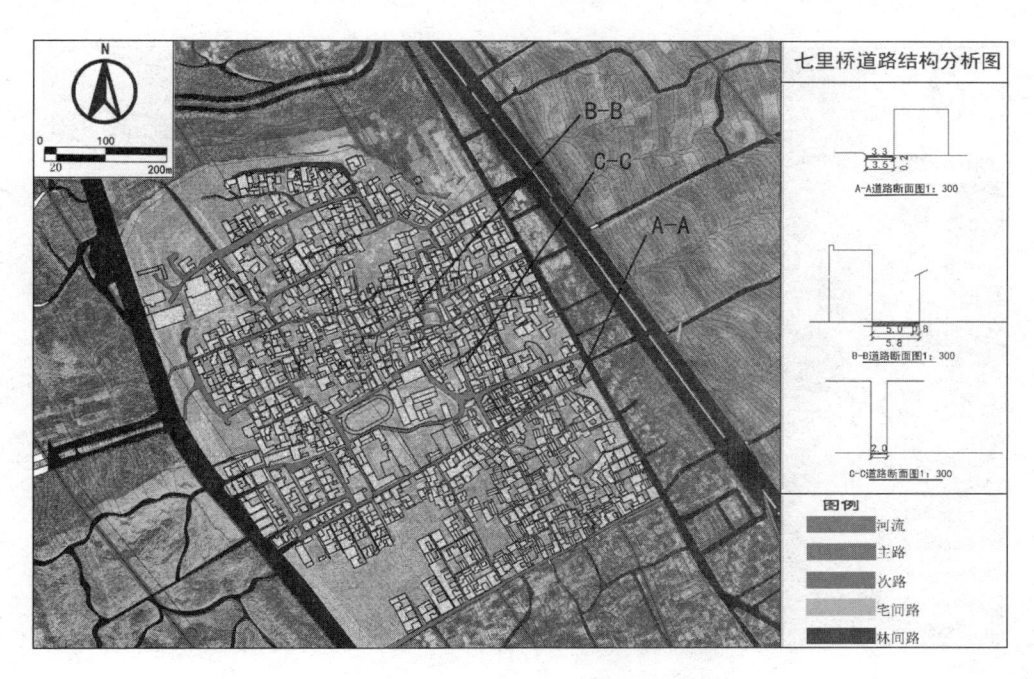

图 5-151　七里桥道路结构分析图

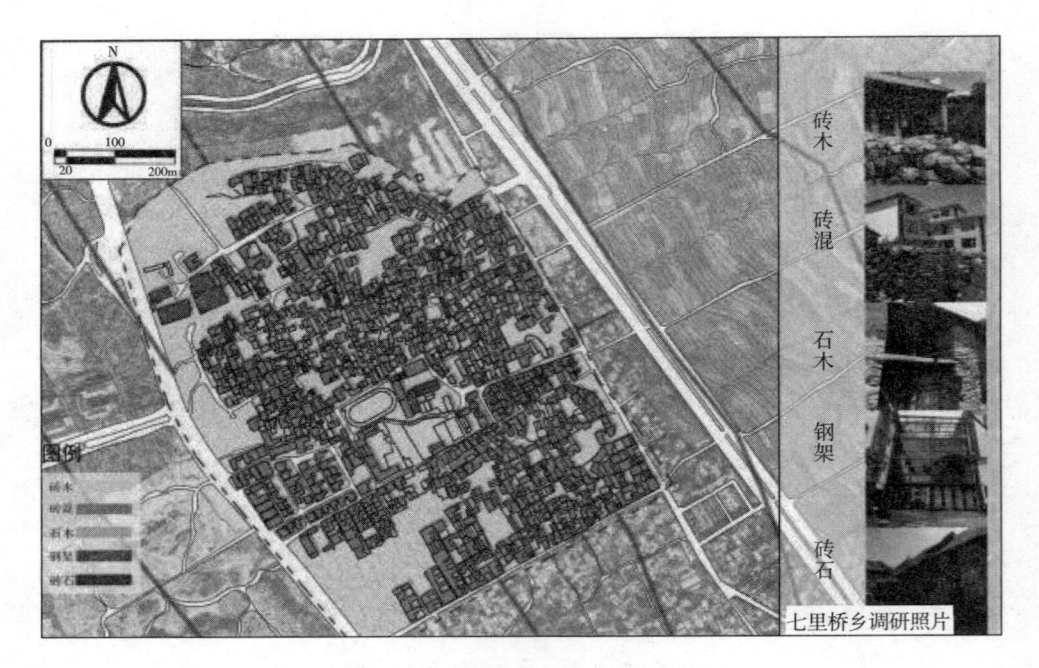

图 5-152　七里桥乡建筑结构分析

图 5-153　七里桥乡建筑风貌分析

第五章 历年测绘成果展示

图 5-154 七里桥乡建筑层数分析

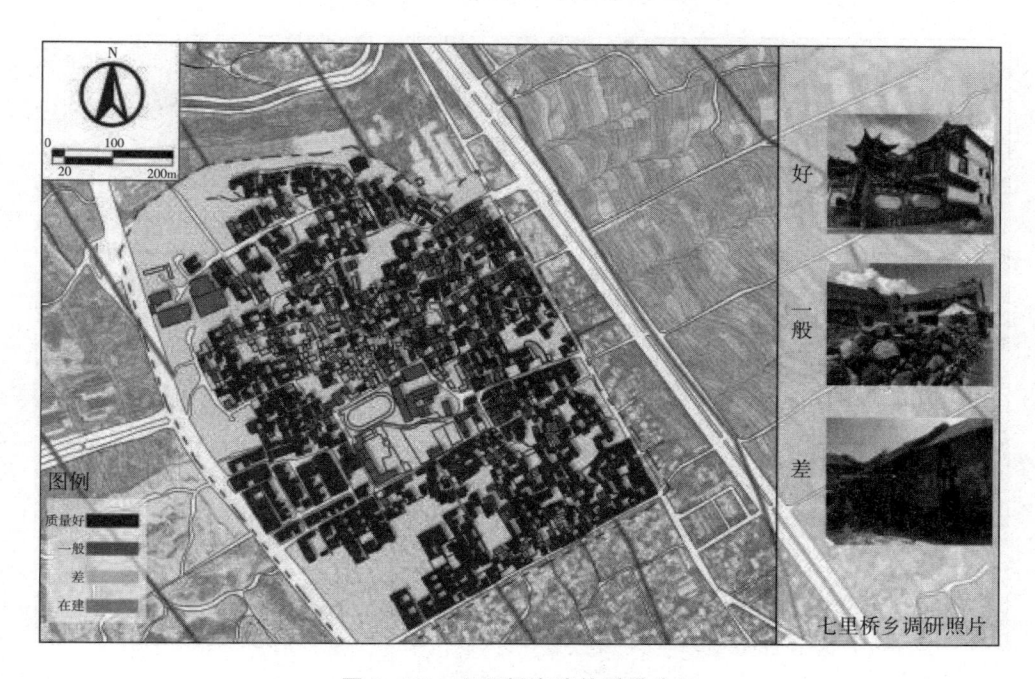

图 5-155 七里桥乡建筑质量分析

· 103 ·

图 5-156 七里桥乡公路市政分析

图 5-157 七里桥乡存在的问题

第五章 历年测绘成果展示

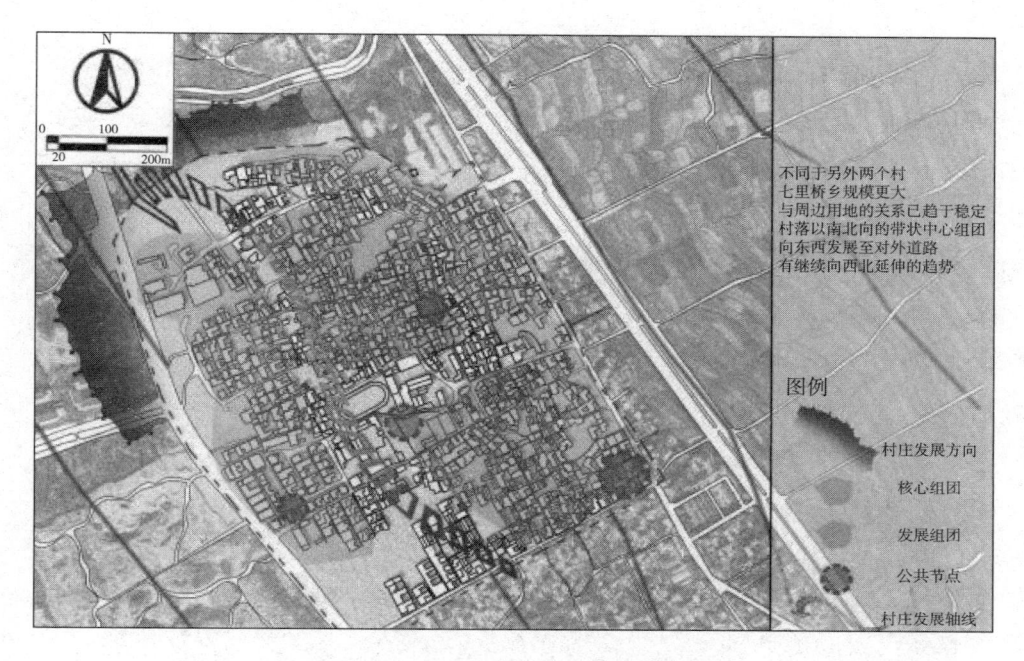

图 5-158 七里桥乡空间发展分析

图 5-159 七里桥乡景观结构分析

二、喜洲镇·周城村

测绘人员：夏龙达、李兴荣、杨代乾、和向源、孙文杰、马鹏信、曹磊、赵钰

大理周城村庄鸟瞰图如图 5-160 所示。

图 5-160　大理周城村庄鸟瞰图

（一）村情概况

周城村位于大理古城北 23 公里，坐落在离下关 38 公里处滇藏公路旁，是云南省最大的自然村，面积 4.7 平方公里，人口 10000 多人，几乎全是白族。全村居住 1500 余户白族居民，是大理最大的白族村镇，为对外开放的白族民俗旅游村。

该村现有农户 2292 户，共乡村人口 9592 人，其中男性 4603 人，女性 4989 人。其中农业人口 9592 人，劳动力 6169 人。村民的医疗主要依靠村卫生所，周城村农村经济收入以第二、三产业为主，有部分外出务工收入。该村的主要产业为旅游服务业和农业，农产品主要销售本县。该村目前正在发展扎染、刺绣特色产业，计划大力发展农业产业。

周城的白族主要信奉佛教，周城境内有银相寺、龙泉寺等佛教寺院。与其他白族村庄一样，周城也有本主崇拜，周城有两座本主庙。灵帝庙供奉的本主是蝴蝶泉边的斩蟒英雄杜朝选；景帝庙供奉的本主则是开辟周城的始祖赵木郎岗。他们都是传说中

的英雄和祖先，是本村本地的保护神。

扎染是周城白族人民明末清初以来的民间传统工艺，扎染工艺品集文化、艺术为一体。如今周城扎染产品已有250余种，远销到欧美和东南亚各国，每年为国家创汇200多万美元。周城被文化部命名为"白族扎染艺术之乡"。蝴蝶泉是有名的游览胜地之一，风光秀丽，位于大理市周城北一公里处、滇藏公路西侧、苍山第一峰云弄峰下，独具天下罕见的奇观（蝴蝶会）。

还因为这里至今仍十分完好地保留着白族的各种传统习俗，周城又被誉为"白族民俗的活化石"。巷道两侧一幢幢白墙青瓦楼房，是周城白族的传统石墙土木结构建筑，"大理有三宝，石头砌墙不会倒"是这种建筑特征的写照。

北广场有一砖木结构的古戏台，建于光绪二十一年（1895年），古戏台坐东朝西，戏台高达2米，歇山顶抬梁式建筑，挂有邑人段凌云撰嵌字联："周常演文，礼乐宏模新景运；城时习武，弦歌稚化庆升平"。古戏台正对两棵大青树，这里是每日下午集市贸易的地方，每逢火把节，这里又会竖起巨大的火把，成为庆祝演出活动的地方。

周城白族除与汉族过相同的春节、端午节、中秋节外，还有传统的三月街、绕三灵、火把节等民族节日。每年农历六月二十五日，这里一年一度的白族火把节，民族特色浓郁，规模宏大，气氛热烈（图5-161）。

图5-161 大理周城村庄风貌图

(二) 测绘成果

喜洲镇·周城村测绘成果见图 5-162~图 5-169。

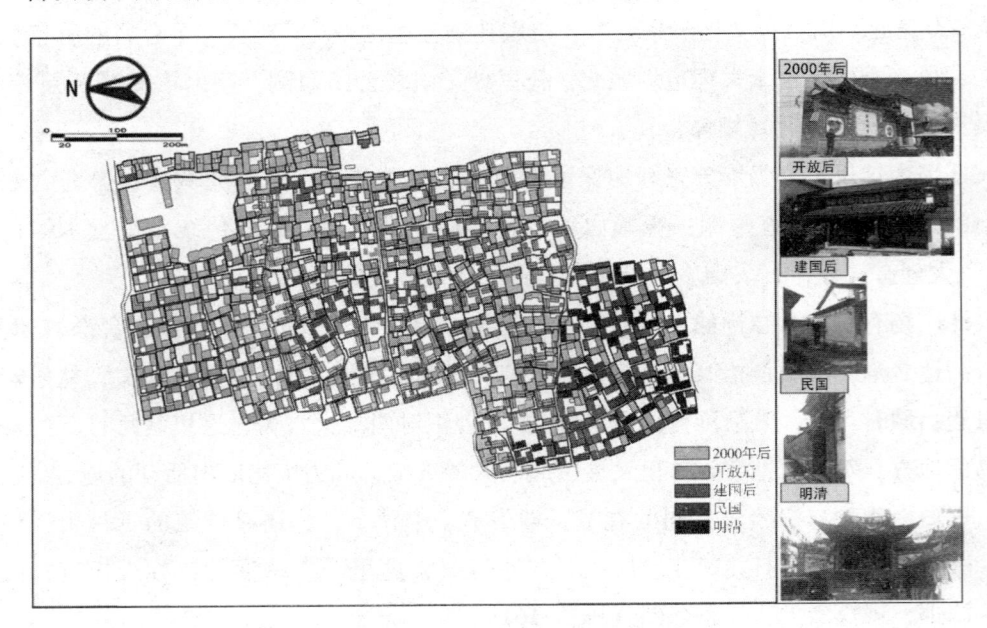

图 5-162 周城村建筑年代分析图

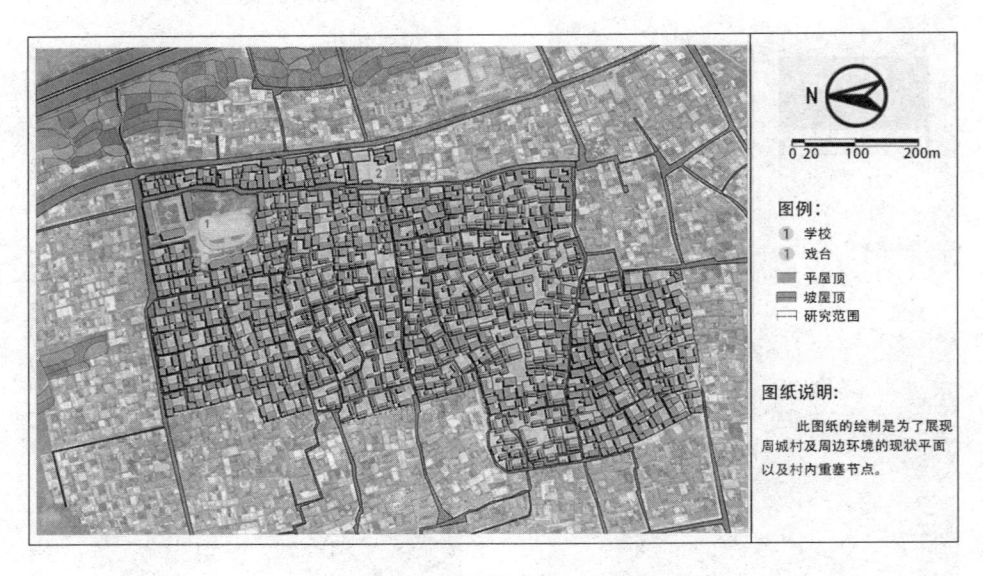

图 5-163 周城村现状平面图

第五章 历年测绘成果展示

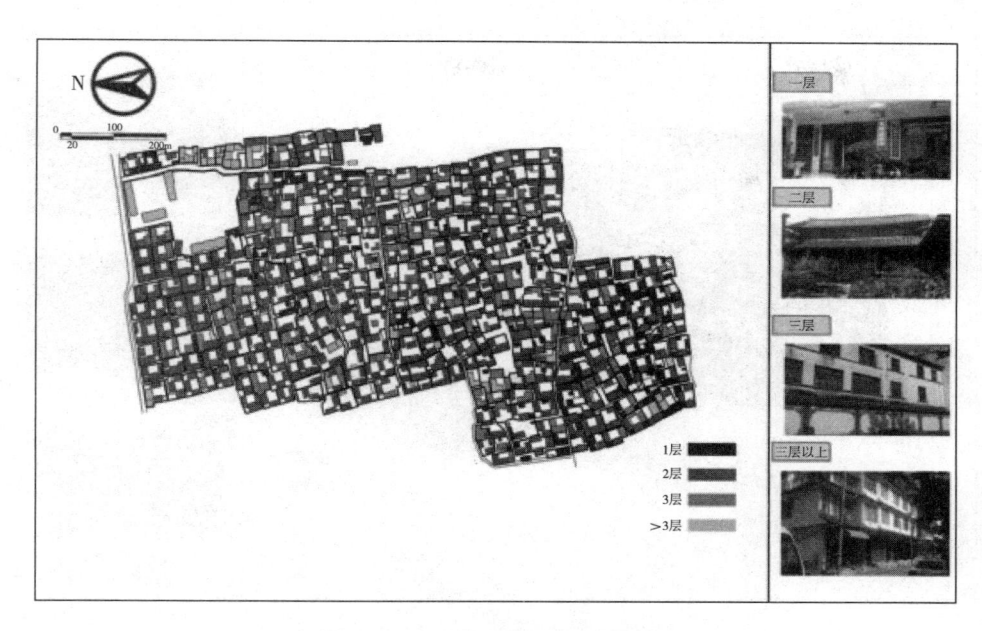

图 5-164 周城村建筑层数分析图

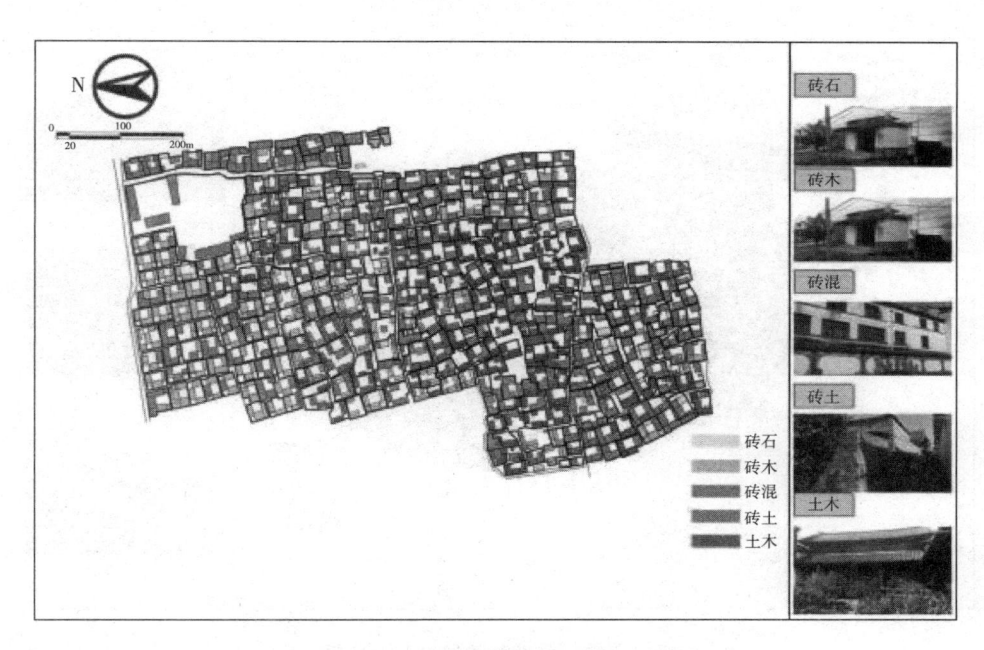

图 5-165 周城村建筑结构分析图

· 109 ·

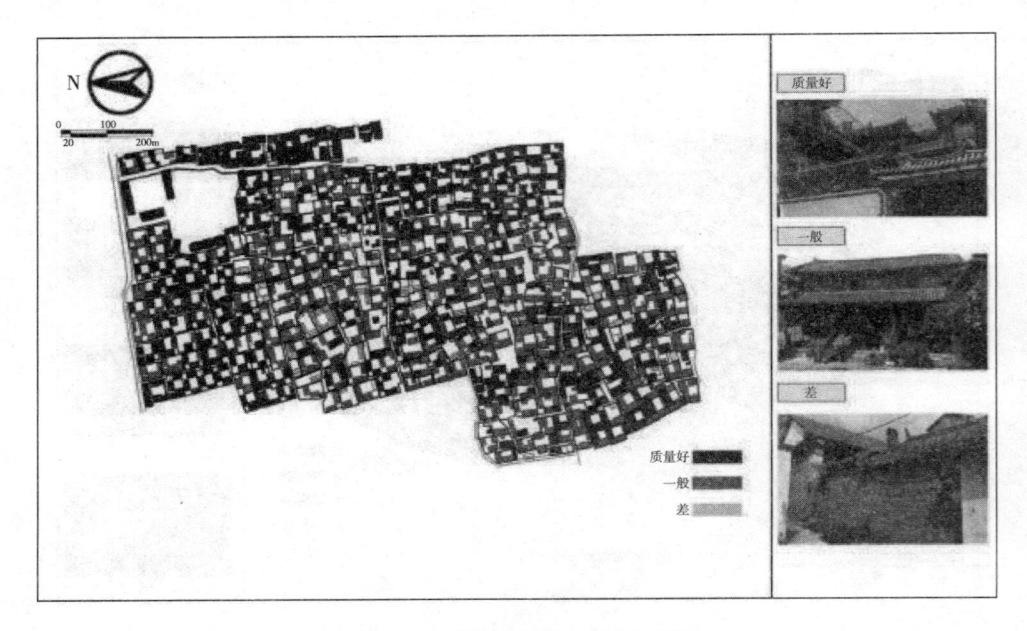

图 5-166　周城村建筑质量分析图

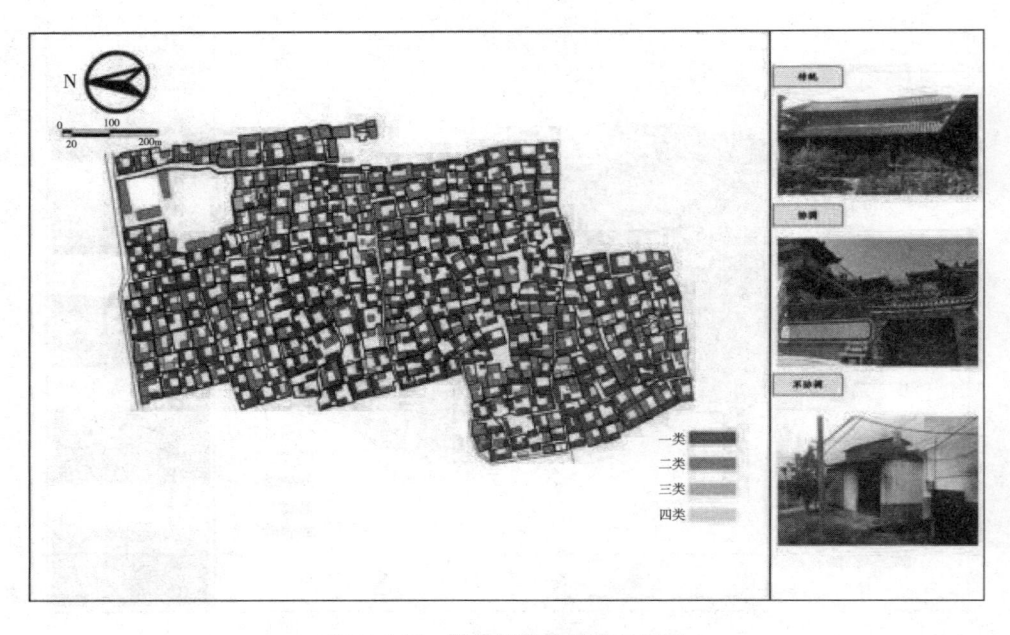

图 5-167　周城村建筑风貌分析图

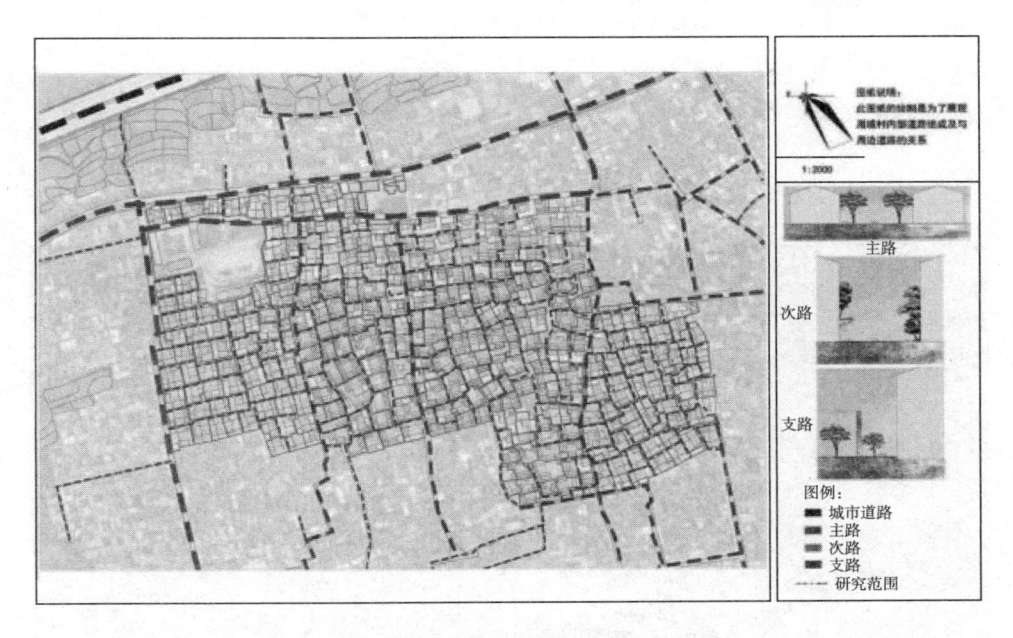

图 5-168　周城村道路网结构图

图 5-169　周城村景观节点分析图

三、喜洲镇·文阁村

测绘人员：刘光辉、陈加明、周智、李朗、田菲菲、王雨竹、张理、项高骞

大理文阁村村庄鸟瞰图如图 5-170 所示。

图 5-170　大理文阁村村庄鸟瞰图

（一）村情概况

文阁村是云南省大理州大理市喜洲镇下辖村，海拔 2017.00 米，年平均气温 15.00℃，年降水量 1100.00 毫米，适合种植水稻、玉米、大蒜等农作物。

该村截至 2012 年底，全村有 904 户通自来水，有 369 户饮用井水，有 1273 户通电，有 1273 户通有线电视，拥有电视机农户数 1273 户，安装固定电话或拥有移动电话的农户数 1273 户，其中拥有移动电话农户数 5 户。该进村道路属于弹石路面，距离最近的车站（码头）0.80 公里，距离最近的集贸市场 2.65 公里。

全村有效灌溉面积为 2600.00 亩，其中有高稳产农田地面积 1557.00 亩，人均高稳产农田地面积 0.30 亩。该村截至 2012 年底，有 72 户居住砖木结构住房；有 712 户居住于土木结构住房。

该村现有农户1273户,共有乡村人口5334人,其中男性2614人,女性2720人。其中农业人口5334人,劳动力2878人。到2012年底,全村参加农村社会养老保险1720人;参加农村合作医疗4974人,村民的医疗主要依靠乡(镇)卫生院,距离镇卫生院2.42公里。

该村2012年农村经济总收入14450.00万元,其中种植业收入505.00万元,畜牧业收入2048.00万元;林业收入380.00万元,第二、三产业收入10179.00万元,工资性收入946.00万元。农民人均纯收入6435.00元,农民收入以第二、三产业为主。全村外出务工收入875.00万元,其中,常年外出务工人数254人,在省内务工240人,到省外务工14人。

该村今后的发展思路是:拓宽思路及发展产业,解决人畜饮水问题,完善村庄道路等基础设施,大力发展二、三产业,如图5-171所示。

图5-171 大理文阁村村庄风貌图

(二)测绘成果

喜洲镇文阁村测绘成果见图5-172~图5-181。

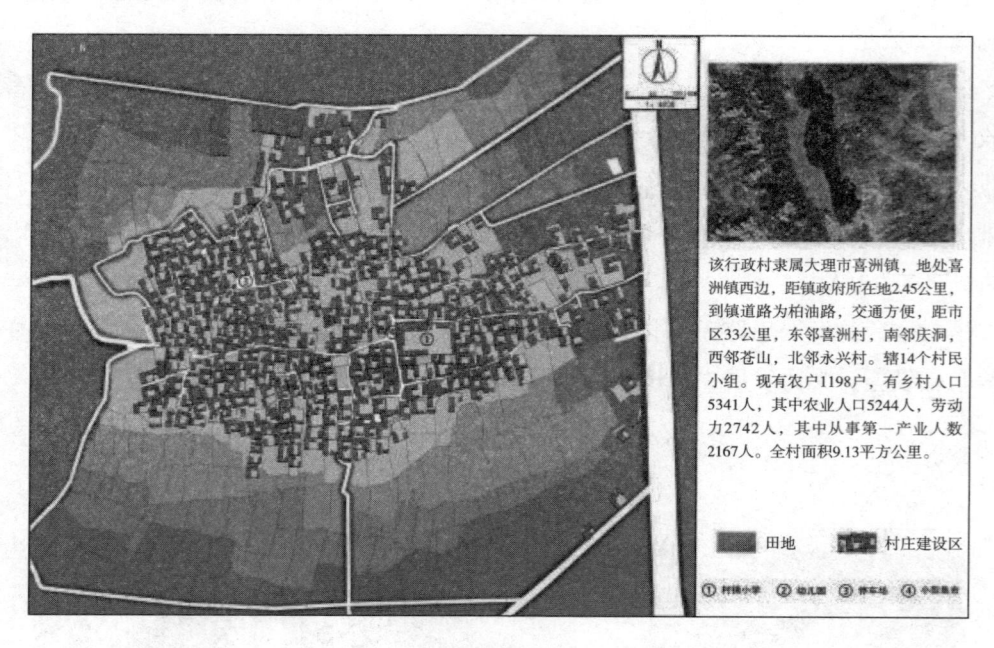

图5-172 文阁村总平面图

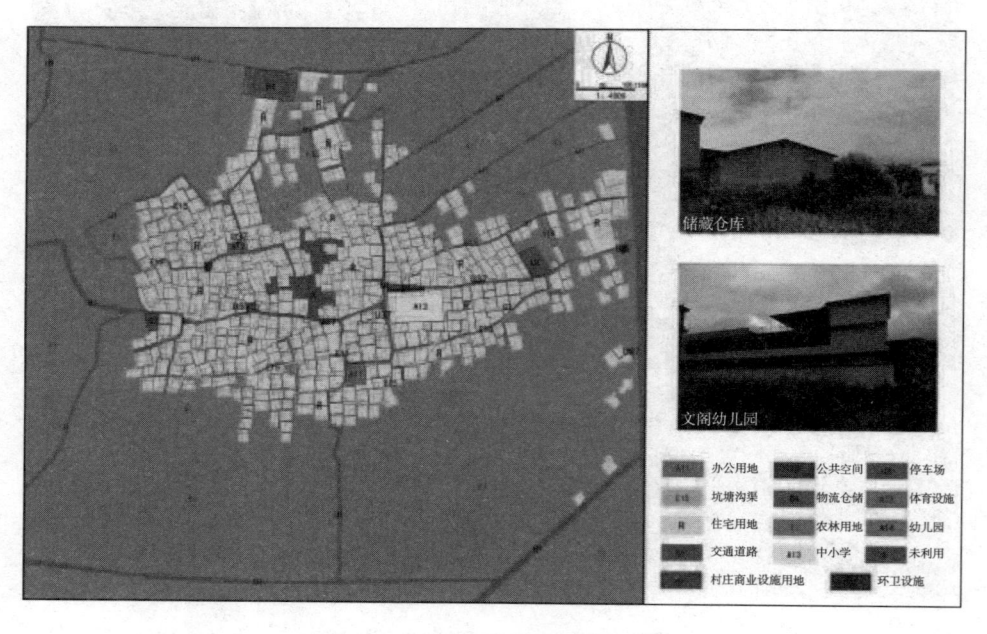

图5-173 文阁村土地利用现状图

第五章 历年测绘成果展示

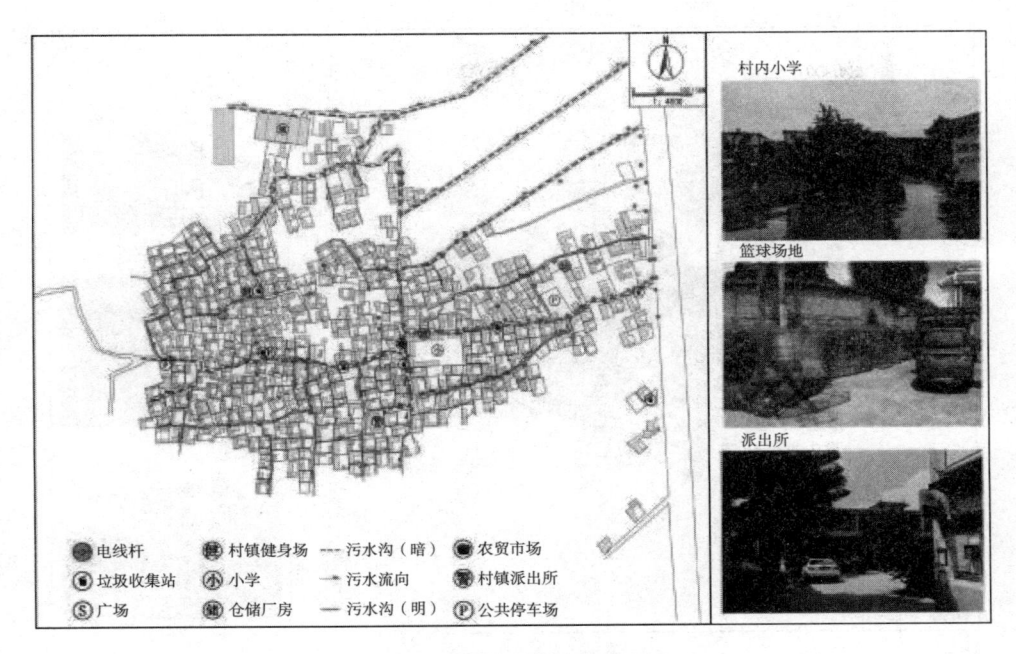

图 5-174 文阁村基础设施分析

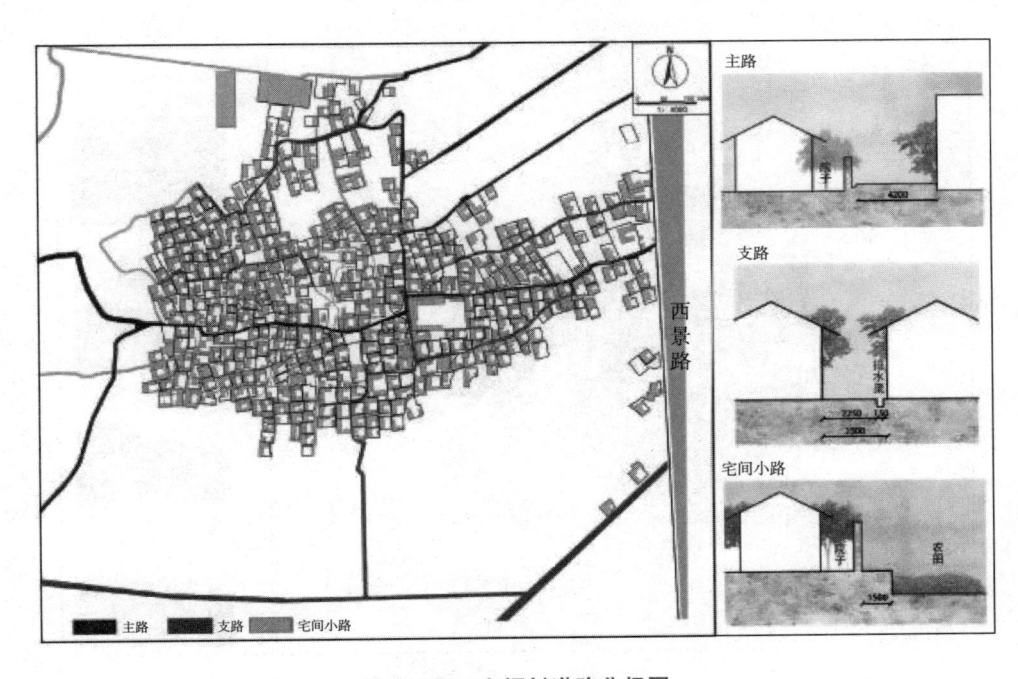

图 5-175 文阁村道路分级图

· 115 ·

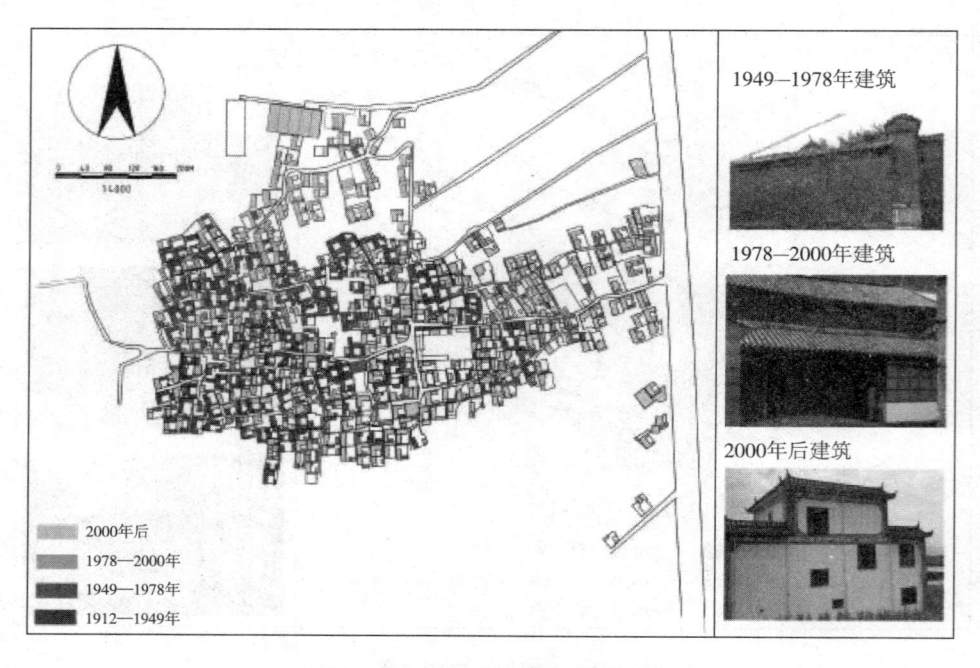

历史村镇实地调研与测绘：云南大理地区茶马古道沿线传统聚落

图 5-176 文阁村建筑年代分析图

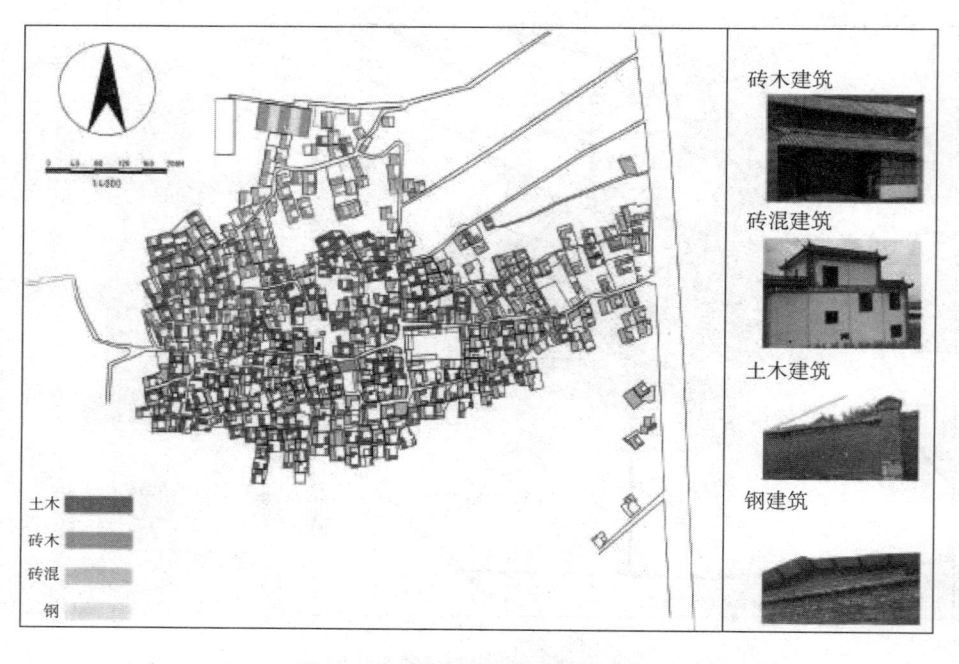

图 5-177 文阁村建筑结构分析图

第五章 历年测绘成果展示

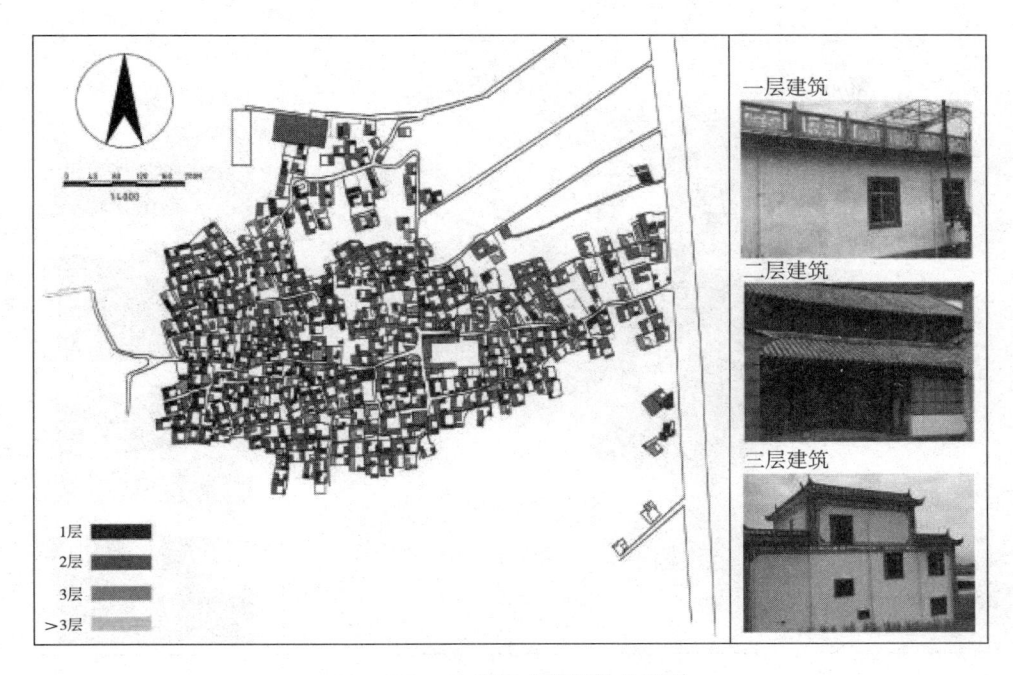

图 5-178 文阁村建筑层数分析图

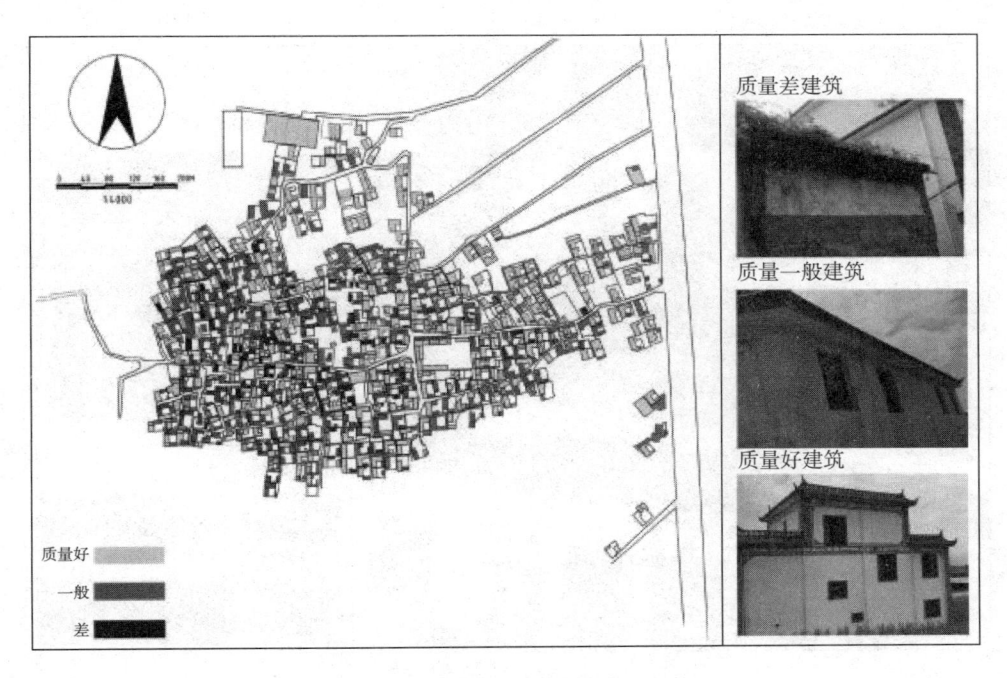

图 5-179 文阁村建筑质量分析图

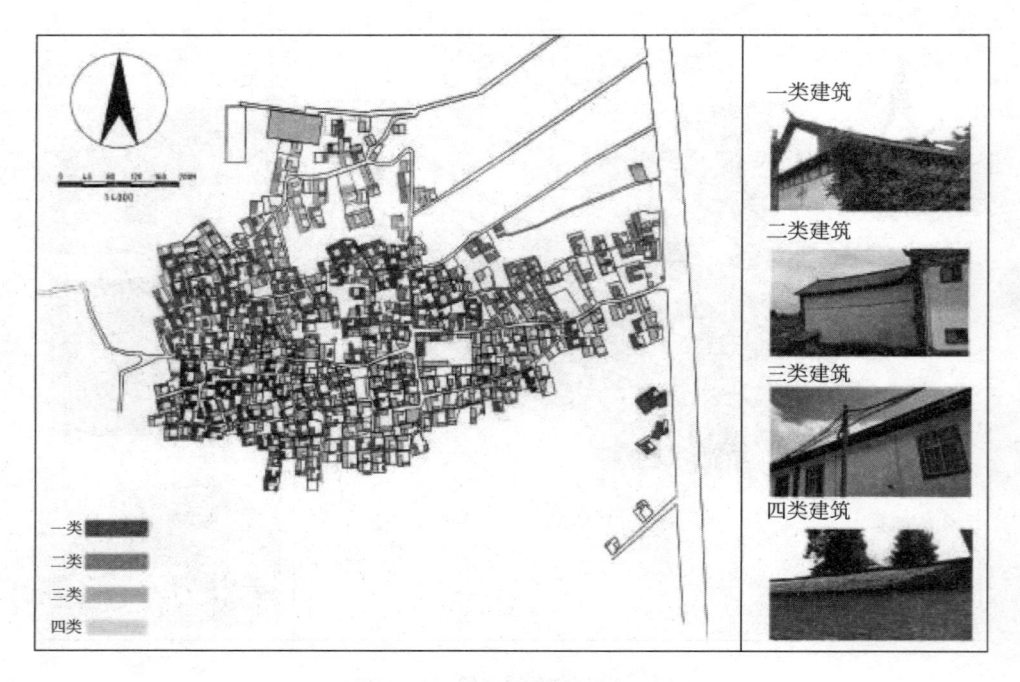

历史村镇实地调研与测绘：云南大理地区茶马古道沿线传统聚落

图 5-180 文阁村建筑风貌分析图

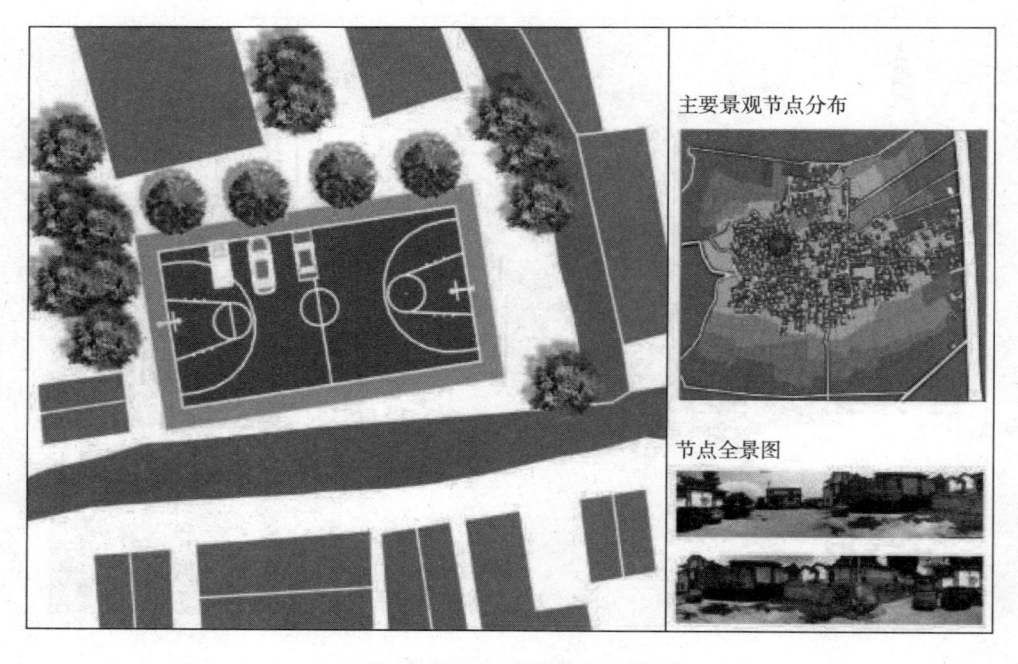

图 5-181 文阁村节点大样

第五节 2020年测绘成果篇
——大理州剑川县剑川古城测绘

2020年剑川测绘人员合影，如图5-182所示。

图 5-182　2020年剑川测绘人员合影

大理州剑川县剑川古城测绘

2020年9月

城乡规划171班

指导老师：王连、王颖、项振海、段文

（一）调研及测绘任务简介

2020年历史城镇调研与测绘教学选址为云南省大理市剑川县剑川古城。主要内容为现场调研和测绘，在发掘、整理历史遗产的实践过程中，结合教学知识，体验、认知和理解古建筑的特征、语汇和构造等，提高空间认知、审美及图学语言的表达能力，增强保护和传承文化遗产的意识。

古城内民居小巧玲珑，布局严谨，可以完全看出明代初期、明代中后期、清代、民国及 20 世纪各个年代民居建筑结构的不同形式和发展特点，为现存云南白族民居中典型的"活生生"的建筑博物馆。自剑川古城成为云南省历史文化名城以来，许多古建筑得到了修复，街巷路面得到重修，剑川古城正以自己丰厚的历史文化积淀，古朴严谨的民族历史风貌，丰富独特的民俗风情，逐渐成为剑川旅游文化线路上的活动中心。目前已经将剑川古城街区、西门外街街区列为省级历史文化街区。两个历史文化街区真实、完整地保存了明清以来剑川的历史风貌，历史文化价值和特色。

测绘内容安排为：将剑川古城中心区大致划分为五个片区，梳理片区内的建筑现状，并对古城主要的街道立面和重点历史建筑单体进行测绘，如图 5-183 所示（注：因篇幅有限，文中仅展示部分成果）。

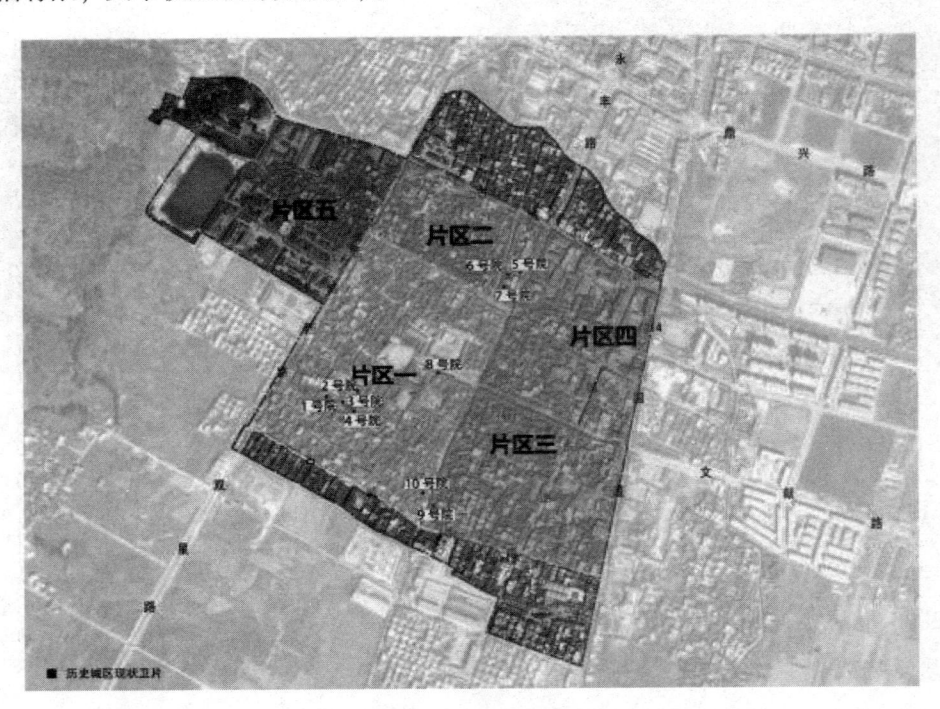

图 5-183　剑川古城片区分布示意及测绘院落点位图

(二) 剑川古城简介

剑川古城位于云南省西部，大理州北部，东临鹤庆县，南界洱源县，北接丽江地区的丽江县，西靠云龙县和怒江州的兰坪县。

剑川古城始于元代至正末年（1341—1370 年），已有 650 多年历史，原有古城墙巍峨壮观，古城墙、樵楼1952年拆除。现四门护城河、壕桥犹存，古城墙基础十分清晰。

剑川古城的民居极具特色，古民居占全城的90%以上，至今留有161处明清古院落，其中明代院落21余院；清代院落146多院，其余为民国至20世纪60年代土木结构建筑，古民居建筑的保留量占全城民居总数的90%以上，在国内已属罕见。有不少的"三坊一照壁""四合五天井"的典型白族民居。古城民居古朴典雅、布局严谨。

其中古城西门街明代古建筑群，为国内保存较好的民居木构建筑，时代特征突出，格局完整，布局合理，是研究云南乃至中国明代民居建筑发展、街区演变历史的重要实物载体，具有较高的历史文物价值与建筑艺术价值。西门街明代古建筑群、景风公园古建筑群先后被国务院公布为第六批、第七批全国重点文物保护单位。

城中西门、南门古巷通幽，古宅较多，如七曲巷四合五天井的何宅，五马坊明代古建张宅，赵藩故居"光禄第"，原古樵楼下"明建威将军府第"鲁宅，西门赵宅，南门三苏院、羊家大院、周钟岳、赵式铭故居、张子斋、欧根故居等，还有西门明代昭宗祠古建筑，其牌坊造型独特，名扬三迤；其大殿基本构件完好，有极高保护价值。现西门、南门、东门街道基本保留原貌，与两旁民居相衬得体，流水潺潺，古道悠悠，信步漫游，别有情趣。

古城内无论建于哪一个时期的古建筑庭院皆青砖卵石混合铺就，广植花木，清新别致，剑川古城的总体格局充分体现明清儒家思想在白族地区的统治地位及古城在茶马古道上的商旅中转站的特殊位置。从南门外直至北门外，沿街民居前设铺台，后置院落，一派商业景观。从文照街经西门直上西门外文庙，路面由青石板连成左、中、右3条主线，其间弹石镶嵌，按照士大夫等级观念，正中的青石板路面只准老年人、达官显贵、读书人行走，其余人等只能靠边。古城格局错落有致，井井有条。东南、西北城门有意相左、相错，四门正街结合部采取"丁"字形衔接，各条巷道曲曲弯弯，充分显示出古城民居布局的幽静。巷道流水日夜不绝，对防灾减灾起到很大的作用。

经过2000多年汉文化的渗入，藏文化的习染，古城堡呈现出既复杂又丰富的多元文化形态，但始终保留着浓郁的白族本土文化特色。白族原始崇拜认为，天是"母"的，为母系神灵；地是"公"的，为父系神灵，称"天母地公"。这一观念在古城文化中相当突出，本主"白姐圣妃阿梨帝母"（传说中的段思平母亲）至今仍供奉在北门街仁里巷北的本主庙中。城南的古城隍是金华坝区共同崇拜的本主，被尊为"十八坛神之首""两代城隍"。道教盛行于元末明初，古城现存道教活动场所主要有金华古寺、满贤林雷祖殿、城内武侯祠、西门外玄都观、斗姆阁等地，剑川道教科仪内容丰富，在省内外影响较大，如图 5-184~图 5-186 所示。

图 5-184　剑川古城片区现场调研工作照

图 5-185　在剑川街道听专家们讲解剑川的历史

图 5-186　剑川测绘老师合影

一、剑川古城·片区一

测绘人员：孙晗淘、宋鑫、洪辰雨轩、刘馨潞、谢翀羽、李浩铭、王俊泽、高克松、严嘉成

剑川古城片区鸟瞰图，如图 5-187 所示。

图 5-187　剑川古城片区鸟瞰图

历史村镇实地调研与测绘：云南大理地区茶马古道沿线传统聚落

剑川古城分析图及示意图如图 5-188～图 5-195 所示。

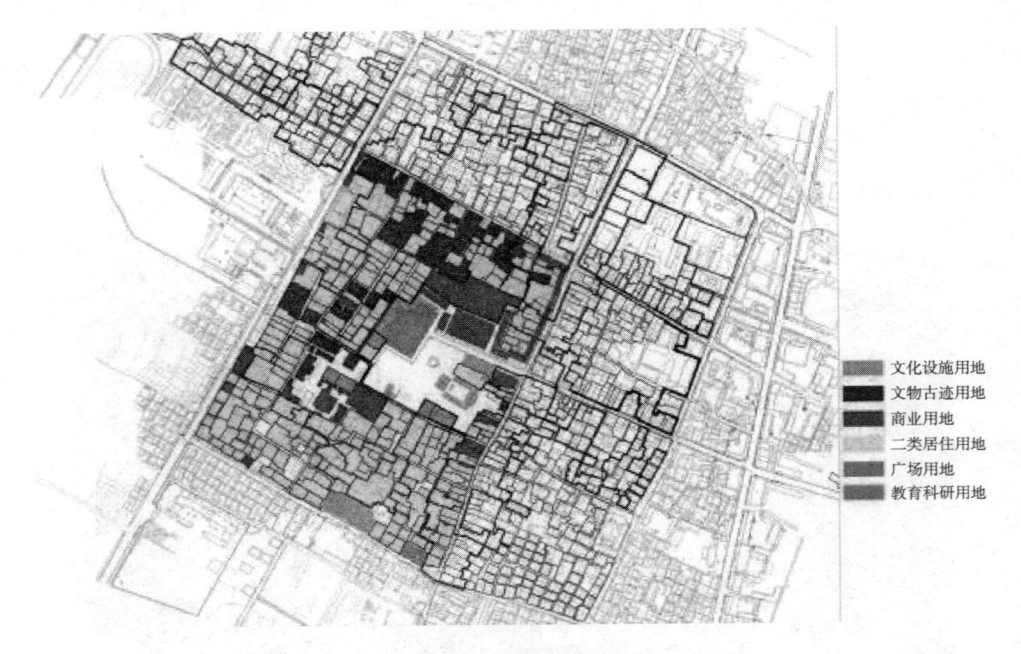

图 5-188 现状用地分析图

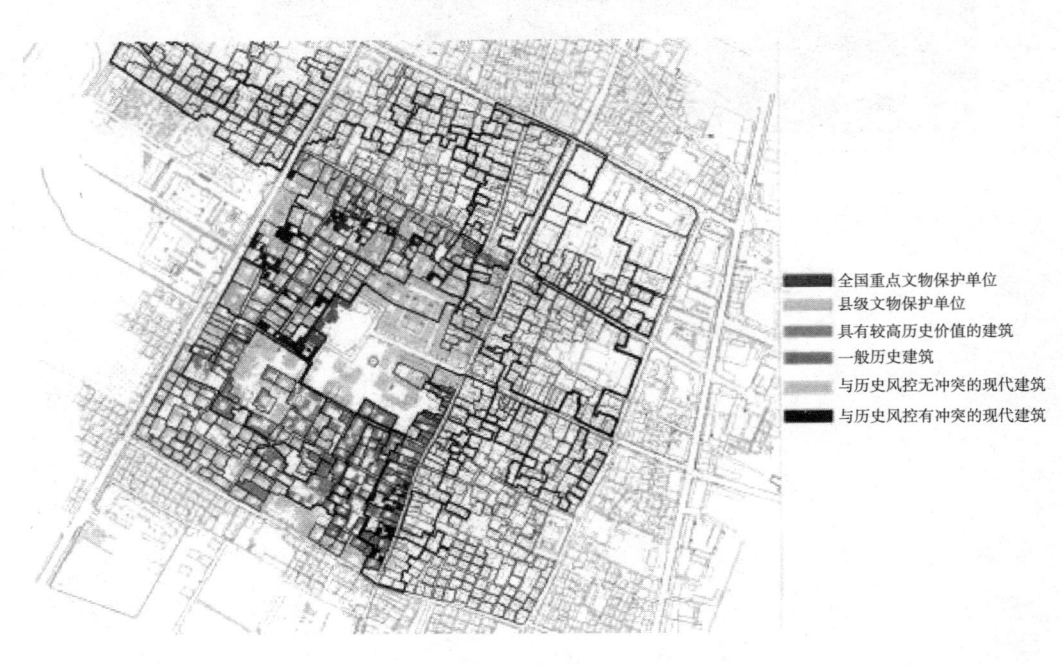

图 5-189 建筑风貌分析图

第五章 历年测绘成果展示

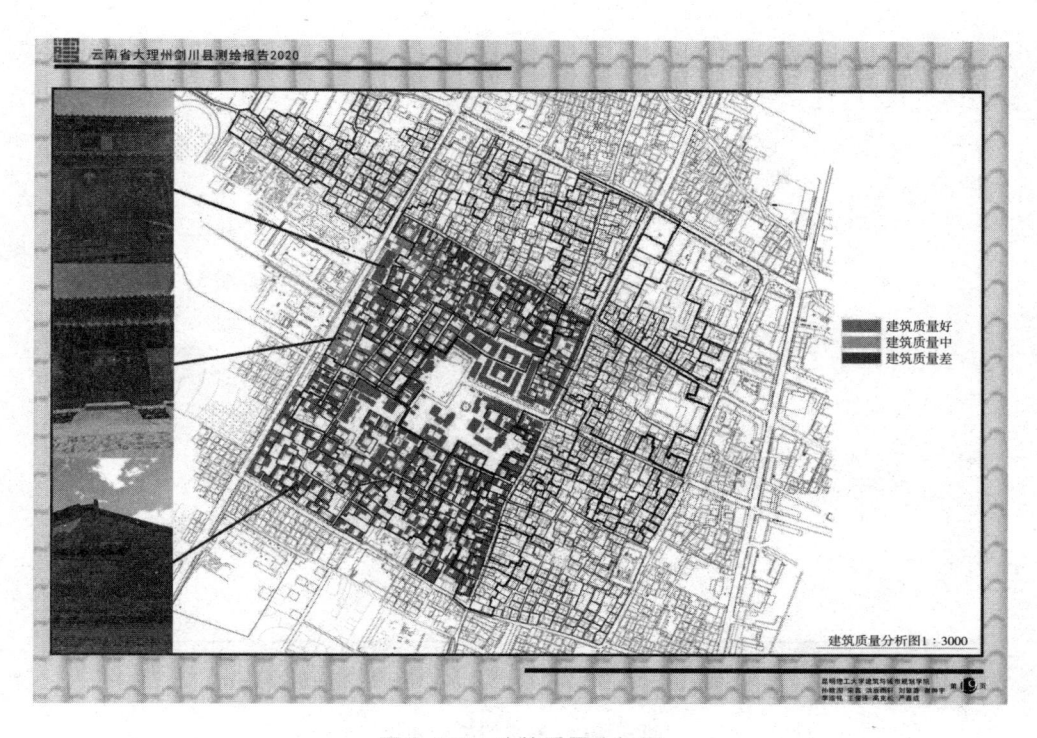

图 5-190 建筑质量分析图

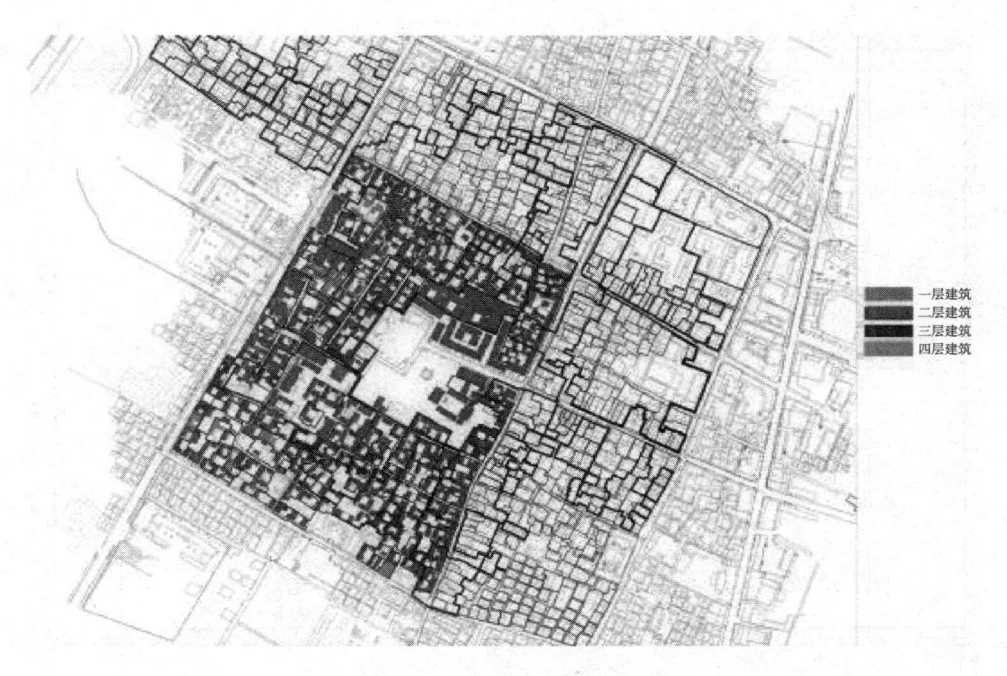

图 5-191 现状建筑层数分析图

· 125 ·

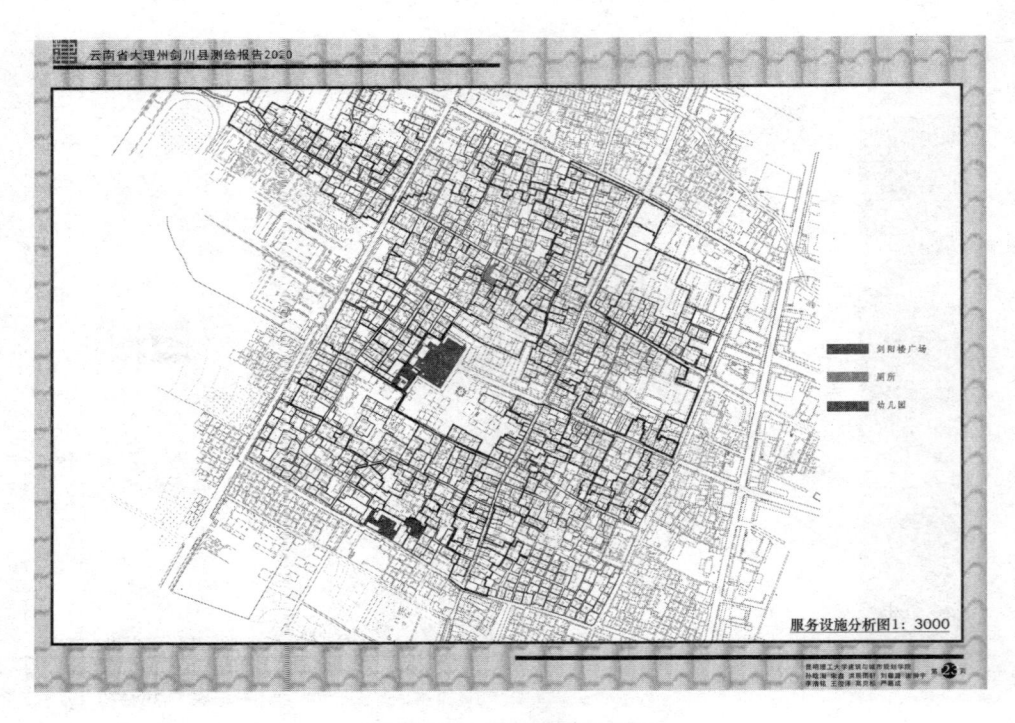

历史村镇实地调研与测绘：云南大理地区茶马古道沿线传统聚落

图 5-192 服务设施分析图

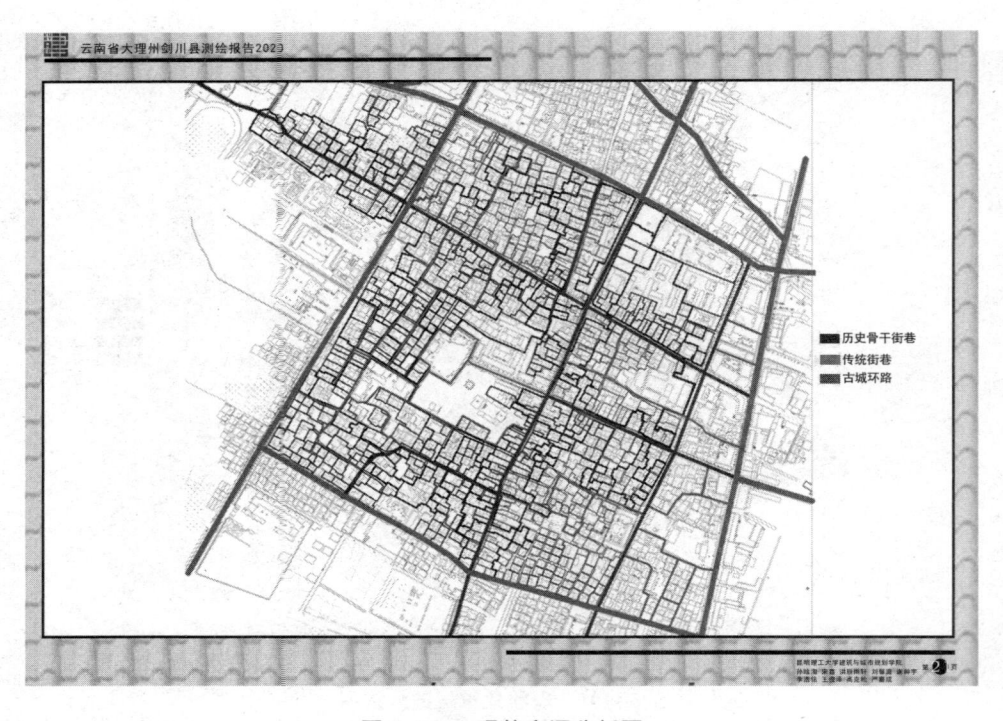

图 5-193 现状交通分析图

第五章 历年测绘成果展示

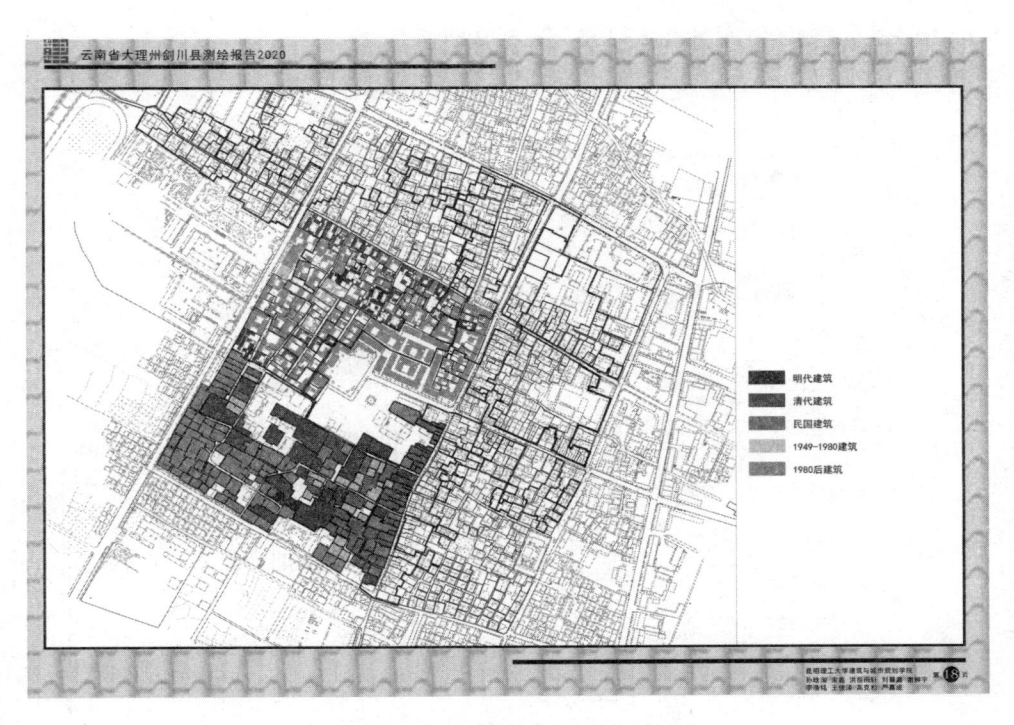

图 5-194 现状建筑年代分析图

图 5-195 10号院位置示意图

· 127 ·

1. 10号院落测绘成果如图 5-196~图 5-203 所示。

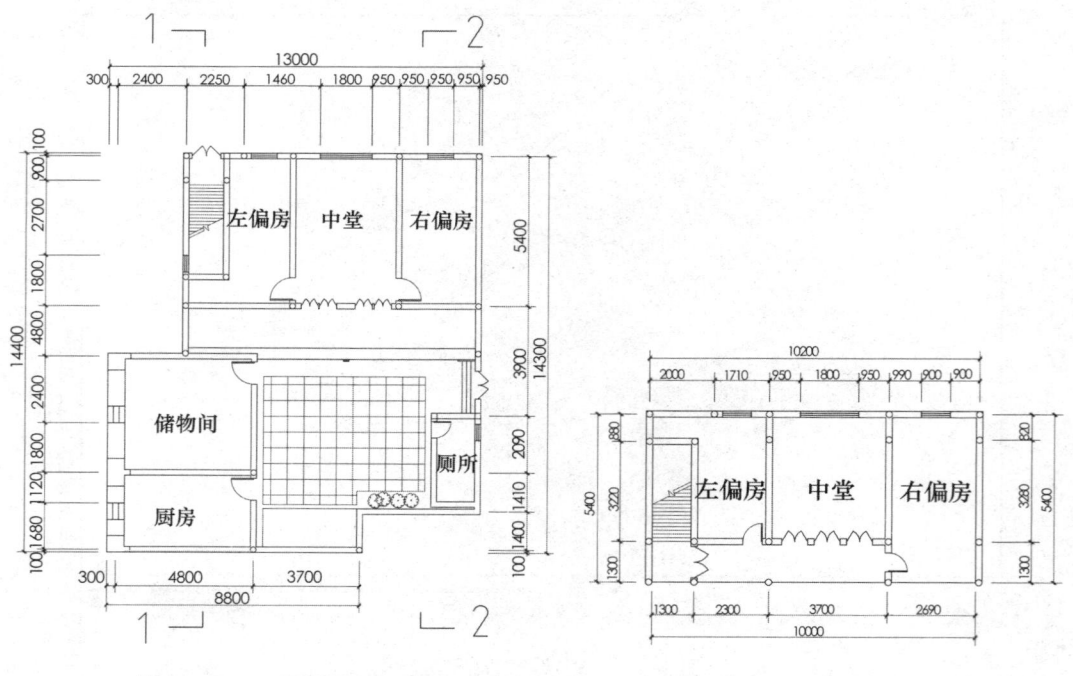

图 5-196　一层平面 1∶100

图 5-197　二层平面 1∶100

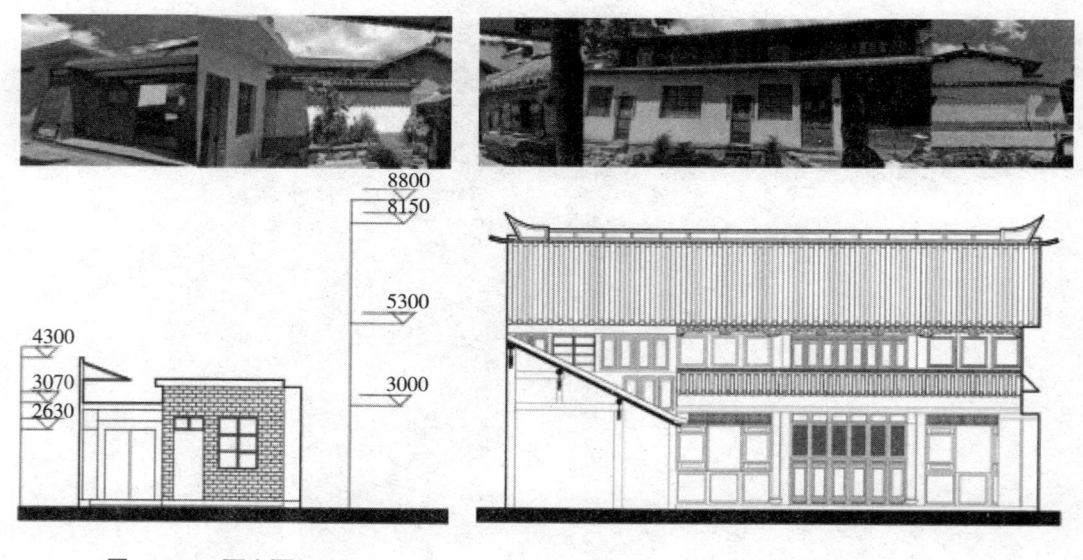

图 5-198　西立面 1∶50

图 5-199　南立面 1∶50

第五章 历年测绘成果展示

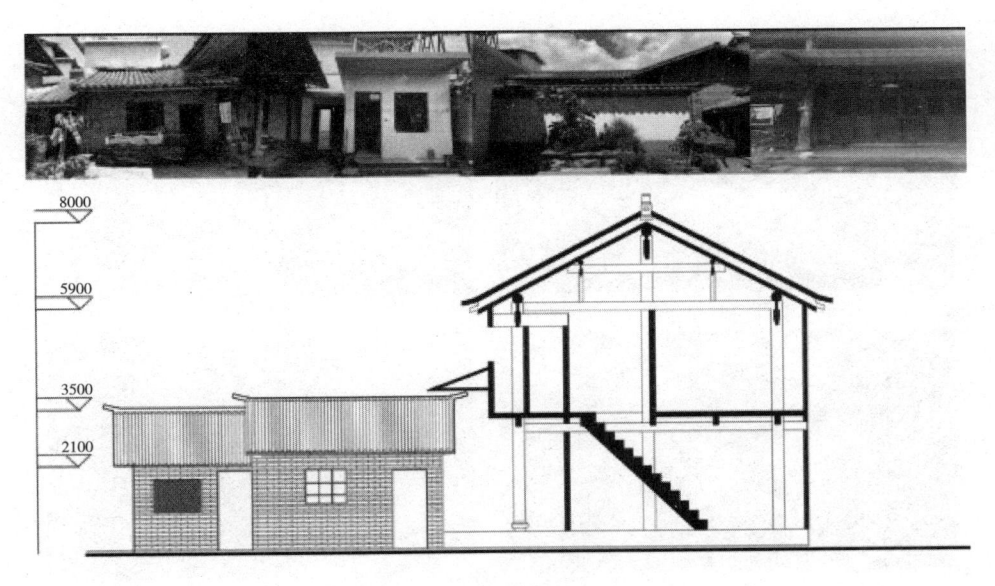

图 5-200　1-1 剖面图 1∶50

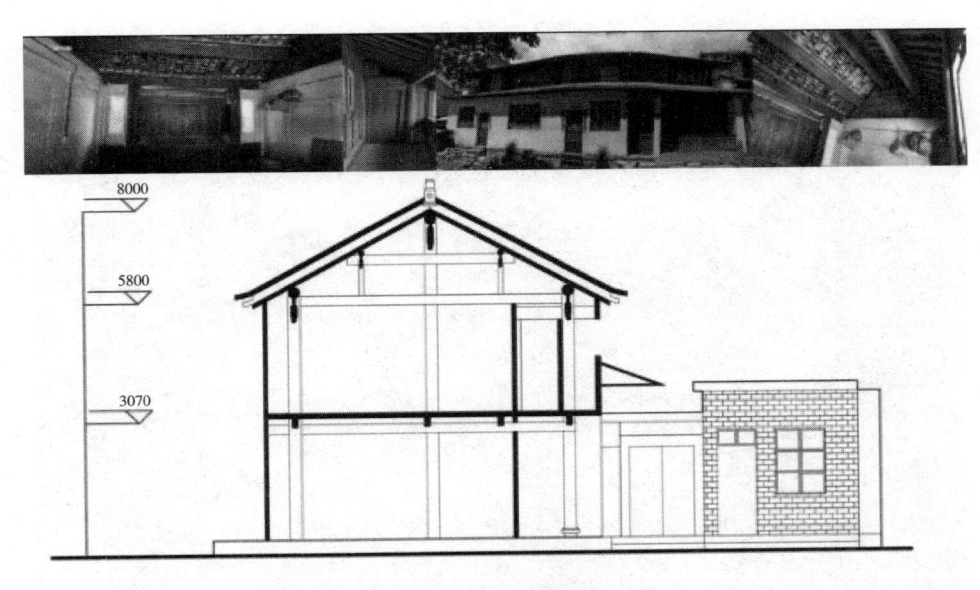

图 5-201　2-2 剖面图 1∶50

·129·

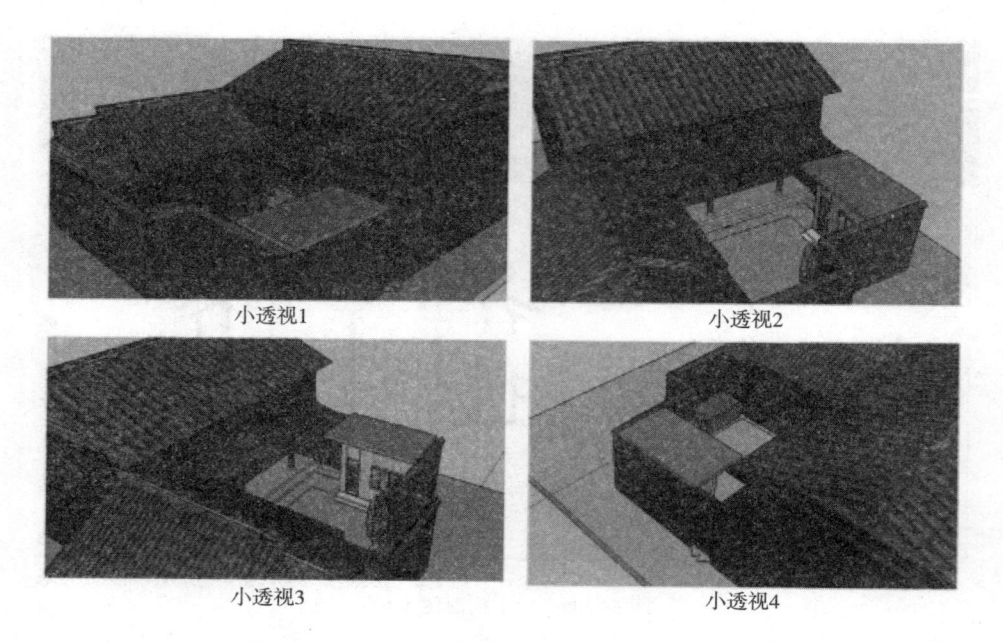

小透视1	小透视2
小透视3	小透视4

图 5-202 测绘单体模型

图 5-203 文照街及南门街位置示意图

2. 南门街测绘成果

南门街如图 5-204~图 5-207 所示。

第五章 历年测绘成果展示

图5-204 街道立面1:300

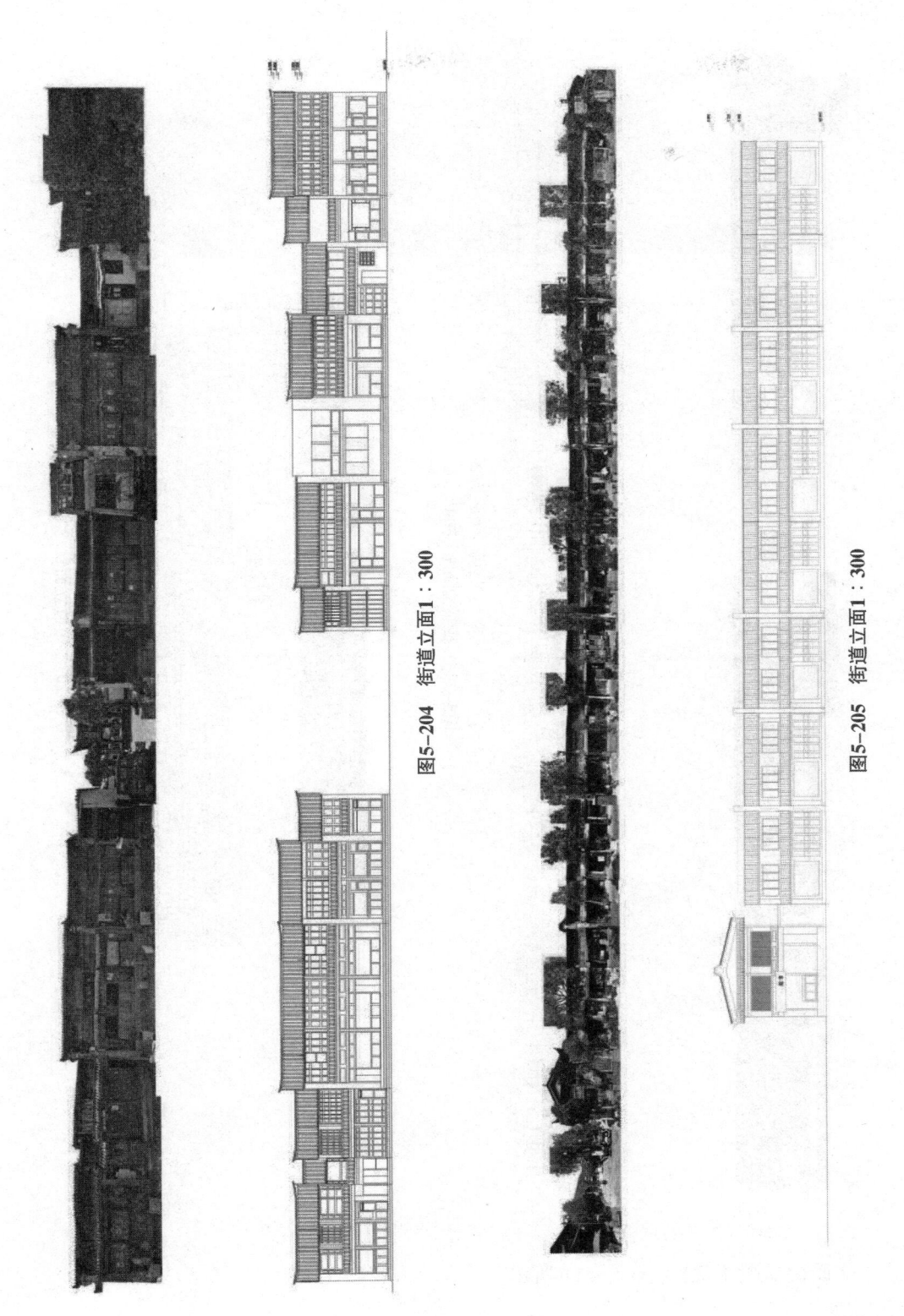

图5-205 街道立面1:300

·131·

图5-206 街道立面 1:300

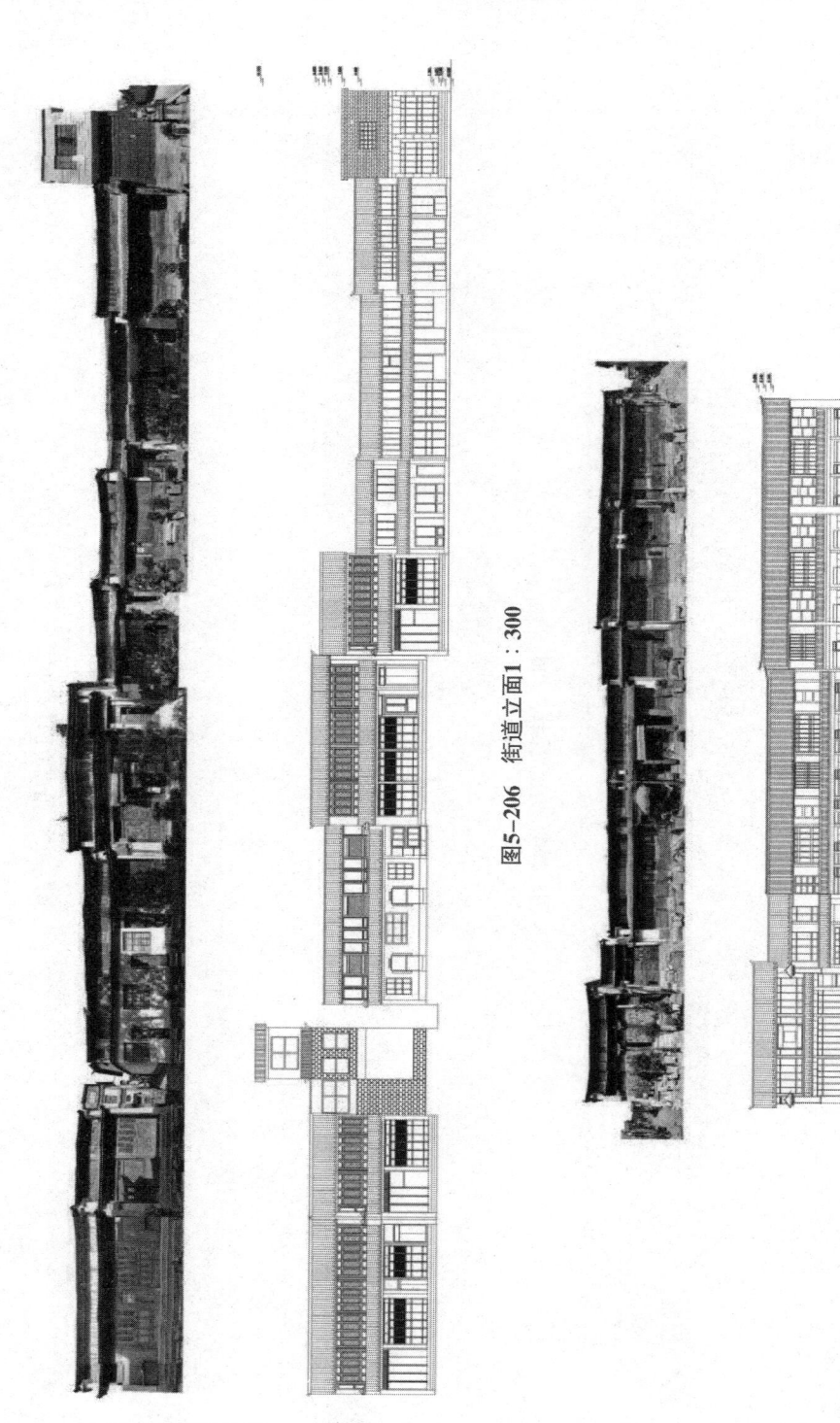

图5-207 街道立面 1:300

3. 文照街测绘成果

文照街如图 5-208~图 5-211 所示。

第五章 历年测绘成果展示

图5-208 文照街立面图1:300

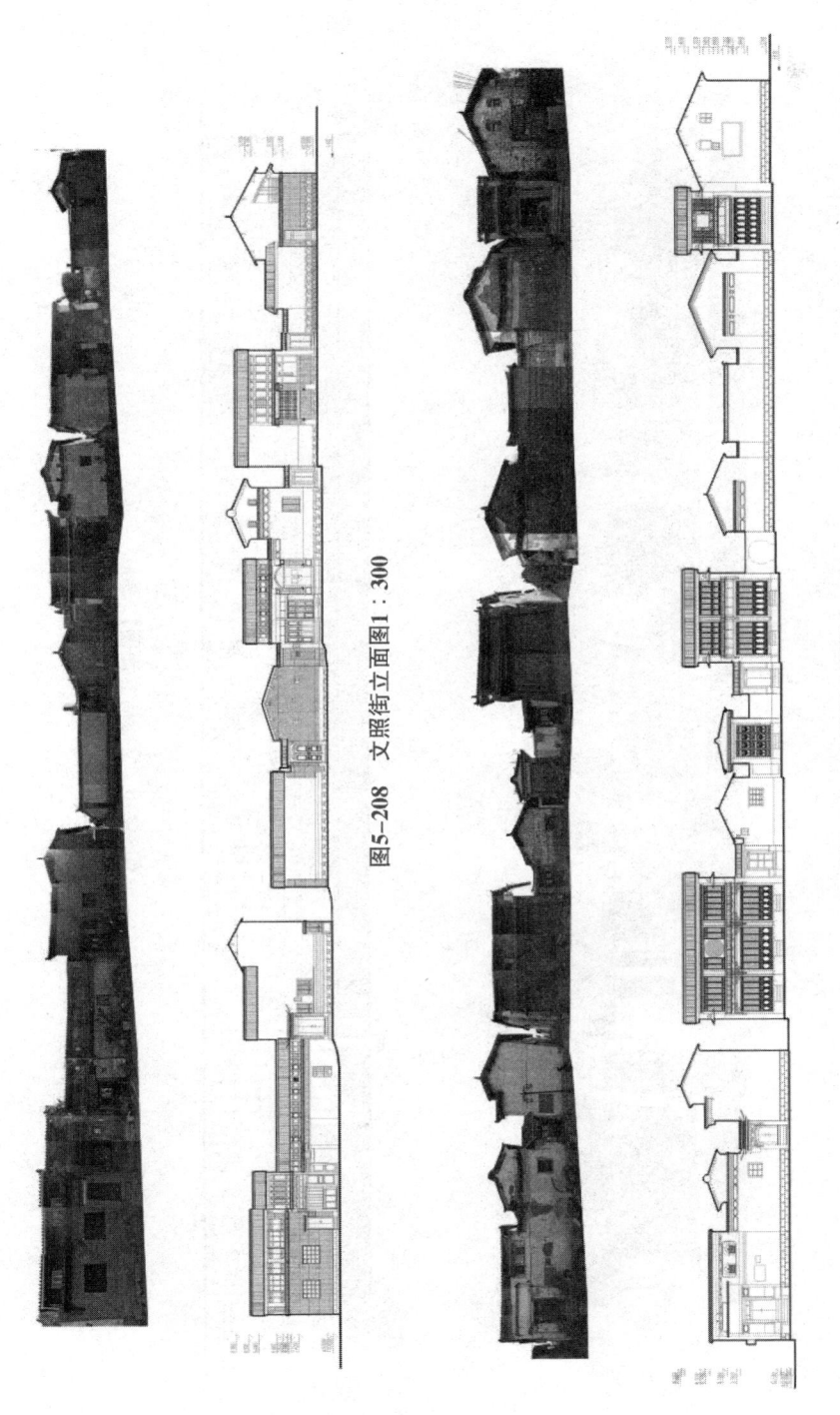

图5-209 文照街立面图1:300

·133·

历史村镇实地调研与测绘：云南大理地区茶马古道沿线传统聚落

图5-210 文照街立面图 1：300

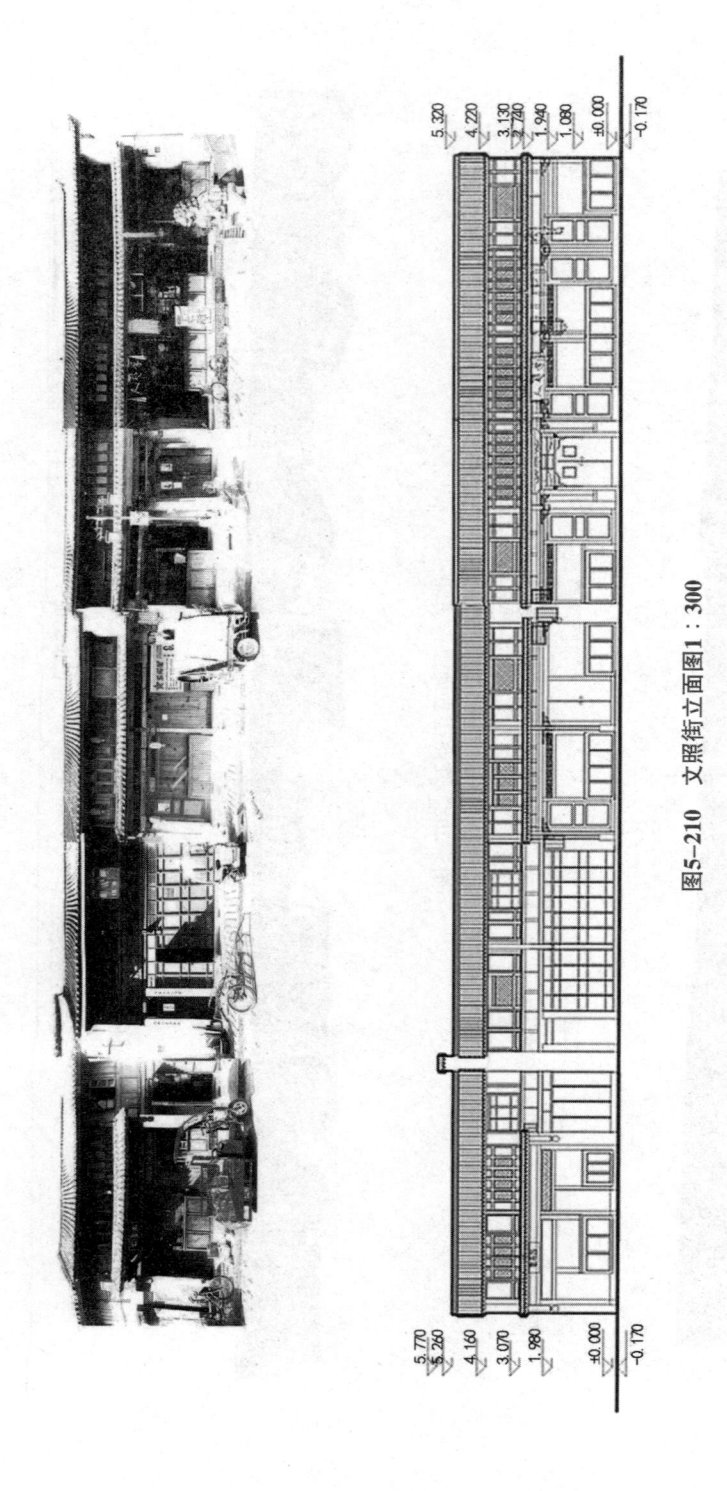

第五章 历年测绘成果展示

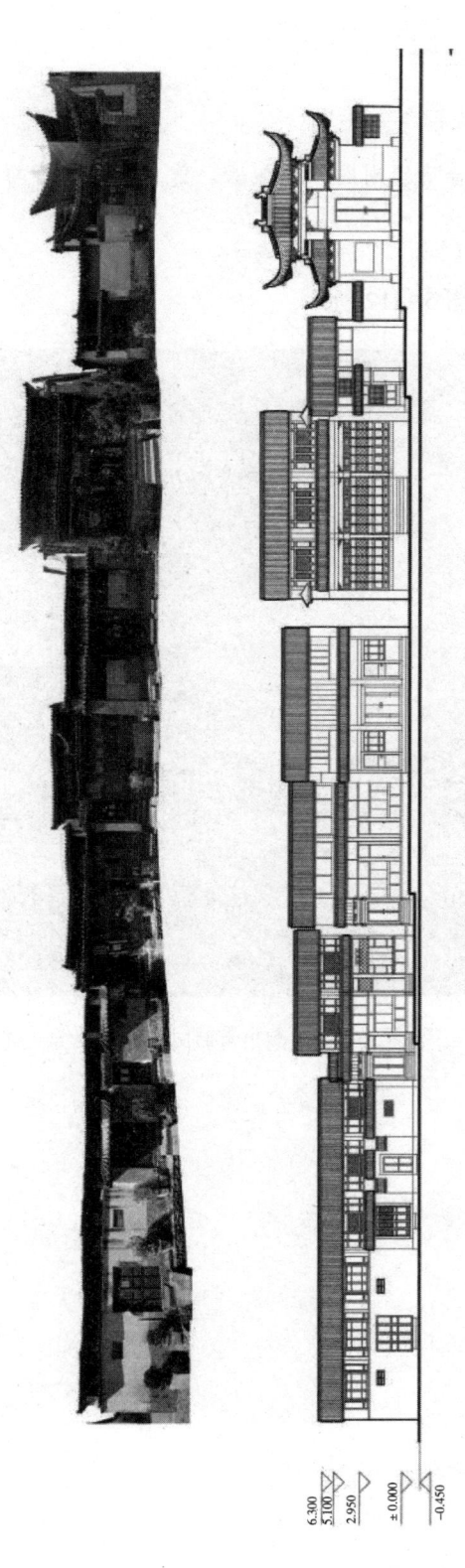

图5-211 文照街立面图1:300

二、剑川古城·片区三

测绘人员：杨朗、张普清、周逸、朱旭浩、曾元恒、王音野、沈穆璇、李君芳、邓亚婕

剑川古城风貌速写如图 5-212 所示。

图 5-212　剑川古城风貌速写

剑川古城分析图及示意图如图 5-213~图 5-221 所示。

图 5-213　现状用地性质分析图

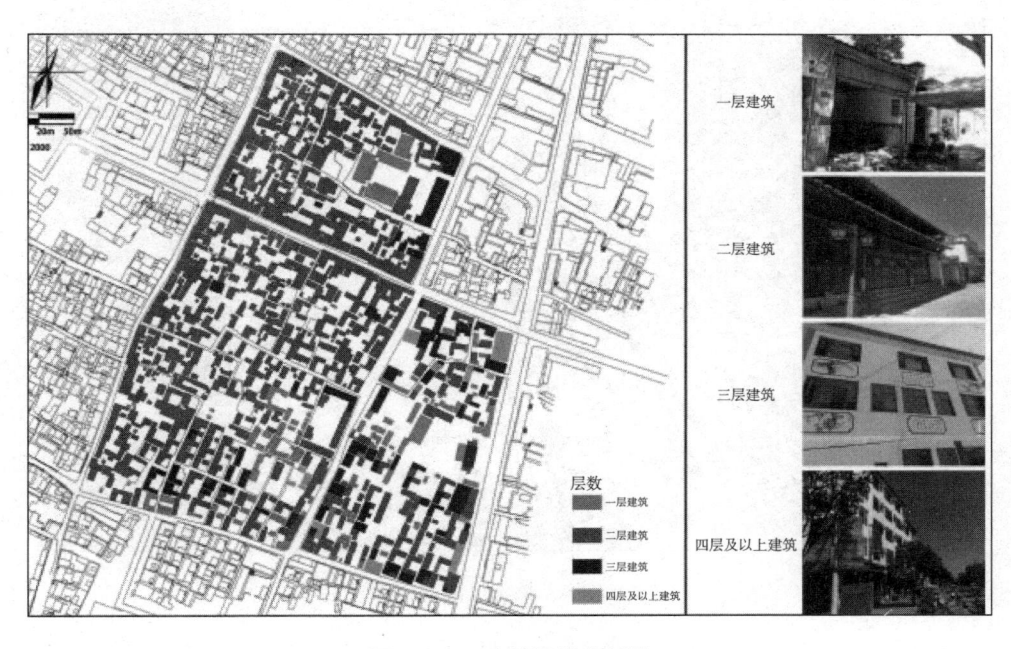

图 5-214　建筑层数分析图

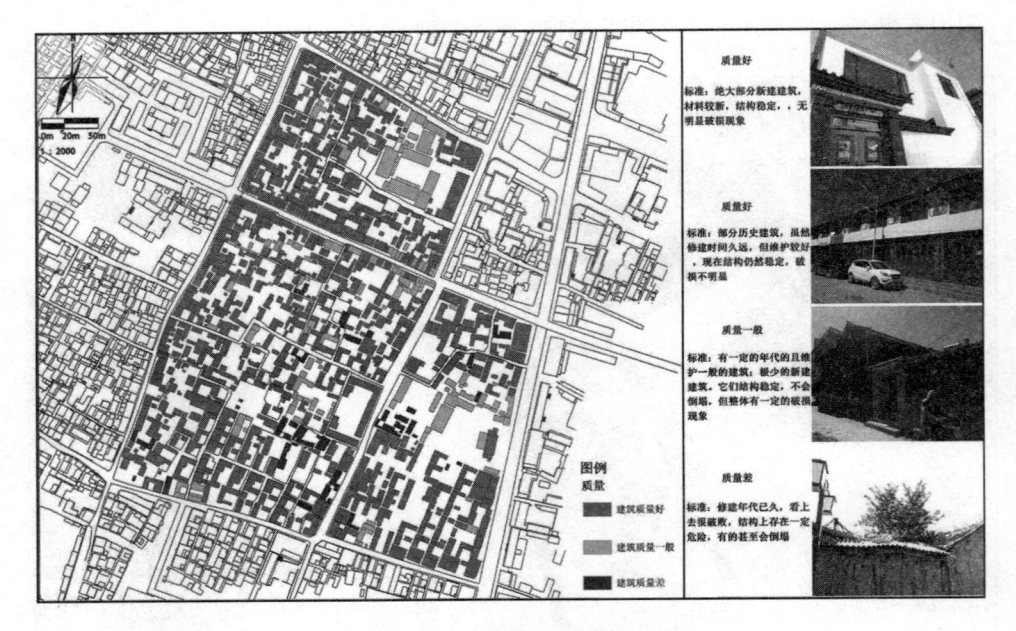

历史村镇实地调研与测绘：云南大理地区茶马古道沿线传统聚落

图 5-215　现状建筑质量分析图

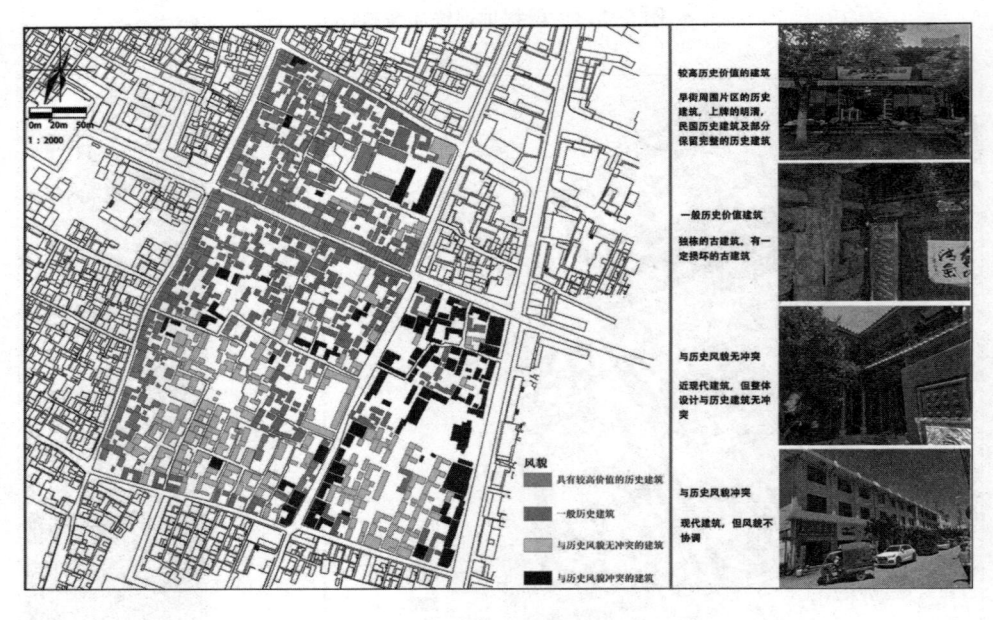

图 5-216　建筑风貌分析图

第五章　历年测绘成果展示

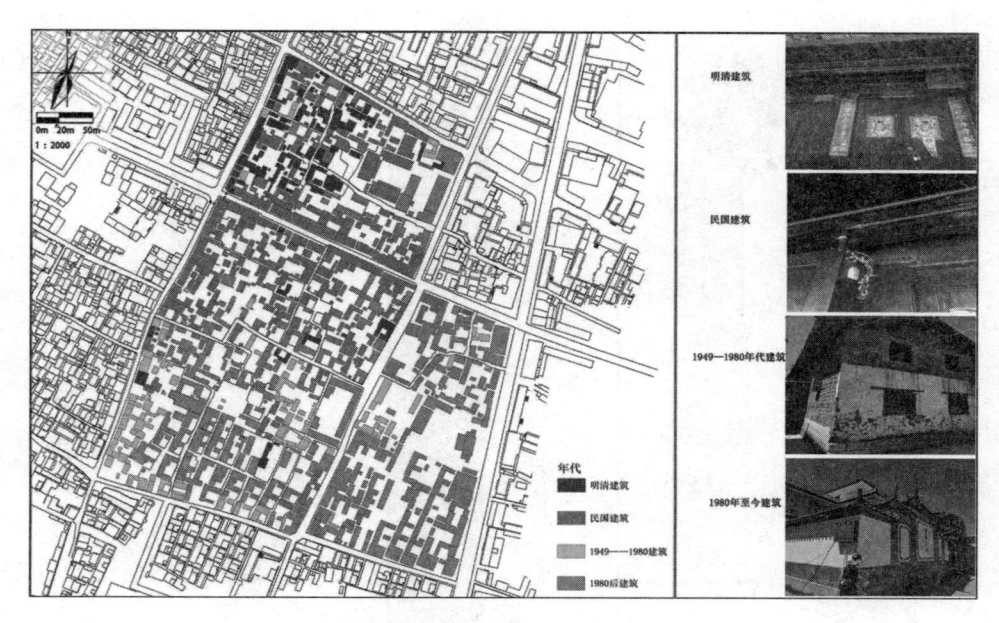

图 5-217　建筑年代分析图

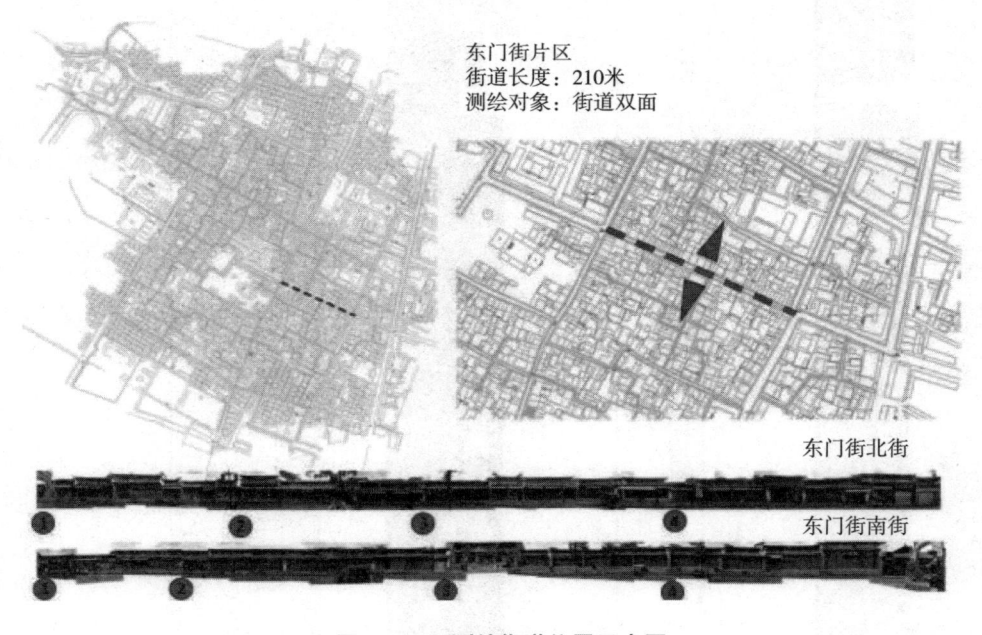

东门街片区
街道长度：210米
测绘对象：街道双面

东门街北街
东门街南街

图 5-218　测绘街道位置示意图

· 139 ·

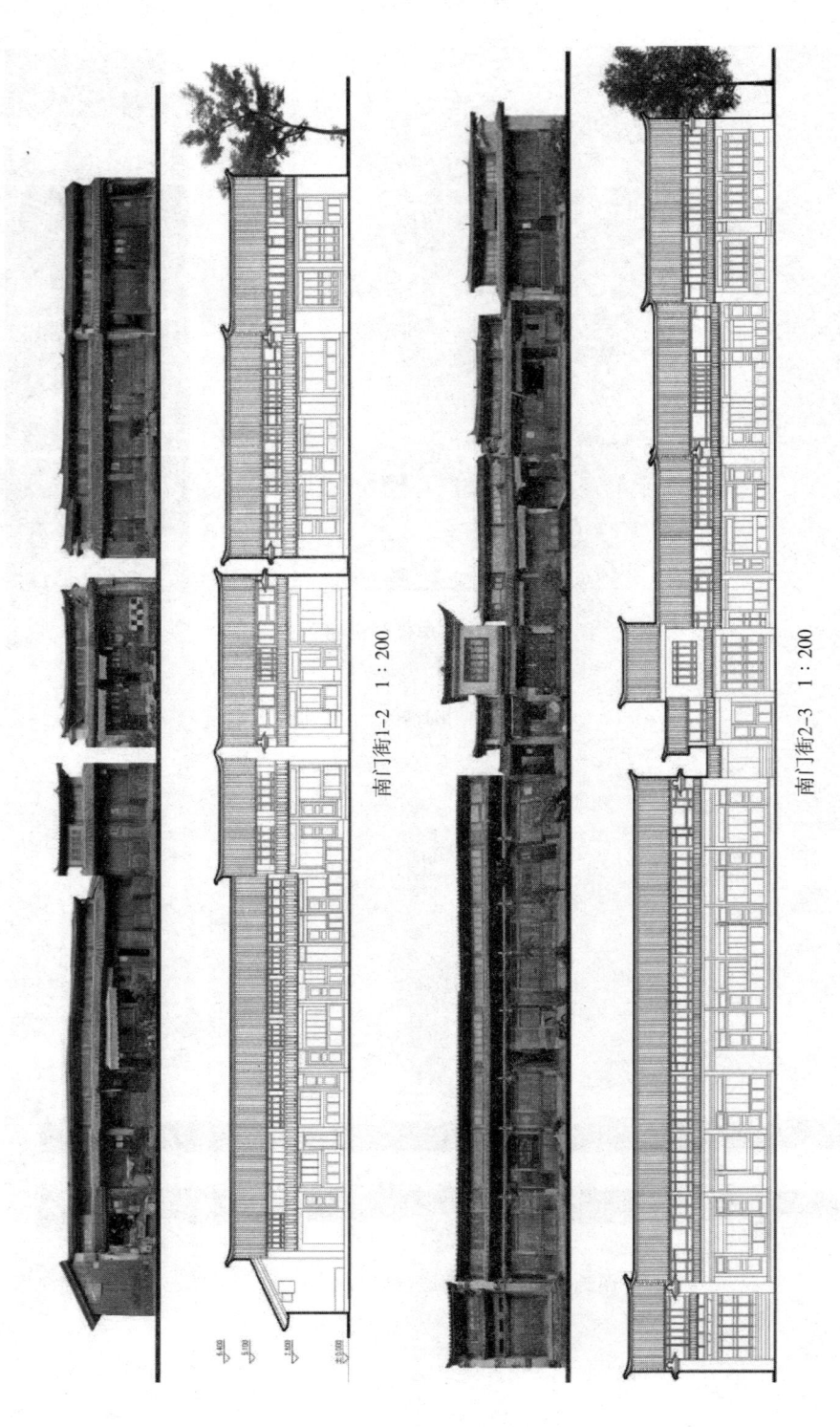

历史村镇实地调研与测绘：云南大理地区茶马古道沿线传统聚落

图5-219 南门街立面图1

第五章　历年测绘成果展示

南门街3-4　1：200

南门街4-5　1：200

图5-220　南门街立面图2

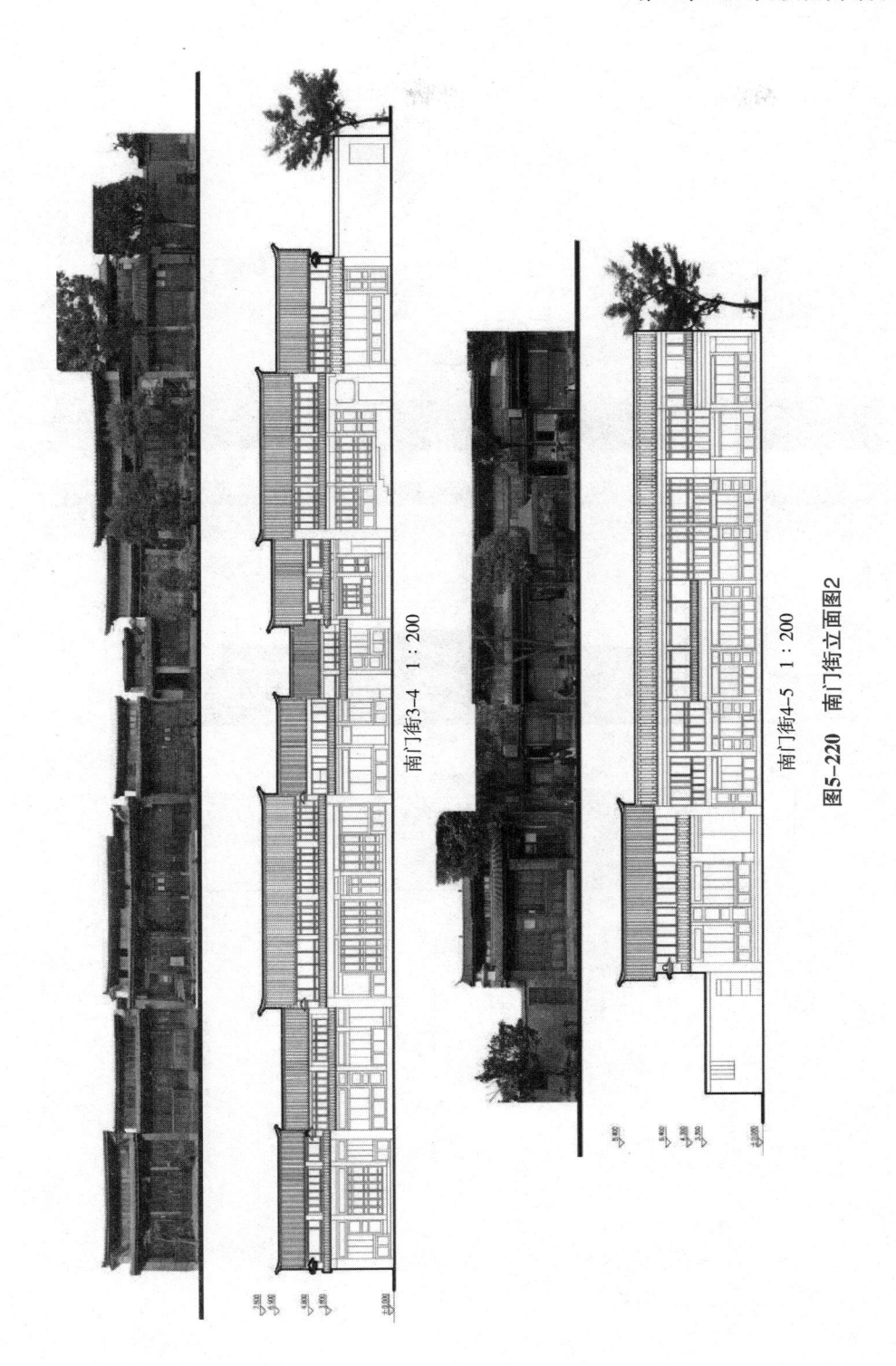

·141·

街道剖面Ⅰ-Ⅰ 1:100

街道剖面Ⅱ-Ⅱ 1:100

街道立面 1:200

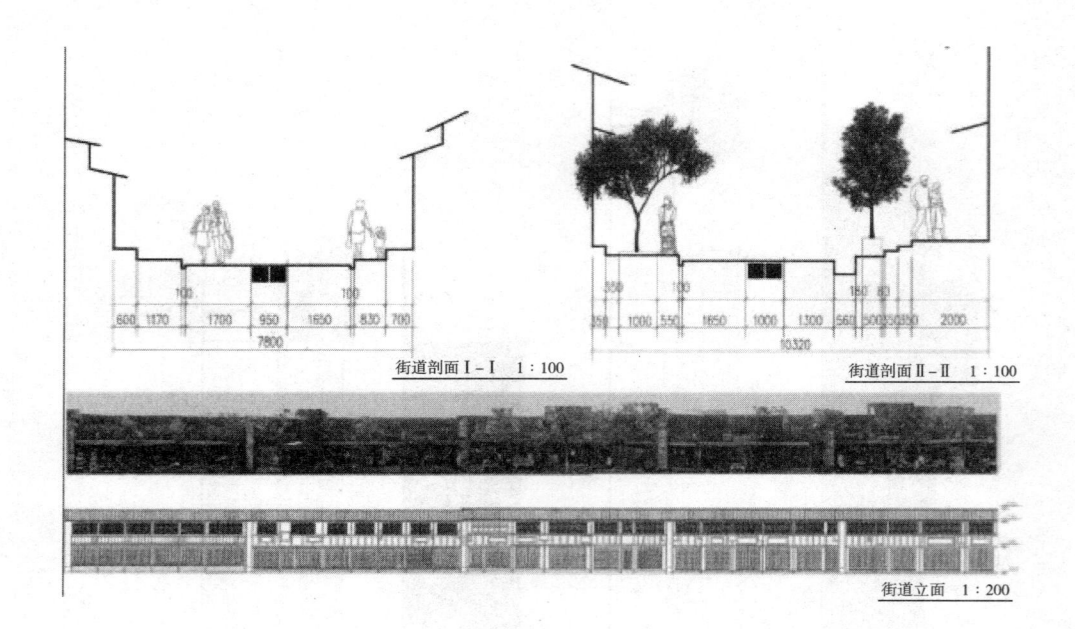

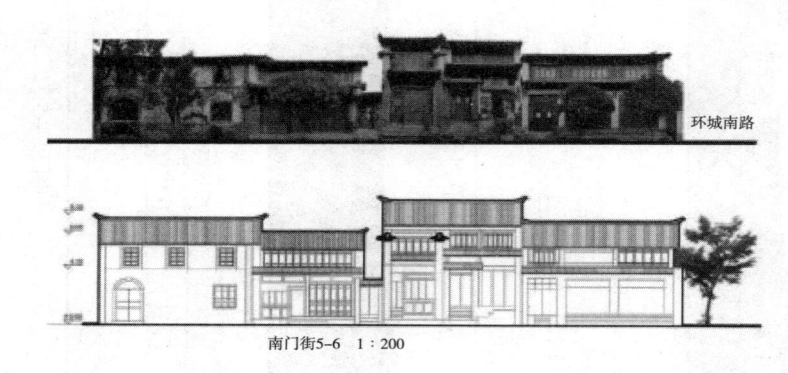

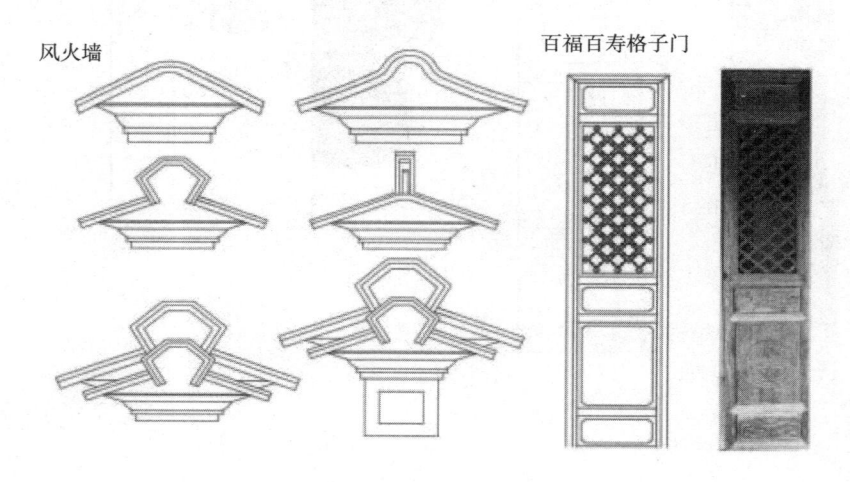

环城南路

南门街5-6 1:200

风火墙

百福百寿格子门

图 5-221 节点大样图

第五章　历年测绘成果展示

　　研究团队对片区内多栋历史建筑进行了测绘，因篇幅有限，在此仅对一栋白族民居（四号院）和一栋具有苏式风貌（二号院）的历史建筑测绘成果进行展示，如图5-222～图5-224所示。

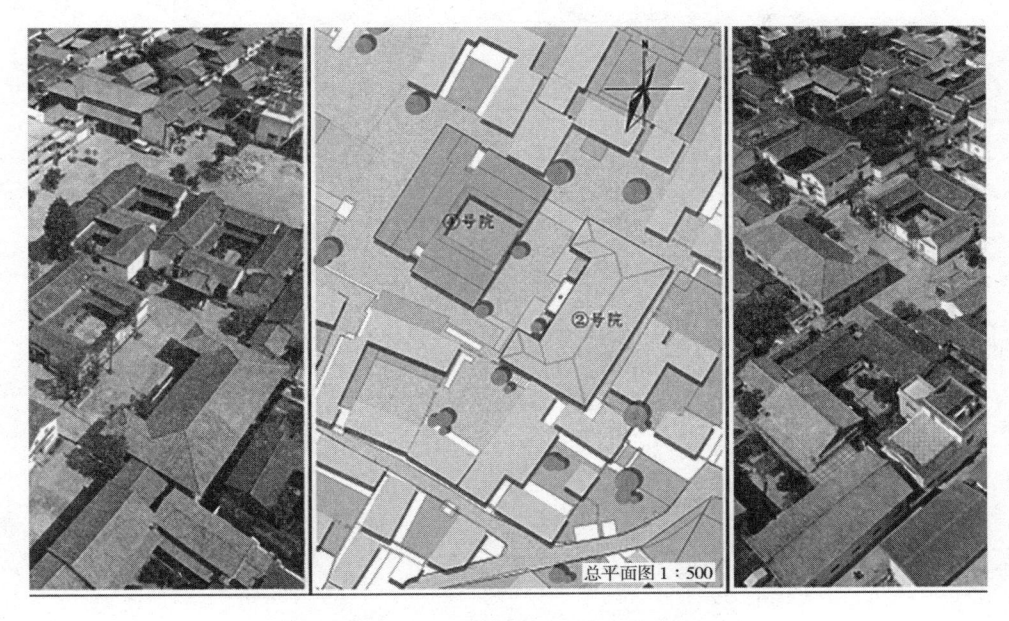

图5-222　单体院落位置示意图

图5-223　四号院建筑　　　　　　　图5-224　二号院建筑

1. 四号院落测绘成果

四号院落如图 5-225~图 5-234 所示。

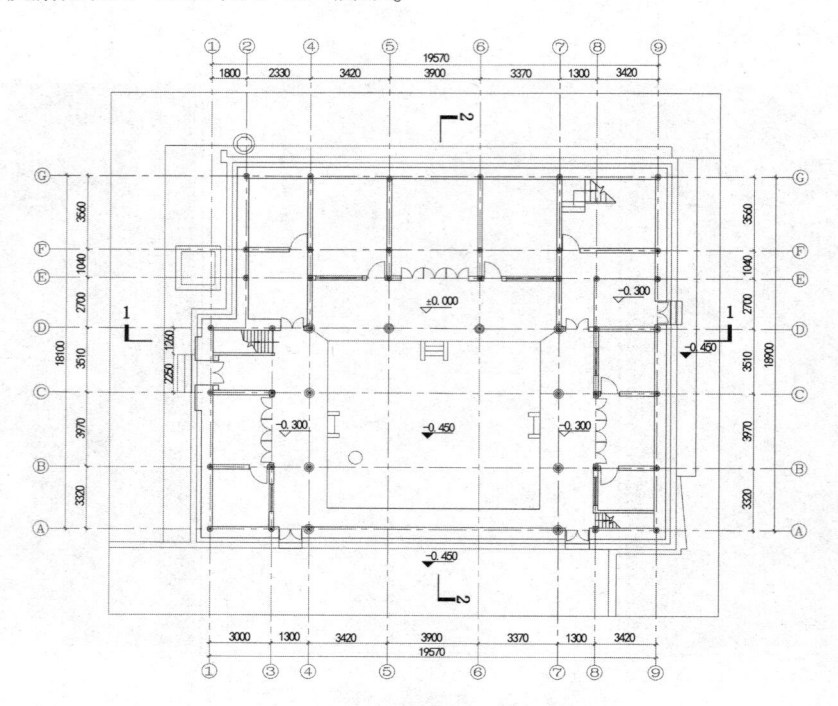

图 5-225　一层面平面 1∶150

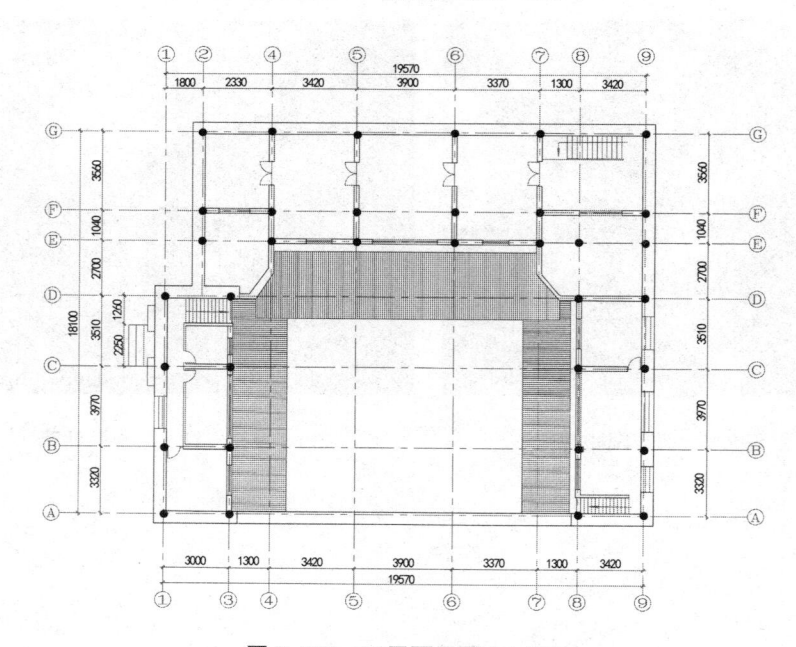

图 5-226　二层面平面 1∶150

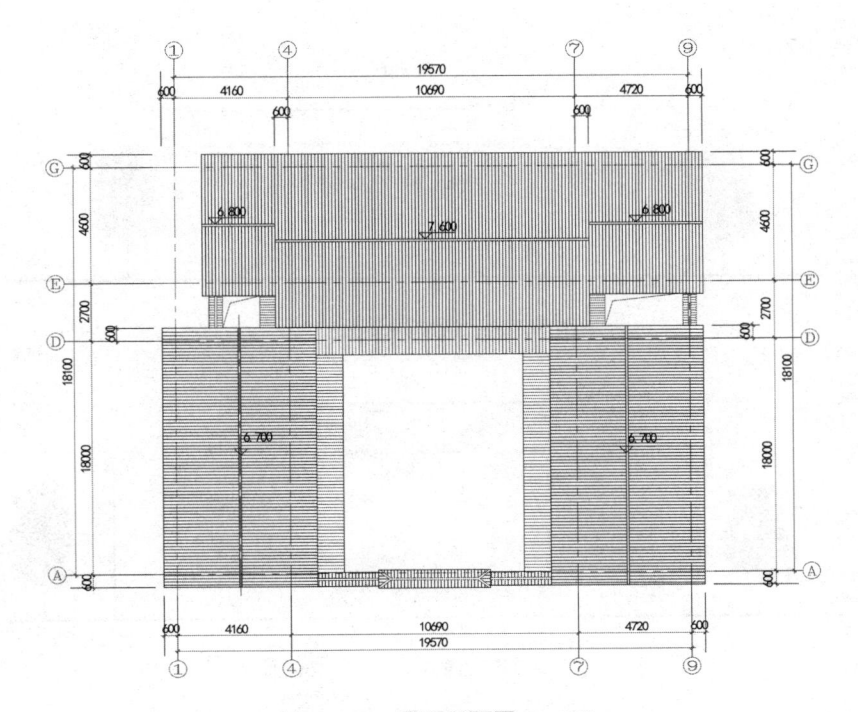

图 5-227 屋顶平面图 1:150

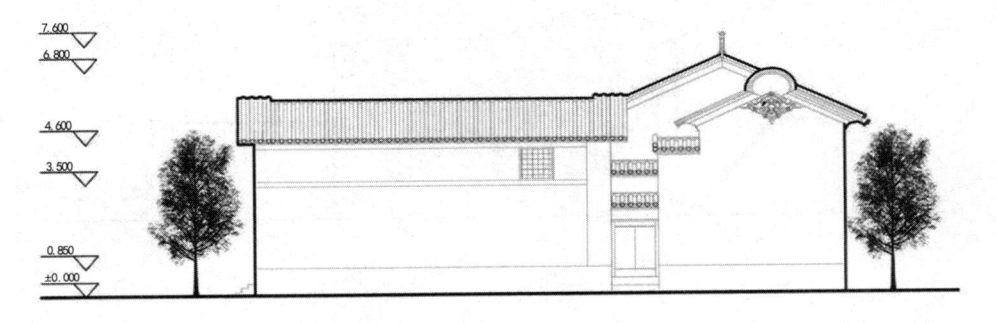

图 5-228 北立面图 1:100

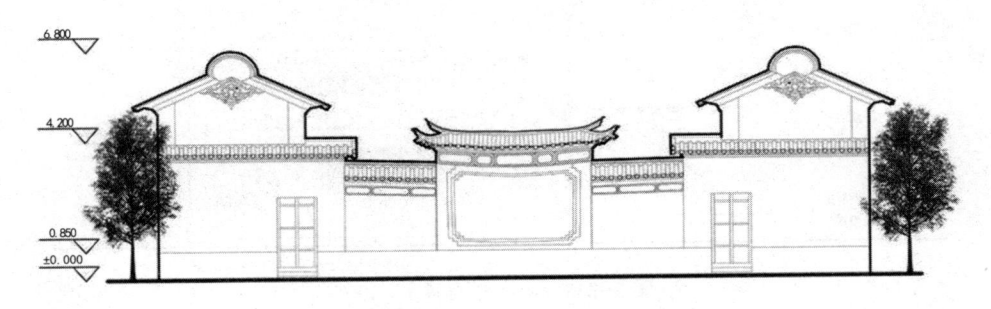

图 5-229 东立面图 1:100

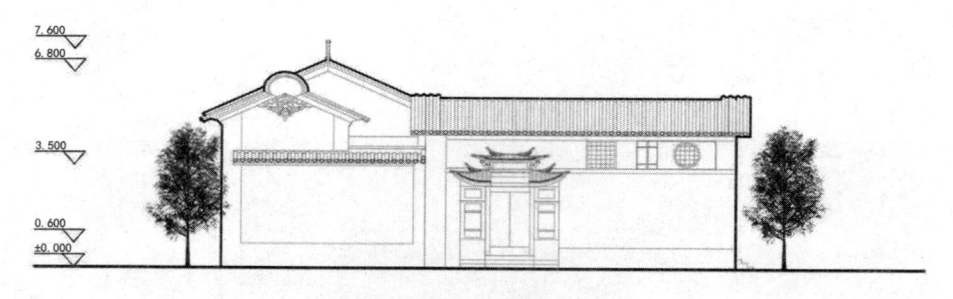

图 5-230　南立面图 1∶100

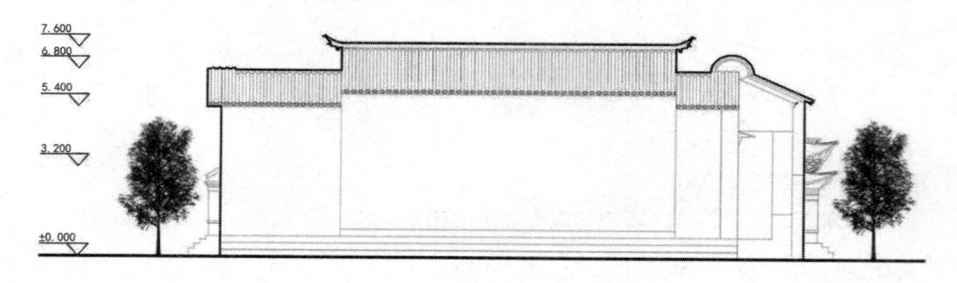

图 5-231　西立面图 1∶100

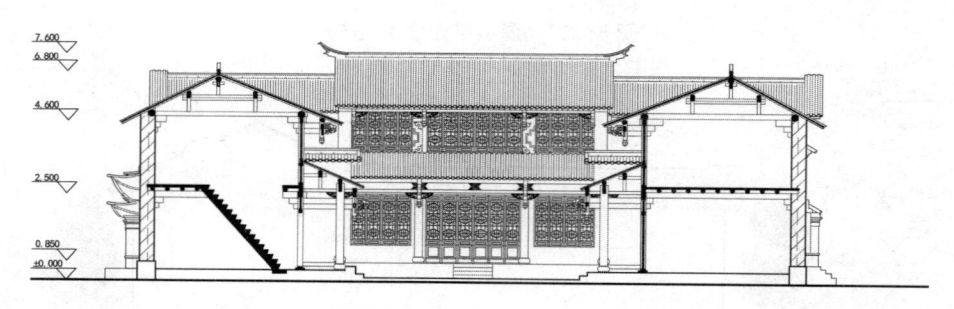

图 5-232　1-1 剖面图 1∶100

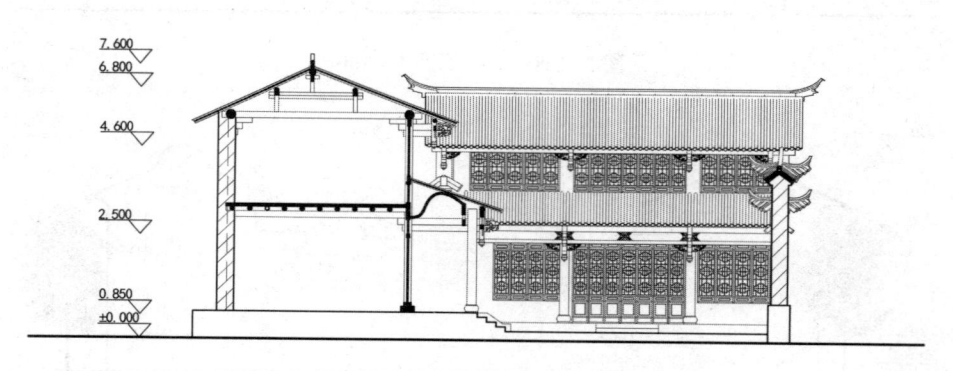

图 5-233　2-2 剖面图 1∶100

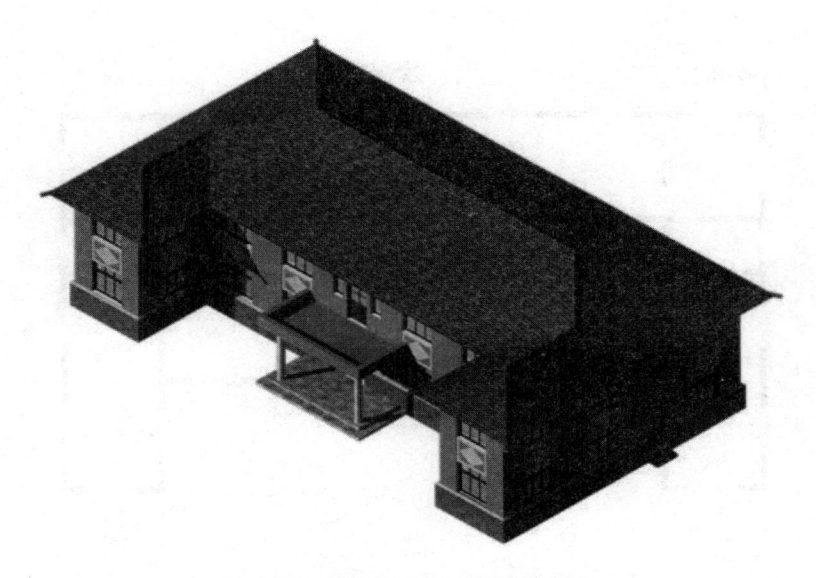

图 5-234　四号院落 SU 模型效果图

2. 二号院落测绘成果

二号院落如图 5-235~图 5-241 所示。

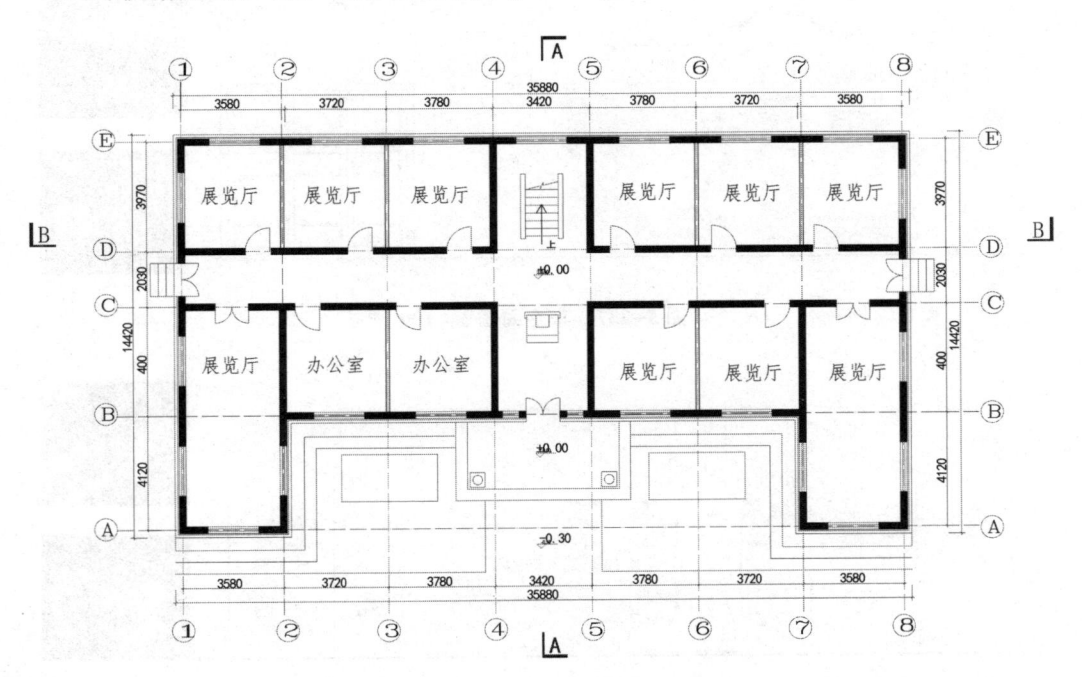

图 5-235　一层平面图 1∶100

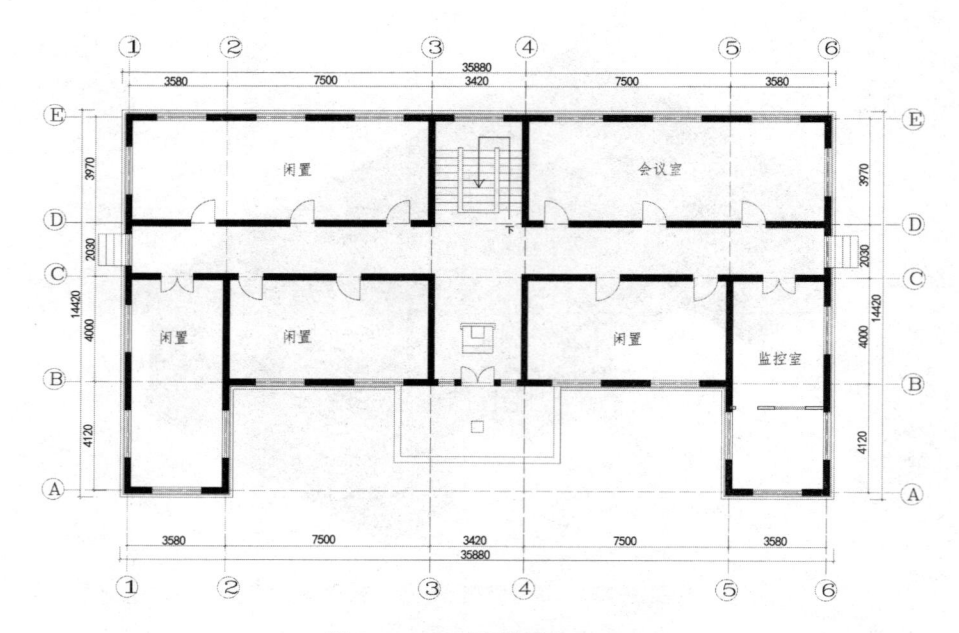

图 5-236　二层平面图 1：100

图 5-237　东立面图 1：100

图 5-238　北立面图 1：100

图 5-239　A-A 剖面图 1∶100

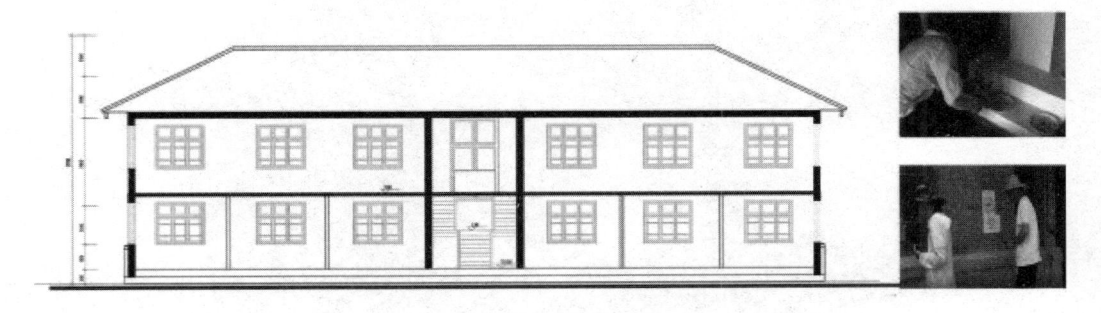

图 5-240　B-B 剖面图 1∶100

图 5-241　二号院落模型效果图

附件成果图一：剑川古城建筑现状分析总图，如图 5-242~图 5-245 所示。

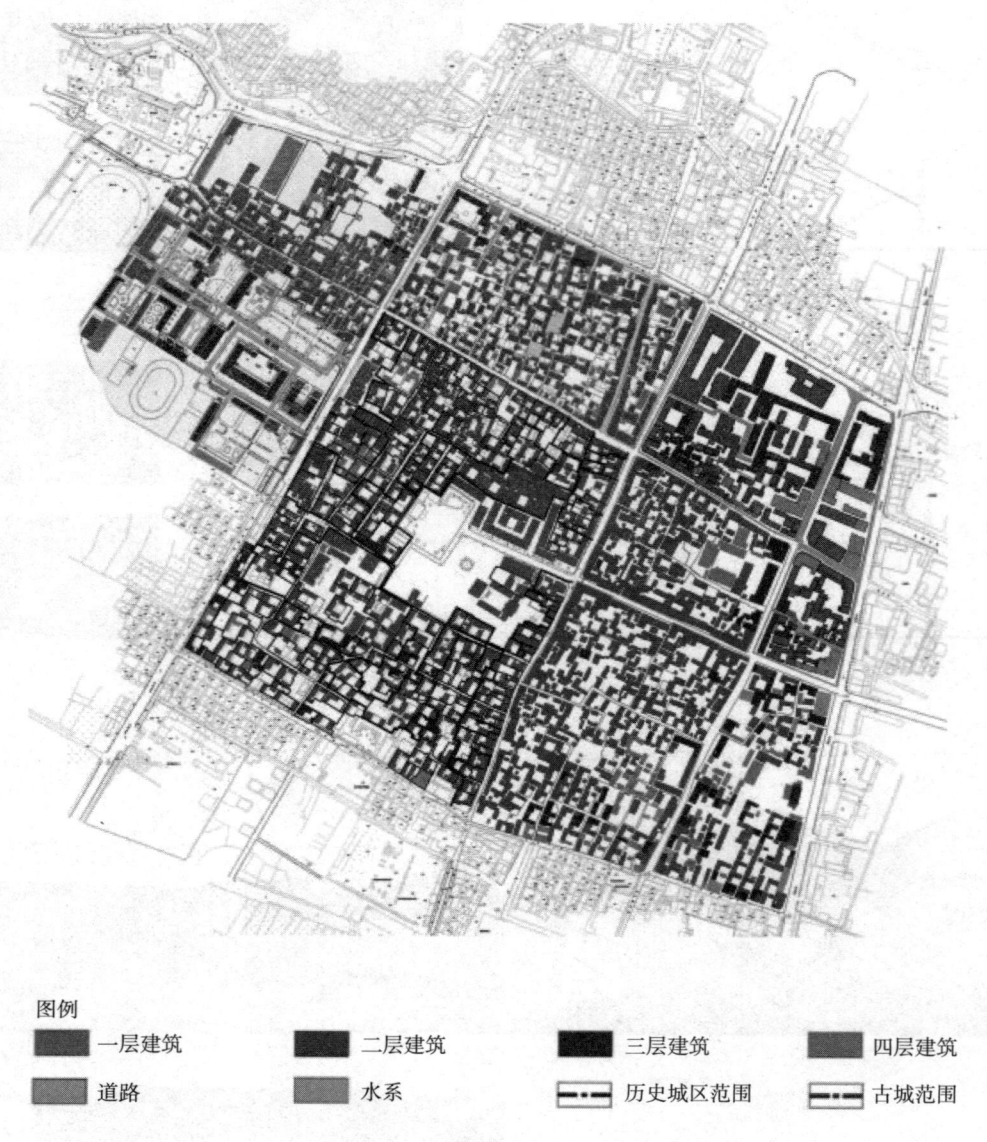

图例
■ 一层建筑　■ 二层建筑　■ 三层建筑　■ 四层建筑
■ 道路　　　■ 水系　　　—·— 历史城区范围　—··— 古城范围

图 5-242　剑川古城建筑层数分析图

第五章 历年测绘成果展示

图 5-243 剑川古城建筑风貌分析总图

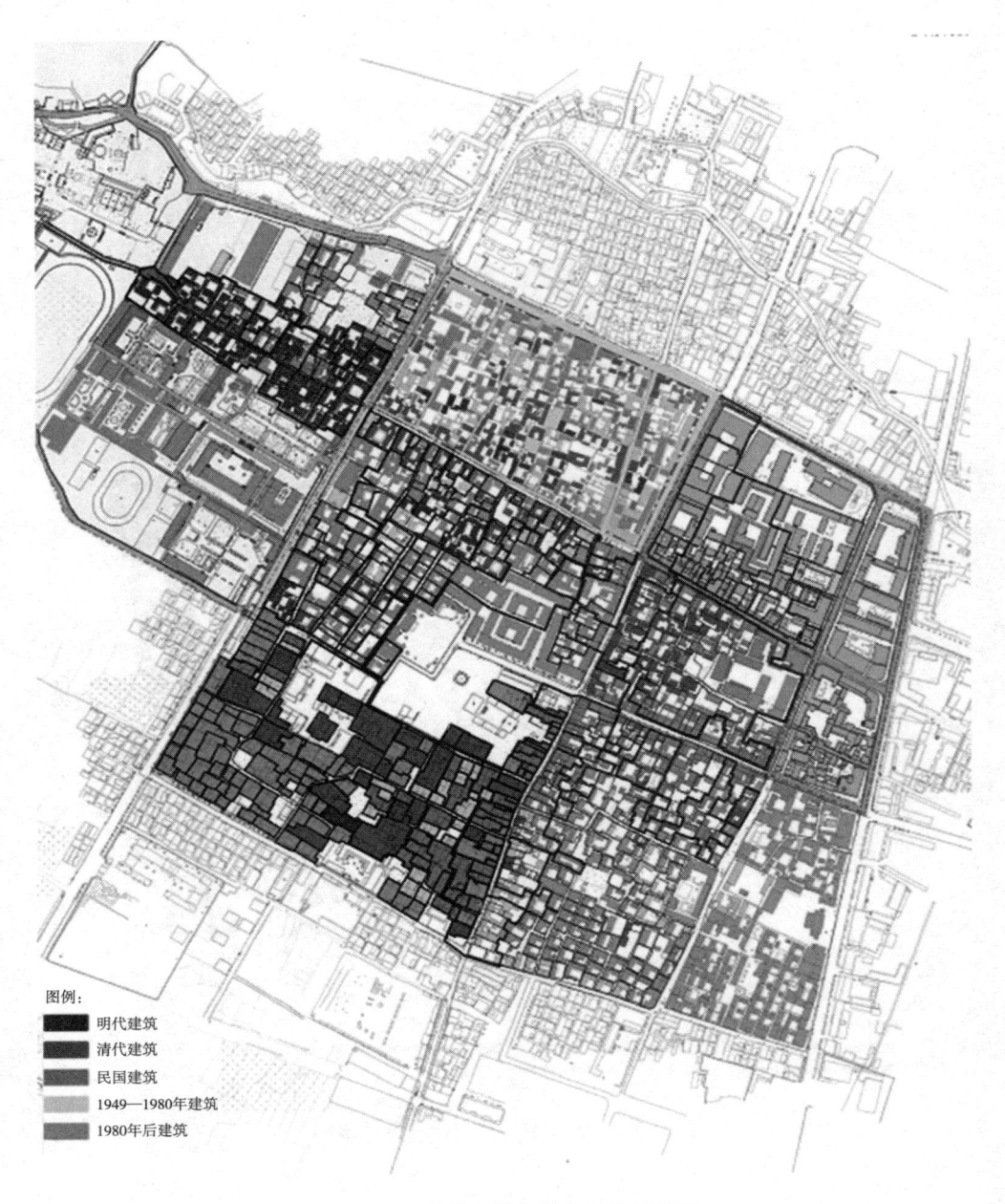

历史村镇实地调研与测绘：云南大理地区茶马古道沿线传统聚落

图例：
- 明代建筑
- 清代建筑
- 民国建筑
- 1949—1980年建筑
- 1980年后建筑

图 5-244　剑川古城建筑年代分析总图

第五章 历年测绘成果展示

图例：
■ 建筑质量好
■ 建筑质量一般
■ 建筑质量差

图 5-245 剑川古城建筑质量分析总图

附件成果图二：德国建筑师罗曼先生利用无人机对核心区建筑群进行倾斜摄影，测绘作品展示，如图5-246~图5-249所示。

图5-246　剑川古城倾斜摄影图1

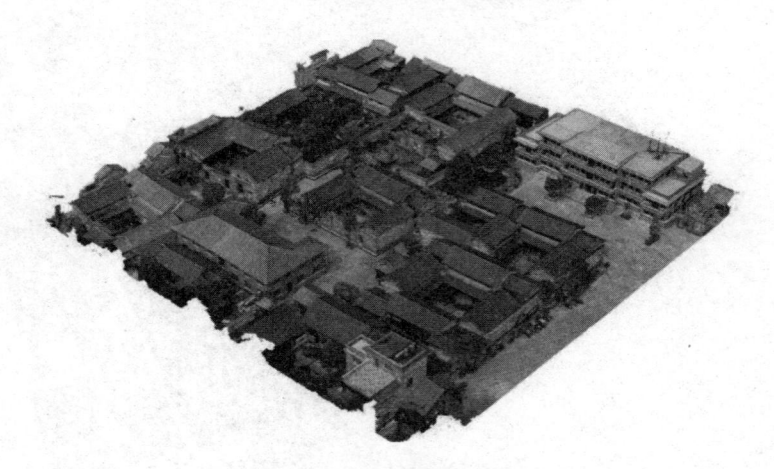

图5-247　剑川古城倾斜摄影图2

图5-248　剑川古城倾斜摄影图3

图 5-249　剑川古城倾斜摄影图 4

第六节　2021 年测绘成果篇
——大理州喜洲镇中和邑村测绘

大理州喜洲镇中和邑村测绘现场，如图 5-250 所示。

图 5-250　测绘现场

大理州喜洲镇中和邑村测绘

2021 年 8 月
城乡规划 181 班
指导老师：王连、王颖

(一) 调研及测绘任务简介

本次历史城镇实地调研与测绘选址在云南省大理市喜洲镇中和邑村。其任务主要分为三部分，现场调研分析、院落测绘以及建筑优化改造。首先通过调研熟悉村落发展的相关知识，古村落的形成与由来。同时，掌握当前较为常用的社会调研方法，锻炼与不同访谈对象的良好沟通能力，增强社会责任感与团队协作精神。然后，具体对中和邑村的单体建筑、建筑群落进行测绘，并在此基础上提出改造方案，加深和提高对中国古代优秀建筑文化遗产的感性认识和理论修养，培养良好的建筑空间概念、尺度感和设计思维能力，提高制图表现水平。

本次调研选取中和邑村六栋较为典型的合院进行实地测绘并且绘制测绘图纸，并按喜洲镇政府的要求，结合测绘成果对现状做出合理的优化改造，如图 5-251 所示。

图 5-251 院落位置分布图（篇幅有限仅展示部分院落）

测绘改造和调研所形成的图纸与报告资料提供给镇政府，为发掘、整理、保护、开发历史城镇遗产提供丰富而坚实的基础资料，具有一定的地方史料收藏与开发研究参考价值，如图 5-252、图 5-253 所示（注：因篇幅有限，文中仅展示部分成果）。

图 5-252　测绘院落鸟瞰图　　　　　图 5-253　测绘陨落内部场景图

(二) 中和邑村简介

中和邑村，隶属云南省大理白族自治州大理市喜洲镇，位于云南省西北部，大理白族自治州北部。东接鹤庆，南连洱源，西靠云龙、兰坪，北邻丽江，如图 5-254 所示。

中和邑村，白语曰：白塔坪。村东北龙湖西岸，距村西北 200 米处有一白色雁塔，此塔相传建于唐朝中期，形制与西安大雁塔相似，塔在 1925 年地震中倒塌，现只剩塔基。

村东有寺曰：笼沙寺，据现存与寺内的乾隆年间古碑记载，该寺始建于清乾隆十七年，形制为歇山式出阁架斗结构，为古建筑特色。现寺门仍保留有一副对联，上联：龙湖映日文波远，下联：雁塔凌云笔阵雄。两扇大门上分别题有的"文明""道泰"四个字仍保留至今。

图 5-254　中和邑村鸟瞰图

受喜洲古镇的旅游产业带动，村庄逐渐走上围绕旅游业的产业发展道路，目前村庄村民实际年收入为：第一产业60万，第二产业600万，第三产业500万（2020年）。其中致富带头人有：建筑包工头1人，挖机老板2人，民族艺人1人，超市老板2人，汽车修理厂老板1人。多数年轻村民在喜洲古镇、大理古城或下关工作、居住，村庄留守人员以中老年为主。

近年，村庄周边农田统一由村集体交于古镇旅游开发公司管理，以生态观光农业为主要产业。随着喜洲古镇旅游升温，加之中和邑村南、北改造提升的机耕路，使喜洲古镇一度在网络爆红，来往游客络绎不绝，村庄的区位优势、海西田园风光的资源优势日益突显。

一、中和邑·一号院落测绘成果

测绘人员：罗冀，夏兴洪，王振金，郭紫仪，刘云溪露，狄鑫

一号院落鸟瞰图如图5-255所示。

图5-255　一号院落鸟瞰图

第五章　历年测绘成果展示

一号院落现状如图 5-256~图 5-266 所示。

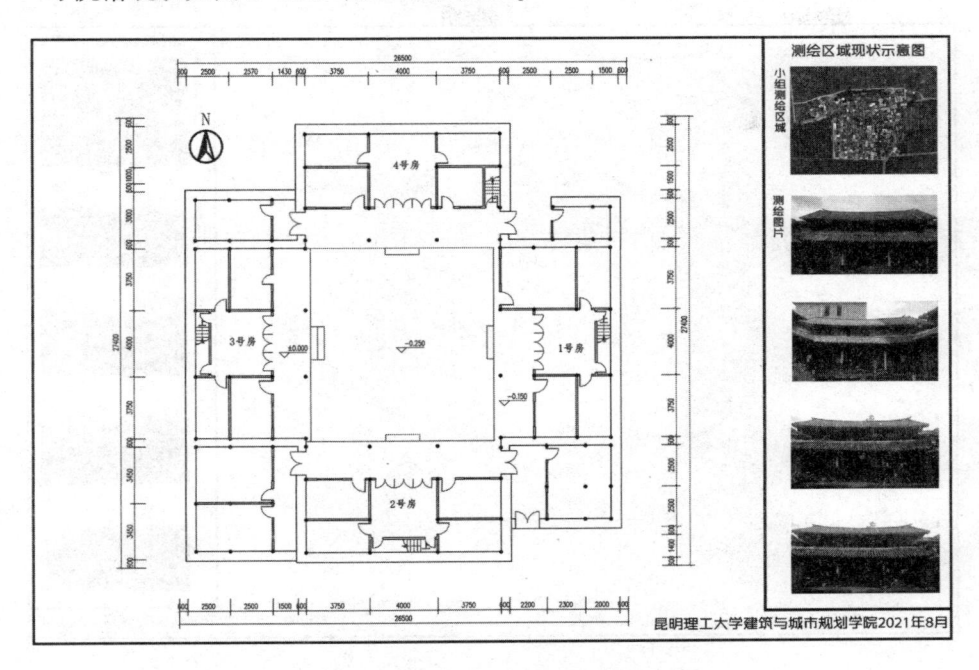

图 5-256　1 组一号院落一层平面图

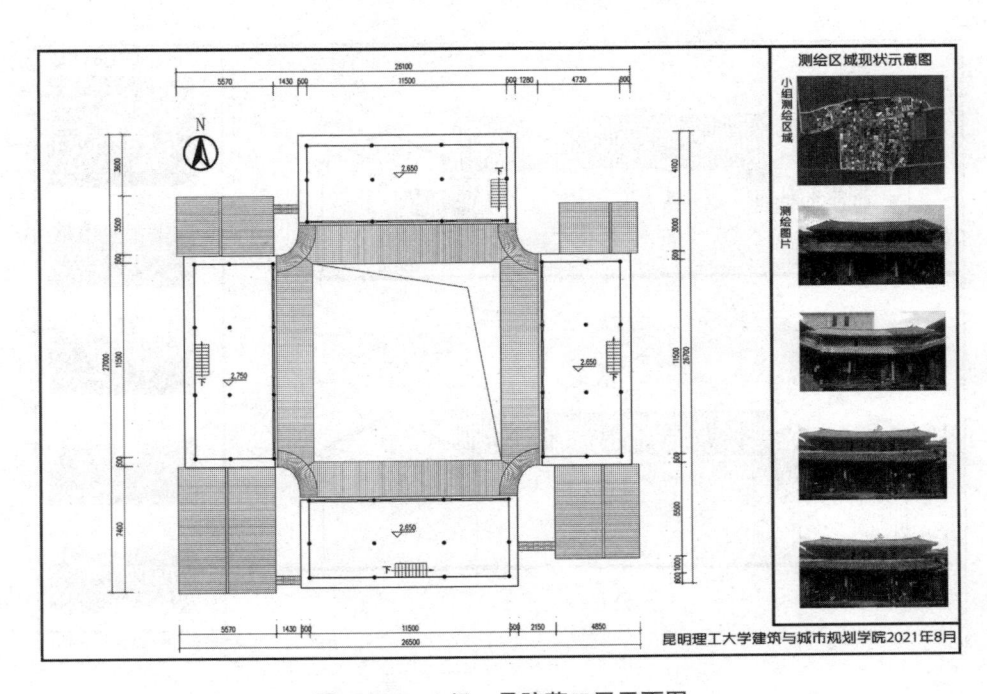

图 5-257　1 组一号院落二层平面图

· 159 ·

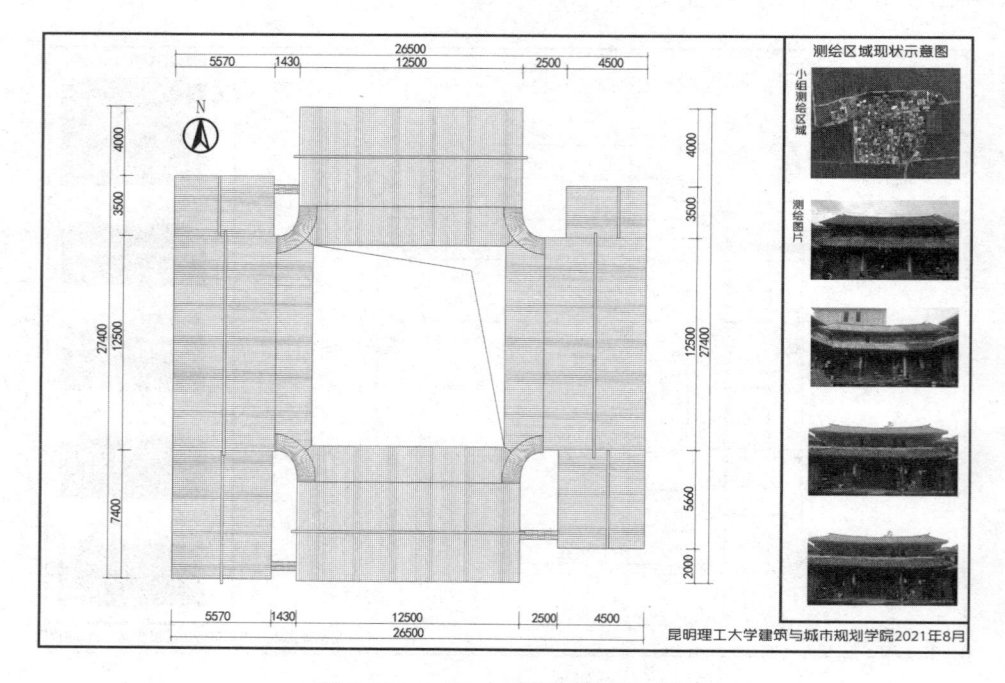

图 5-258　1 组一号院落屋顶平面图

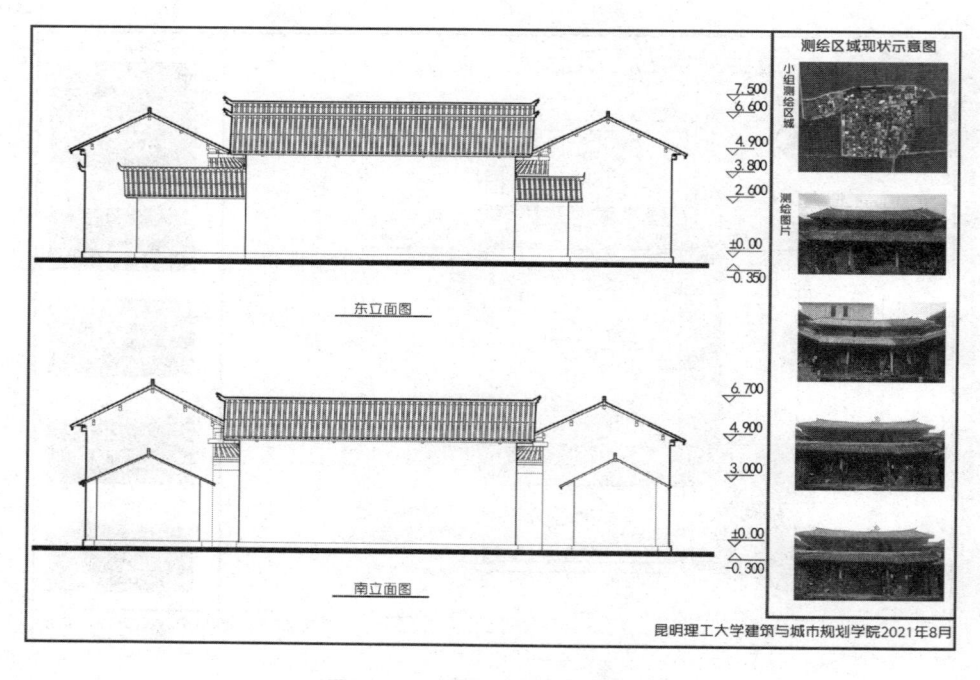

图 5-259　1 组一号院落立面图

第五章　历年测绘成果展示

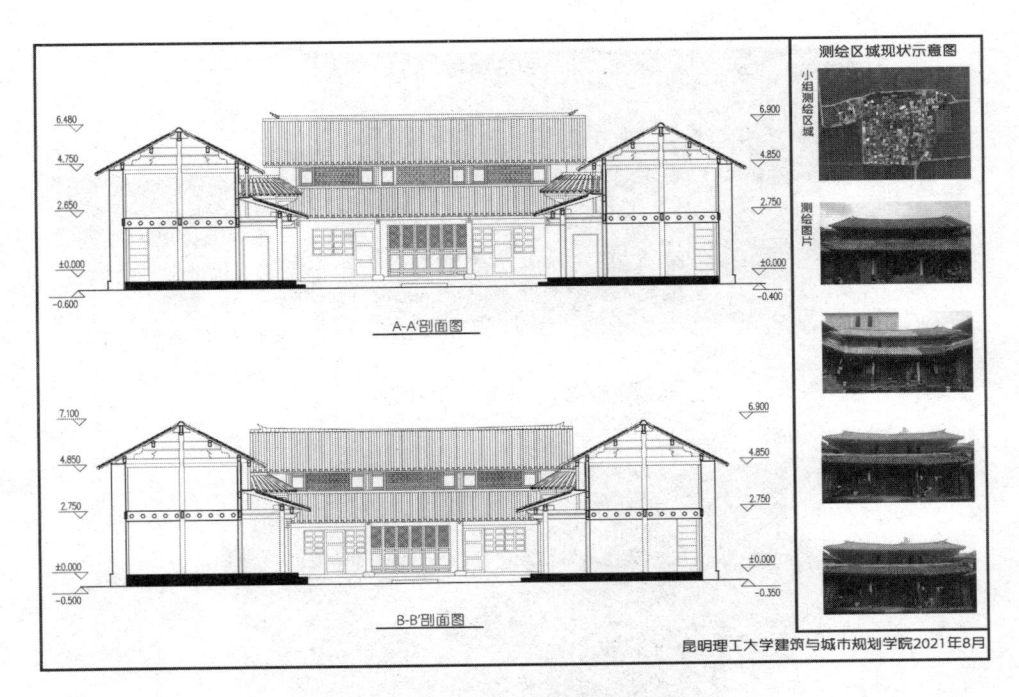

图 5-260　1 组一号院落剖面图

图 5-261　院落模型内部场景

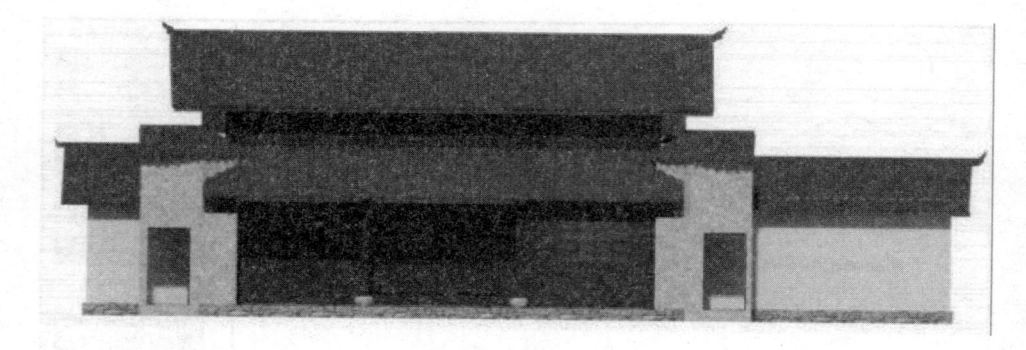

图5-262 厢房模型立面

图5-263 正房模型立面

图5-264 模型结构

第五章 历年测绘成果展示

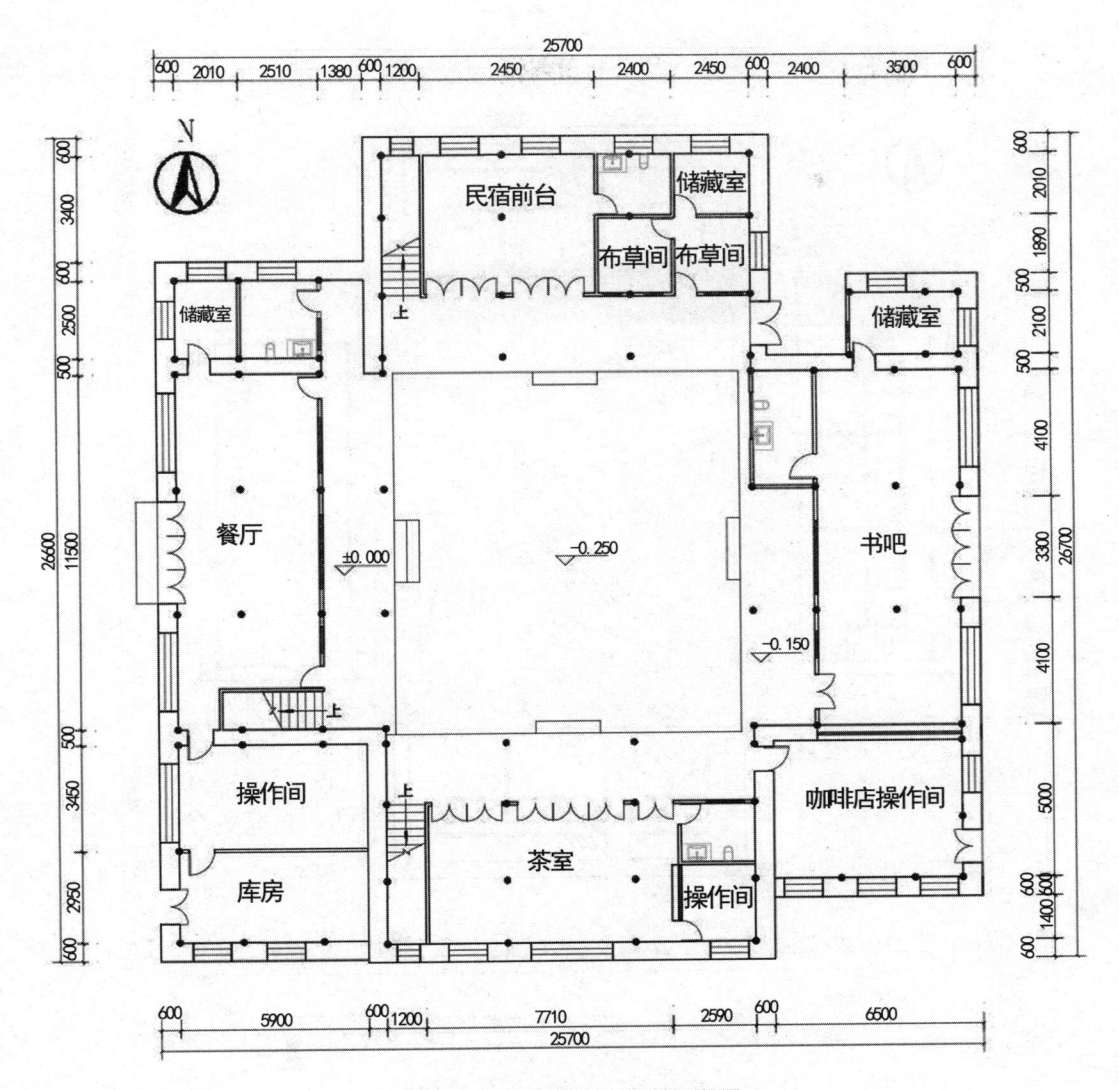

图 5-265 院落改造一层平面图

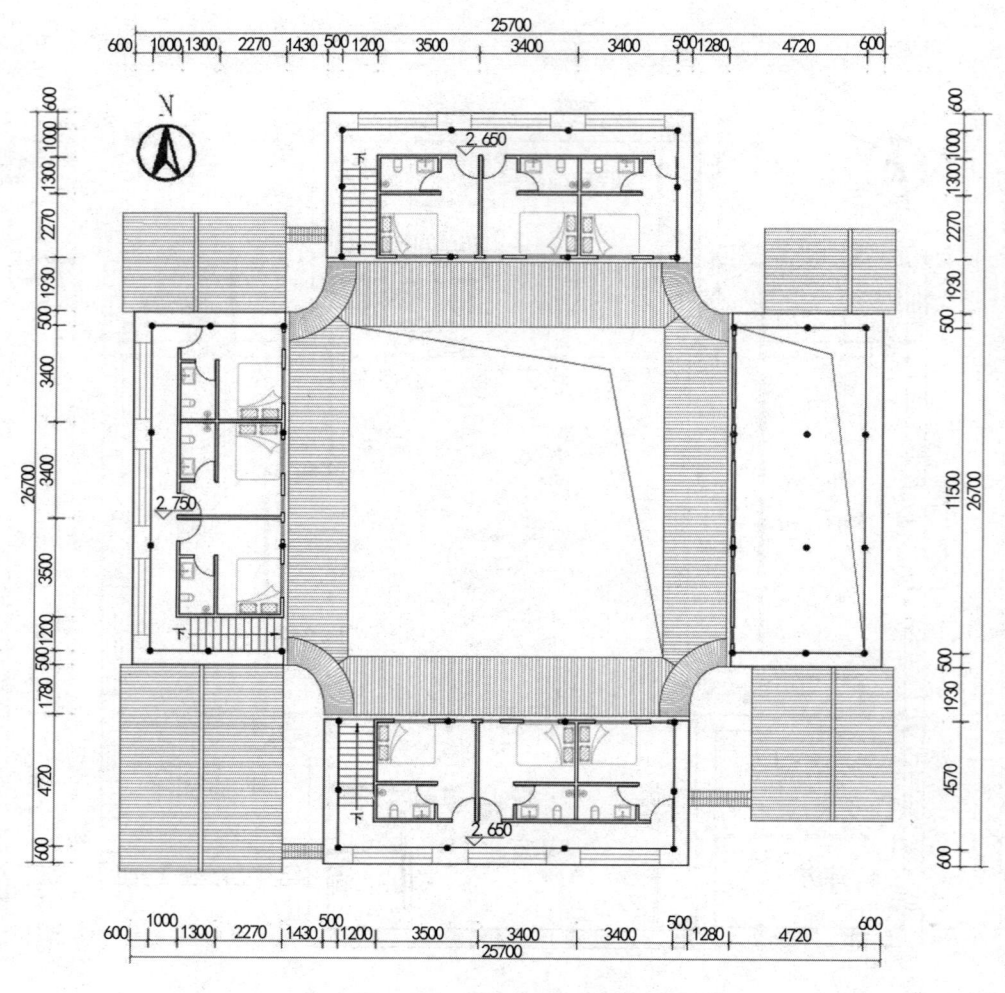

图 5-266　院落改造二层平面图

二、中和邑·五号院落测绘成果

测绘人员：罗宗钦、夏孝华、罗迪、叶燕云、刘璇、赵寅皓

五号院落鸟瞰图如图5-267所示。

图5-267 五号院落鸟瞰图

五号院落现状如图 5-268~图 5-277 所示。

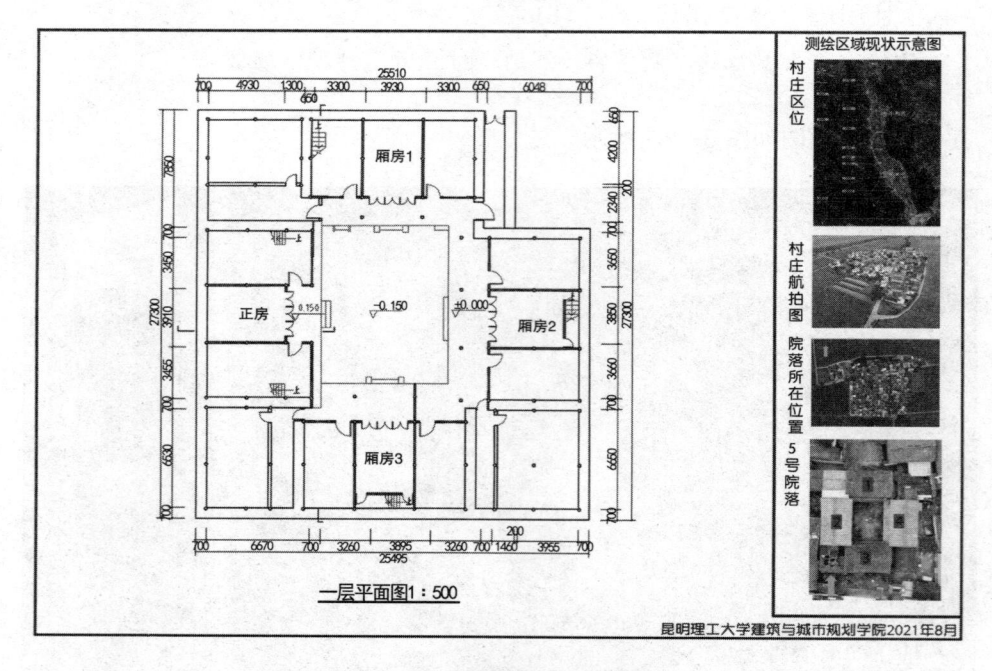

图 5-268 五号院落一层平面图

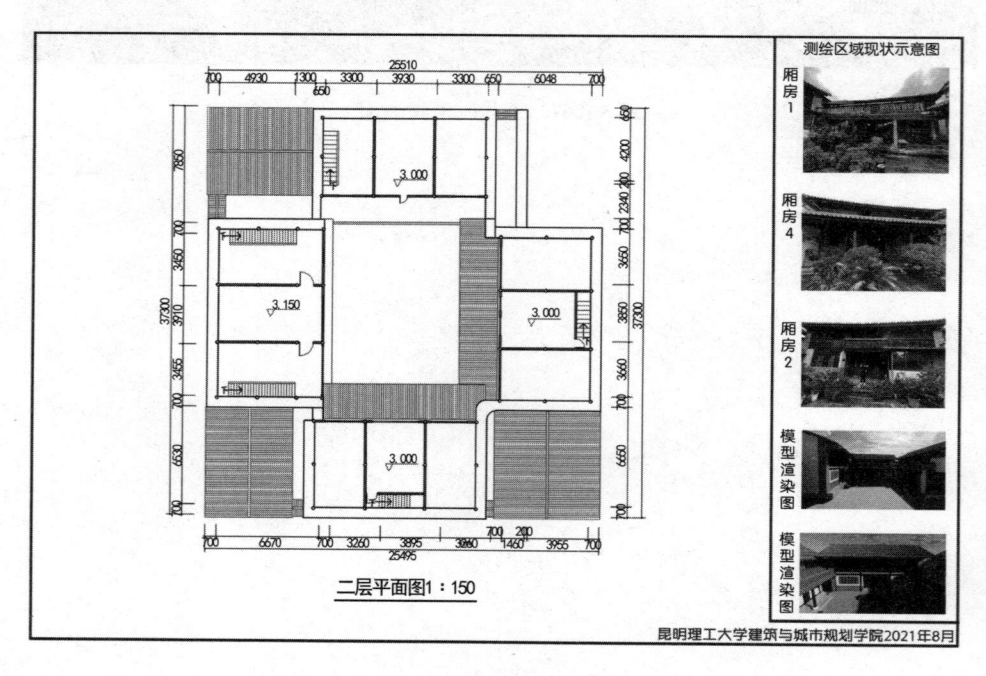

图 5-269 五号院落二层平面图

第五章　历年测绘成果展示

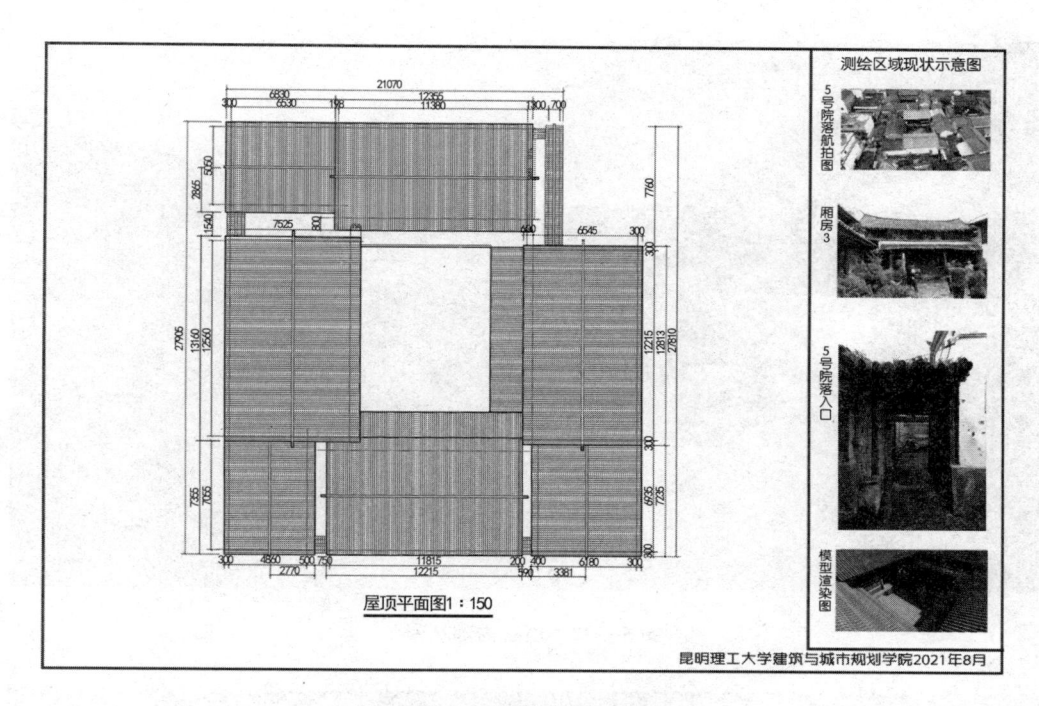

图 5-270　五号院落顶层平面图

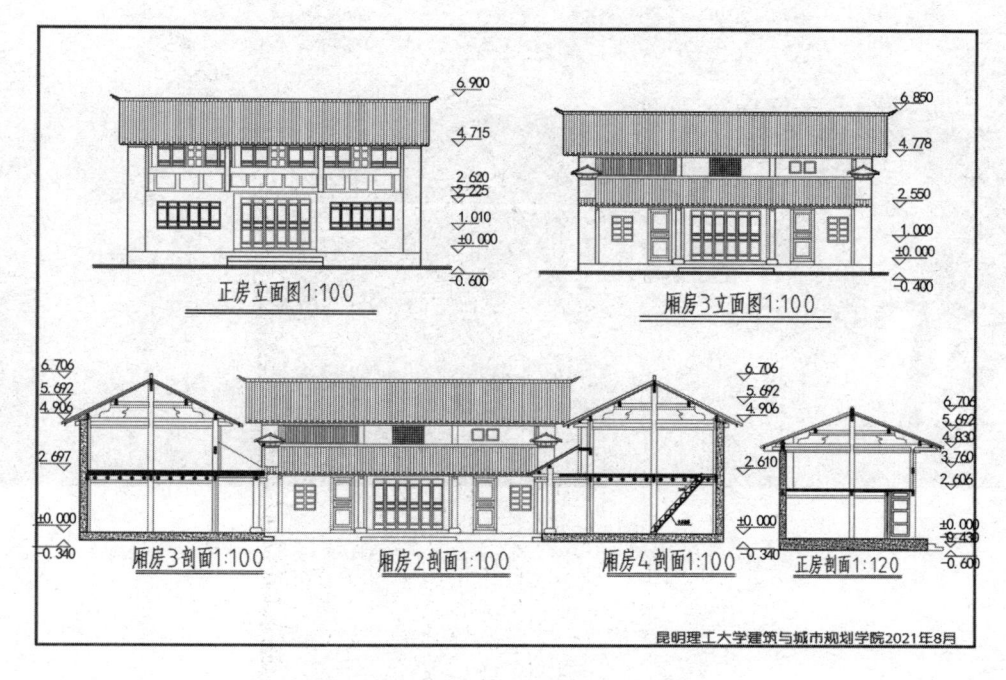

图 5-271　五号院落立面图、剖面图

· 167 ·

图 5-272　模型内部场景 1

图 5-273　模型内部场景 2

第五章 历年测绘成果展示

一层平面图 1:150

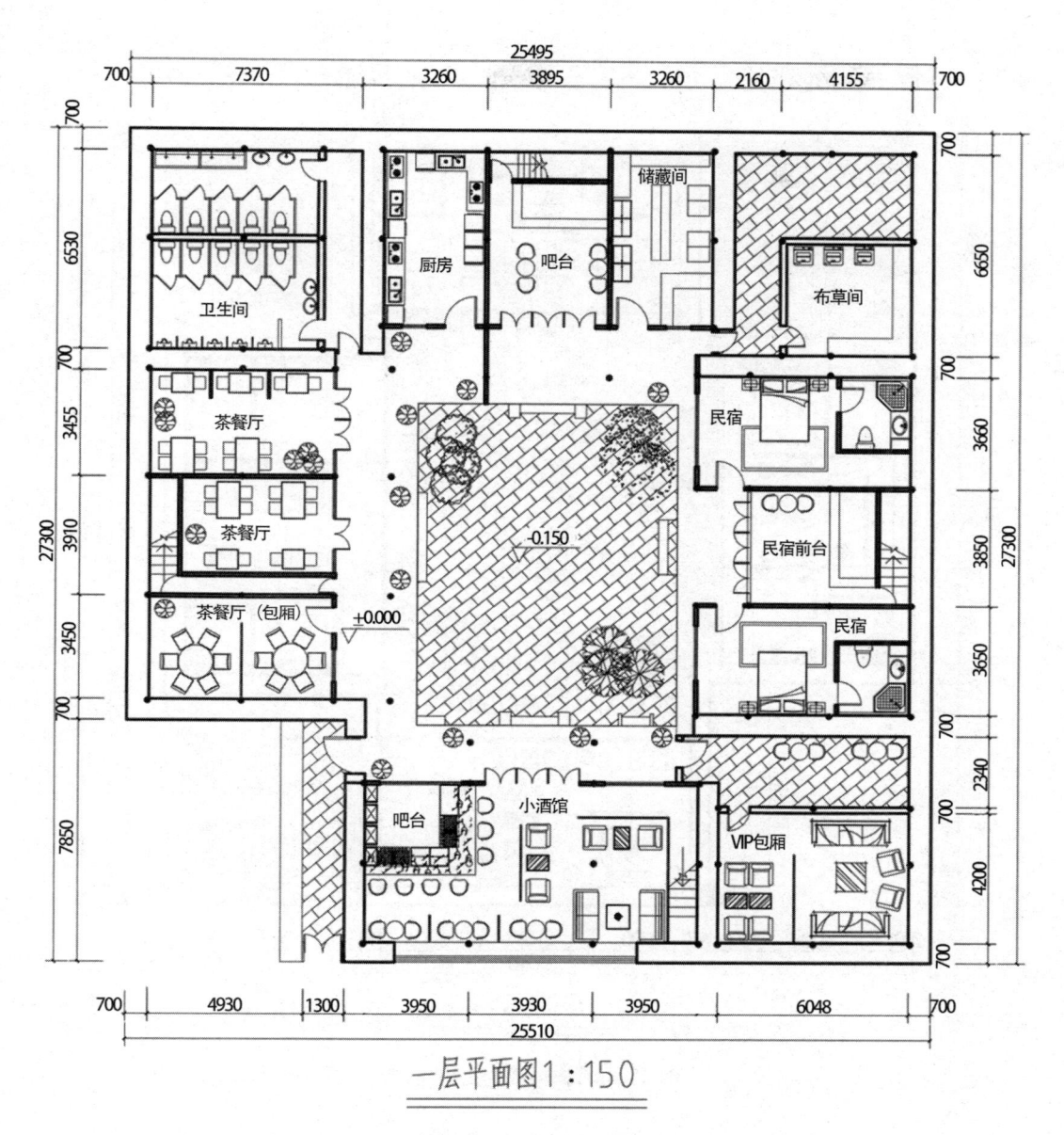

图 5-274 院落改造一层平面

二层平面图 1:150

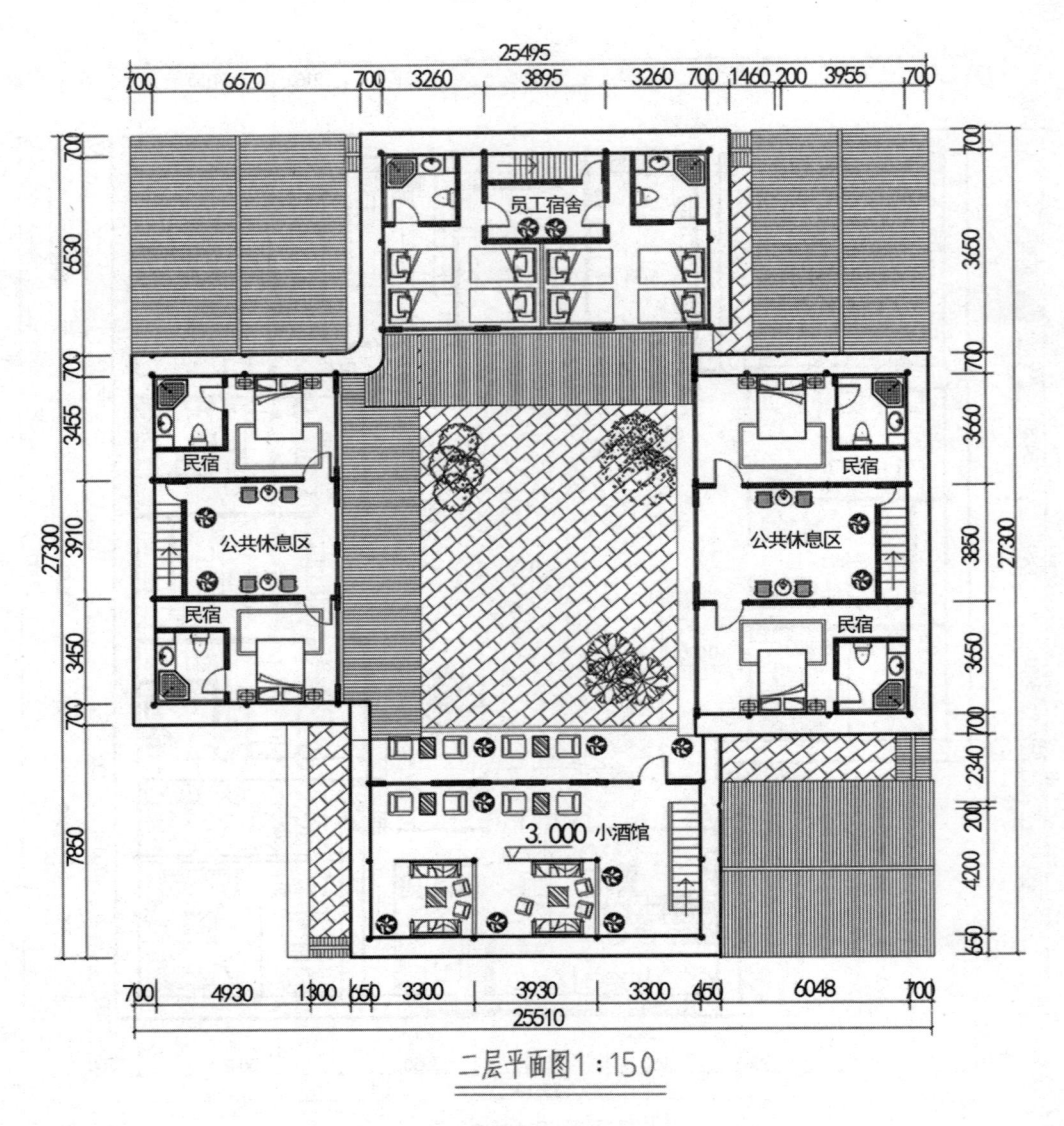

图 5-275　院落改造二层平面

第五章 历年测绘成果展示

图 5-276 院落改造模型场景 1

图 5-277 院落改造模型场景 2

· 171 ·

三、中和邑·六号院落测绘成果

测绘人员：王英辉、张再平、林志富、张李靖、王雪雄

六号院落鸟瞰图如图 5-278 所示。

图 5-278　六号院落鸟瞰图

第五章 历年测绘成果展示

六号院落现状如图 5-279~图 5-290 所示。

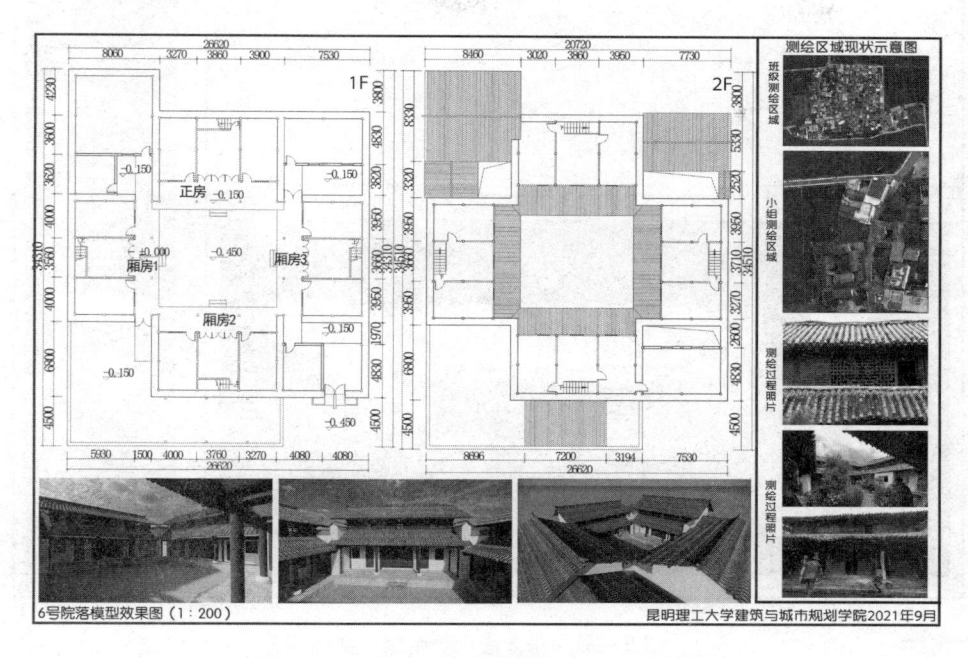

图 5-279 第 6 组六号院落一层/二层平面图

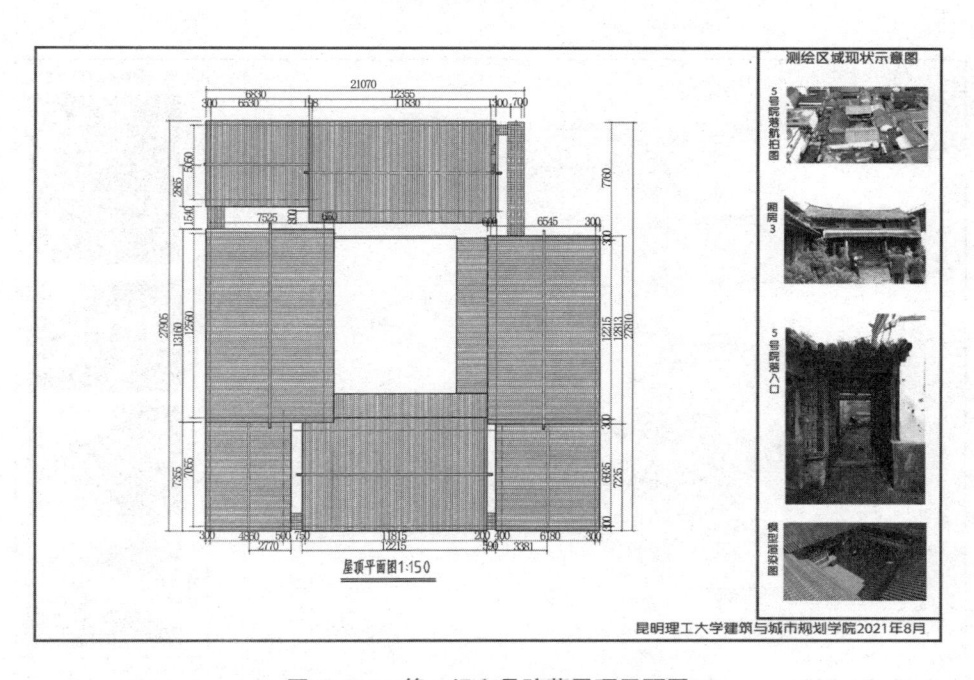

图 5-280 第 6 组六号院落屋顶平面图

· 173 ·

图 5-281　第 6 组六号院落立面图

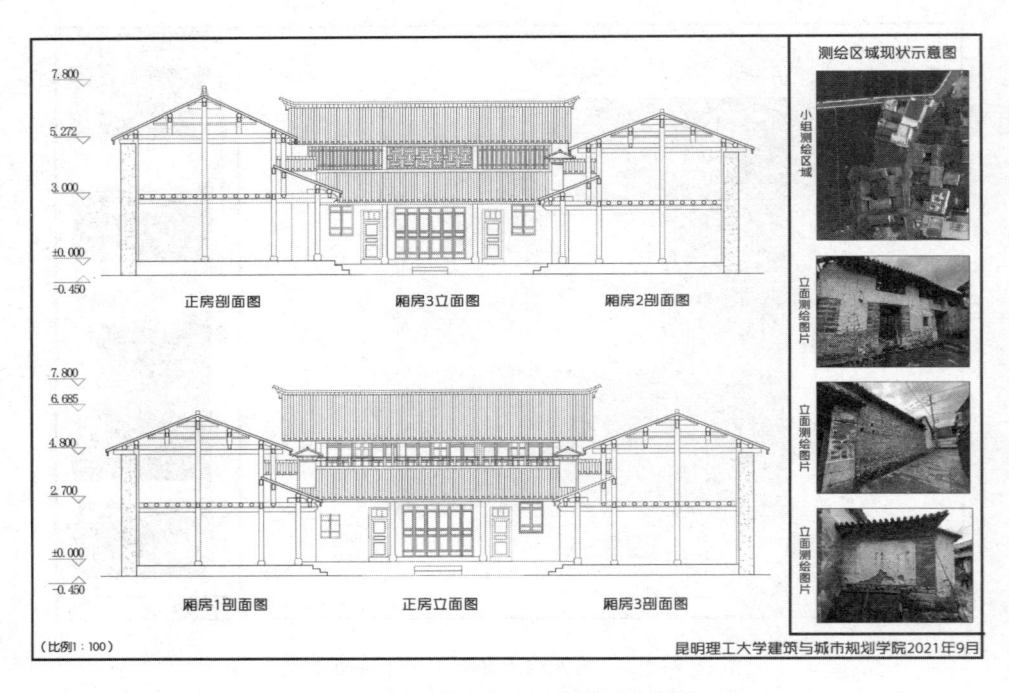

图 5-282　第 6 组六号院落剖立面图

图 5-283　院落模型场景 1

图 5-284　院落模型场景 2

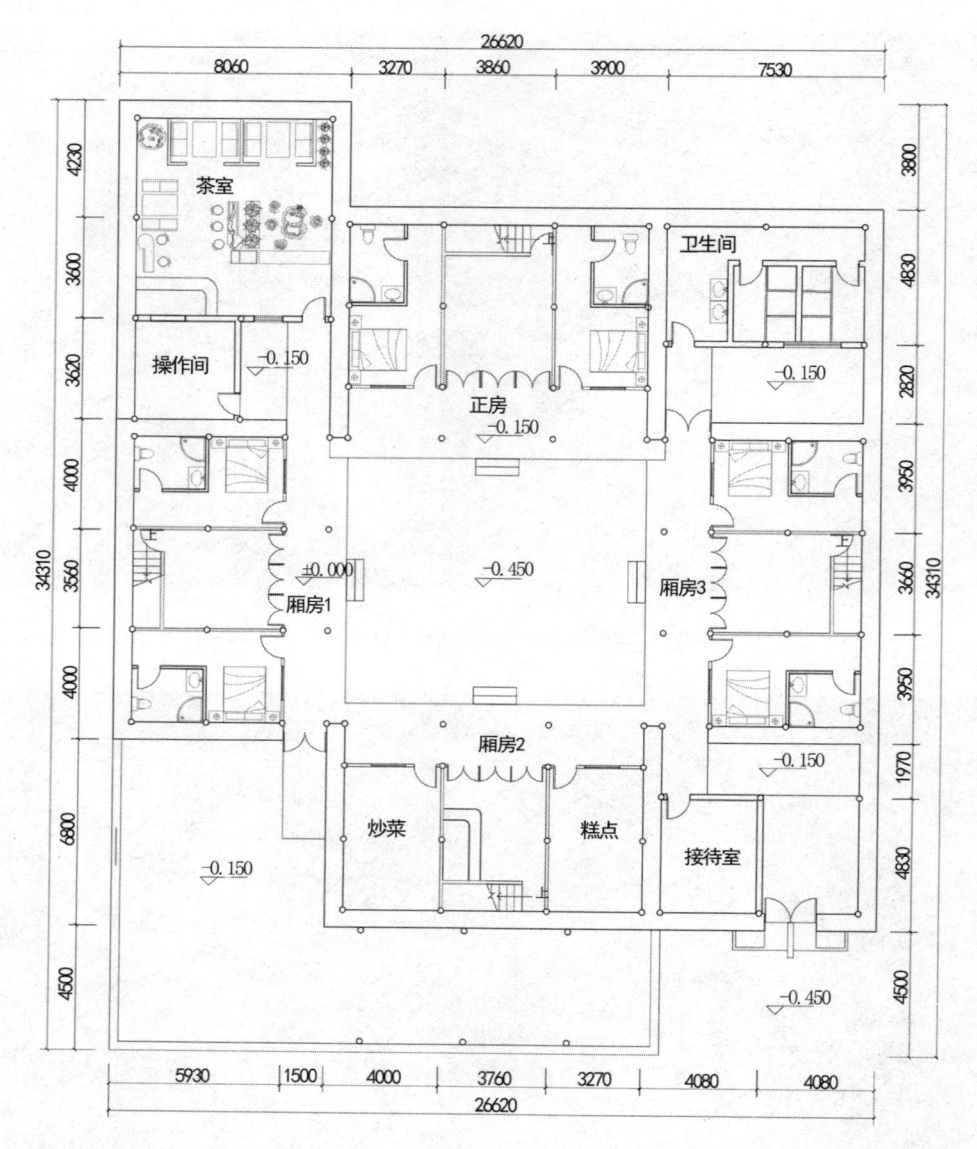

图 5-285　院落改造一层平面图

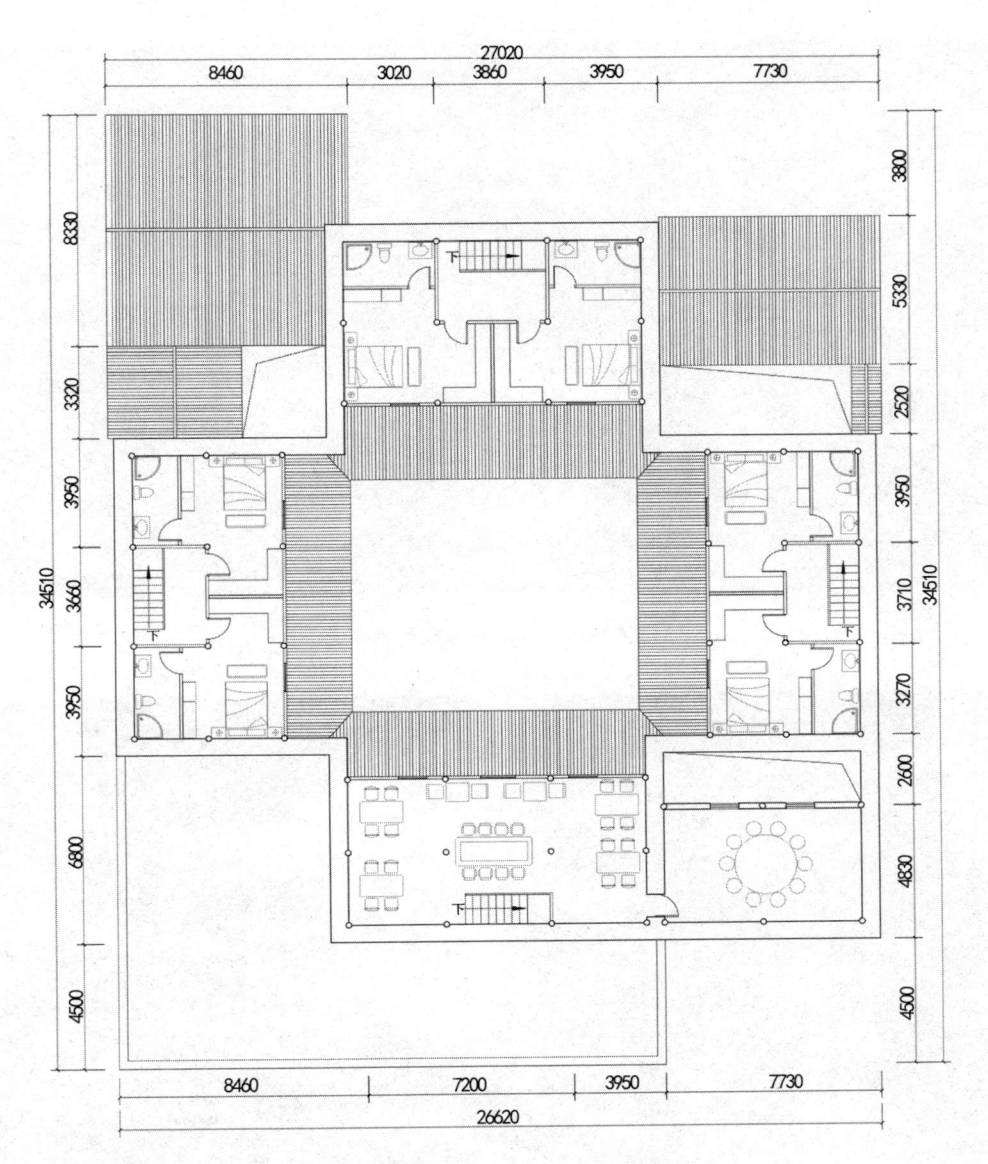

图 5-286　院落改造二层平面图

图 5-287　院落改造模型场景 1

图 5-288　院落改造模型场景 2

附件：村庄概念规划部分相关图纸，如图 5-289、图 5-290 所示。

图 5-289　中和邑村庄规划总图

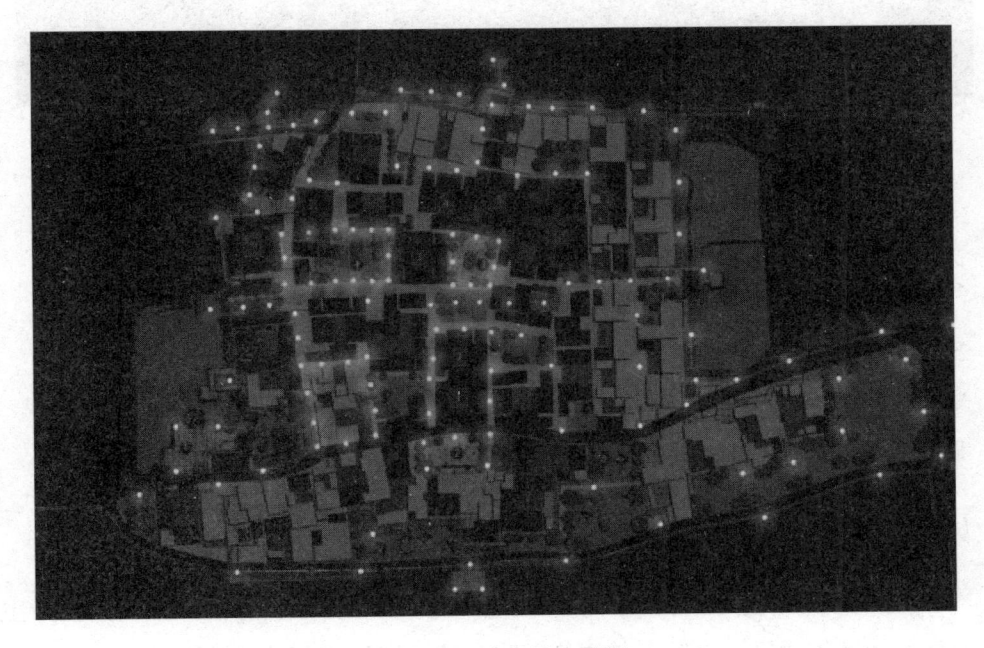

图 5-290　中和邑夜景图

第七节 2022 年测绘成果篇
——大理州祥云县云南驿镇测绘

2022 年部分测绘人员合影如图 5-291 所示。

图 5-291 2022 年部分测绘人员合影

大理州祥云县云南驿镇测绘

2022 年 8 月

城乡规划 191 班

指导老师：王连、王颖、段文、项振海

（一）调研及测绘任务简介

本次历史城镇实地调研与测绘选址在云南省大理州祥云县云南驿镇，其任务主要分为云南驿镇整体调研，以及街道测绘、院落单体测绘三部分。首先通过调研来了解城镇的发展，熟悉古城镇的形成与由来。同时，掌握当前较为常用的社会调研方法，锻炼与不同访谈对象的良好沟通能力，增强社会责任感与团队协作精神。然后，具体对云南驿镇的单体建筑、建筑群落进行测绘以及进行测绘成果表达，加深和提高对中国古代优秀建筑文化遗产的感性认识和理论修养，培养良好的建筑空间概念、尺度感和设计思维能力，提高制图表现水平，如图5-292~图5-294所示。

本次调研选取云南驿镇十二栋较为典型的合院进行实地测绘并且绘制测绘图纸。测绘和调研所形成的图纸与报告资料，可以为地方政府发掘、整理、保护、开发历史城镇遗产提供丰富而坚实的基础资料，具有重要的史料价值与收藏价值，并为今后的保护开发计划提供技术支撑（注：因篇幅有限文中仅展示部分成果）。

图 5-292　云南驿测绘院落位置图（篇幅有限文中仅展示部分成果）

图 5-293　云南驿牌坊　　　　　　　　图 5-294　云南驿过街楼

（二）云南驿村简介

云南驿村，村庄总面积 3.8 平方公里。围绕白马寺山沿昆畹公路两旁呈弧形分布，北紧邻 320 国道，南距昆瑞高速公路楚大段约 1 公里，西临白马寺山，东连云南驿坝子。距云南省会昆明 331 公里、州府驻地下关 66 公里、祥云县城 21 公里，离镇政府驻地 3 公里。

云南驿村地处坝区，海拔1980米，整体地势西高东低。西枕白马寺山，地势较高；东连云南驿坝子，地势较为开阔。

村庄气候属温带，冬无严寒，夏无酷热，春暖秋凉，年平均气温15.2℃。年降雨量705.6毫米，无霜期年平均250天，降雨集中在每年6—9月，7月最多，气候环境条件较好。

云南驿村土地资源丰富，耕地面积较大，村内的农田主要种植稻谷、蚕豆、玉米、烤烟、蚕桑、小麦、辣子等；村内林果地主要种植蚕桑。境内已探明地下矿藏有无烟煤、石灰石、铅锌矿等。

村庄已实现了通路、通电、通电话、通广播电视。进村道路为柏油、水泥路面；村内道路为石板路、水泥路，存在少量土路，主干道已全部实现硬化，道路排水通畅。村内环卫设施、消防设施缺乏。

村内共有农户1253户，人口总数4636人，其中男性2284人，女性2350人。村庄经济发展以第一产业为主，第二、三产业为辅，主要发展种植业和养殖业，产品销往本县。该村正在发展蚕桑、蛋鸡养殖特色产业，计划大力发展种殖业、养殖业产业。

云南驿村内建筑的布局，遵循因地制宜的原则，打破构图方正、轴线分明的传统布局手法，整个村庄依山而建，结合地形自由布局，道路走向顺着山势的曲直而布置，房屋布局根据地势的高低而组合。建筑、山体、道路、农田有机结合，融为一体，形成了丰富和谐的街景空间，如图5-295所示。

图5-295 云南驿鸟瞰图

一、云南驿·一号院落测绘成果

测绘人员：濮永刚、李涛、吴明洋、吴政男、朱涛、李红、王湘玥、刘灿

一号院落鸟瞰图如图 5-296 所示。

图 5-296　一号院落鸟瞰图

一号院落现状如图 5-297~图 5-304 所示。

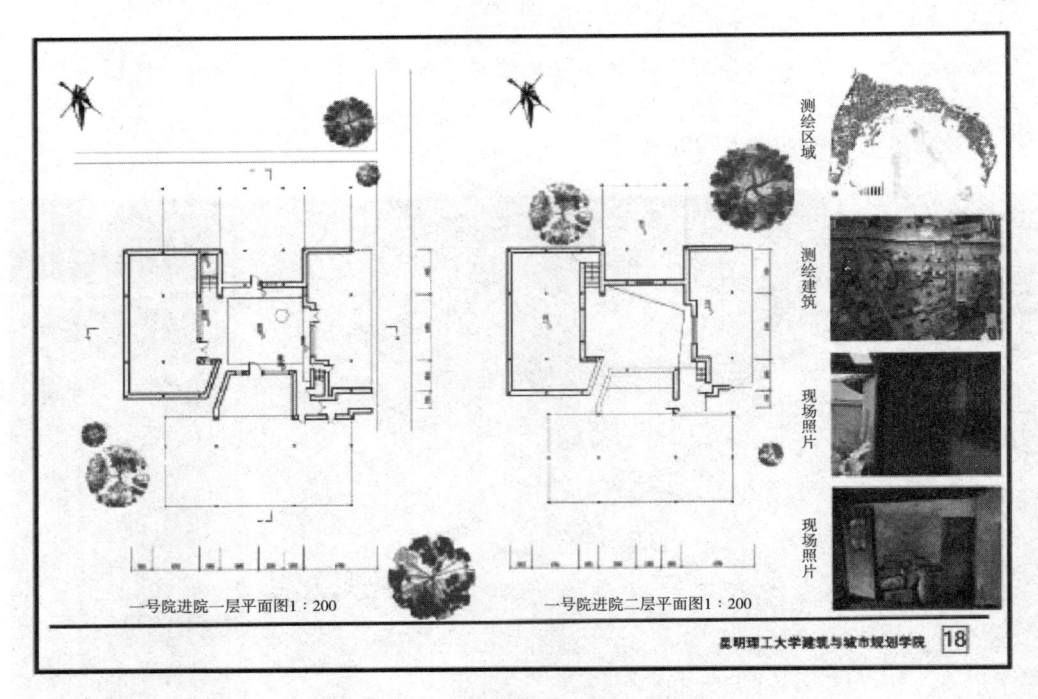

图 5-297　1 组一号院进院总平面图

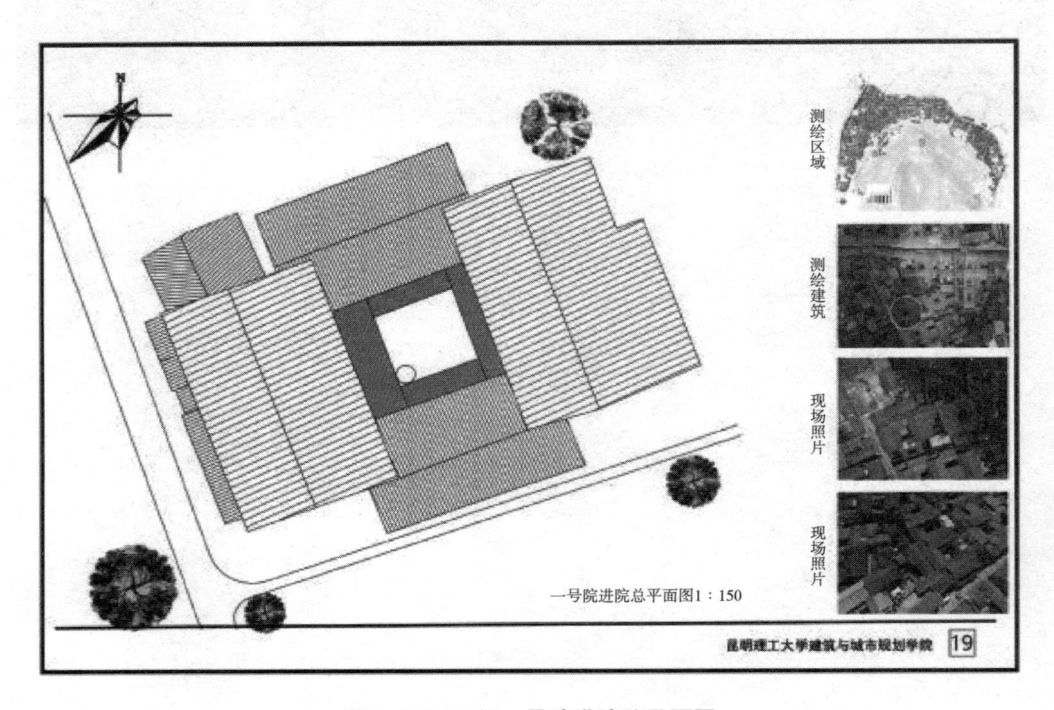

图 5-298　1 组一号院进院总平面图

第五章　历年测绘成果展示

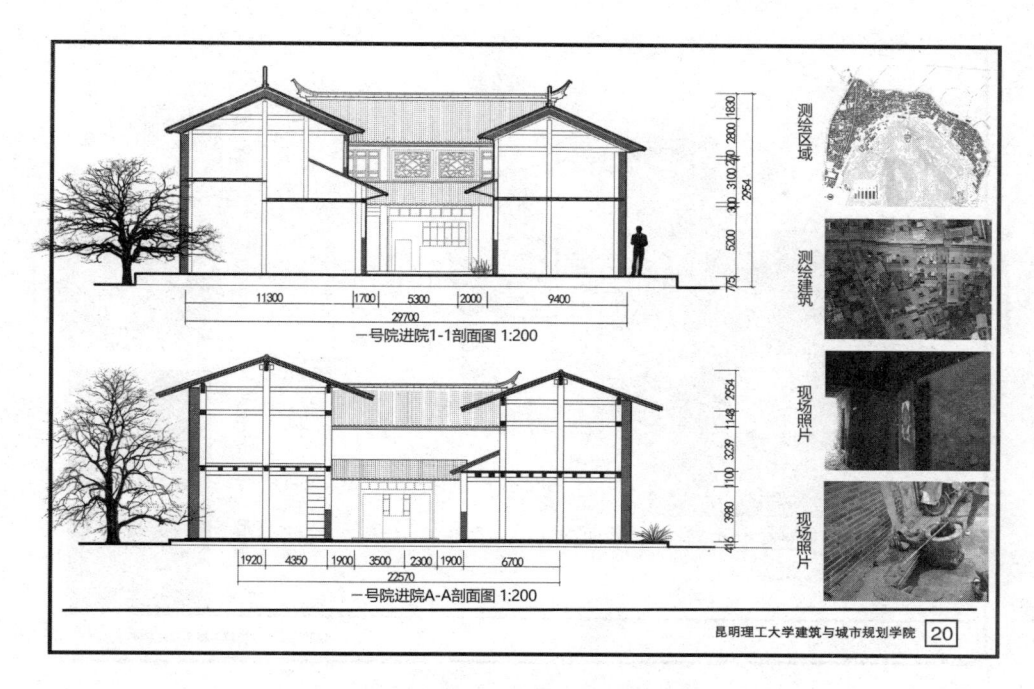

图 5-299　1 组一号院进院总平面图

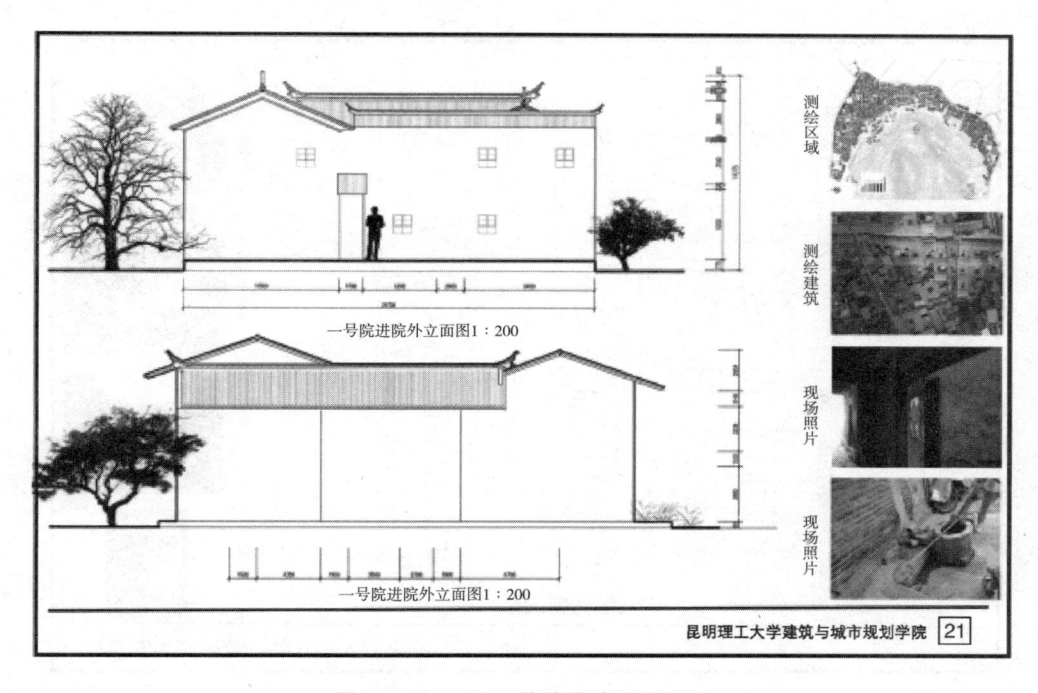

图 5-300　1 组一号院进院总平面图

· 185 ·

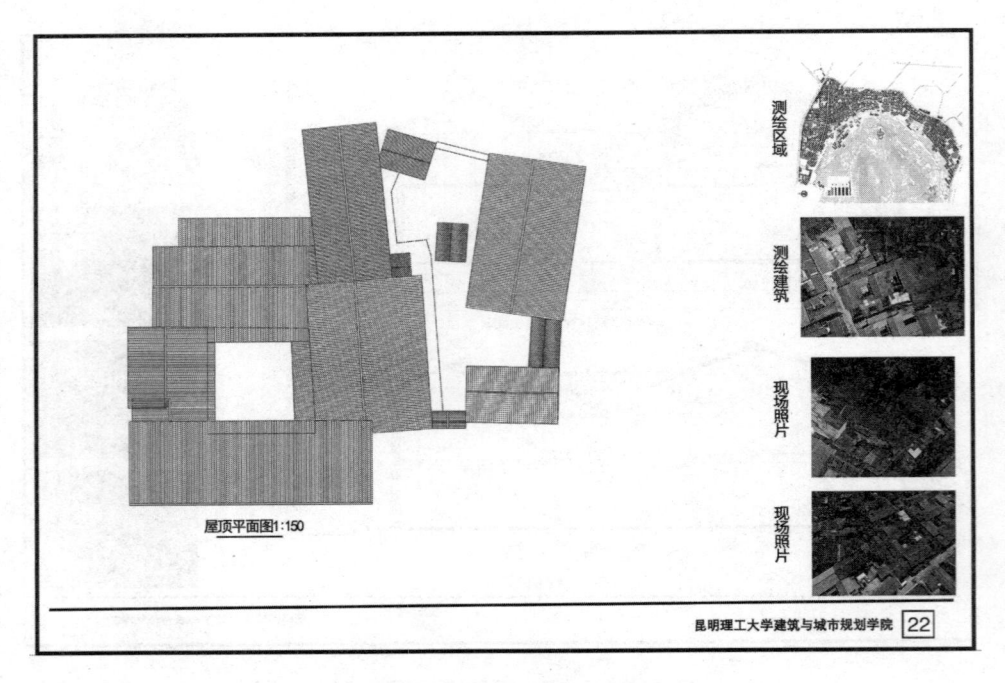

图 5-301　1组一号三进屋顶平面图

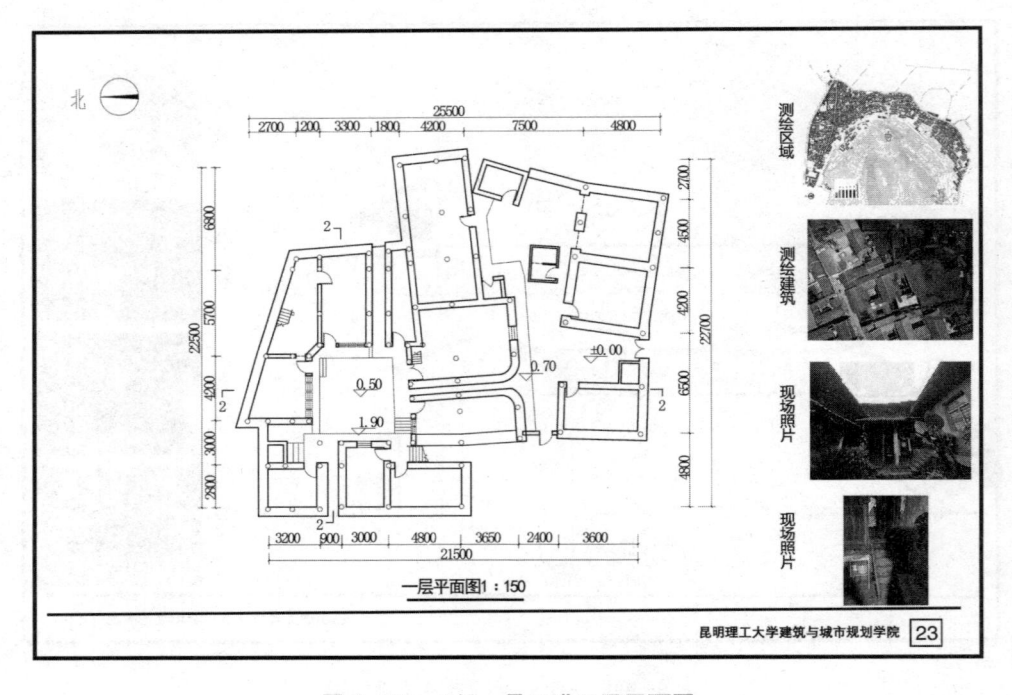

图 5-302　1组一号三进二层平面图

第五章 历年测绘成果展示

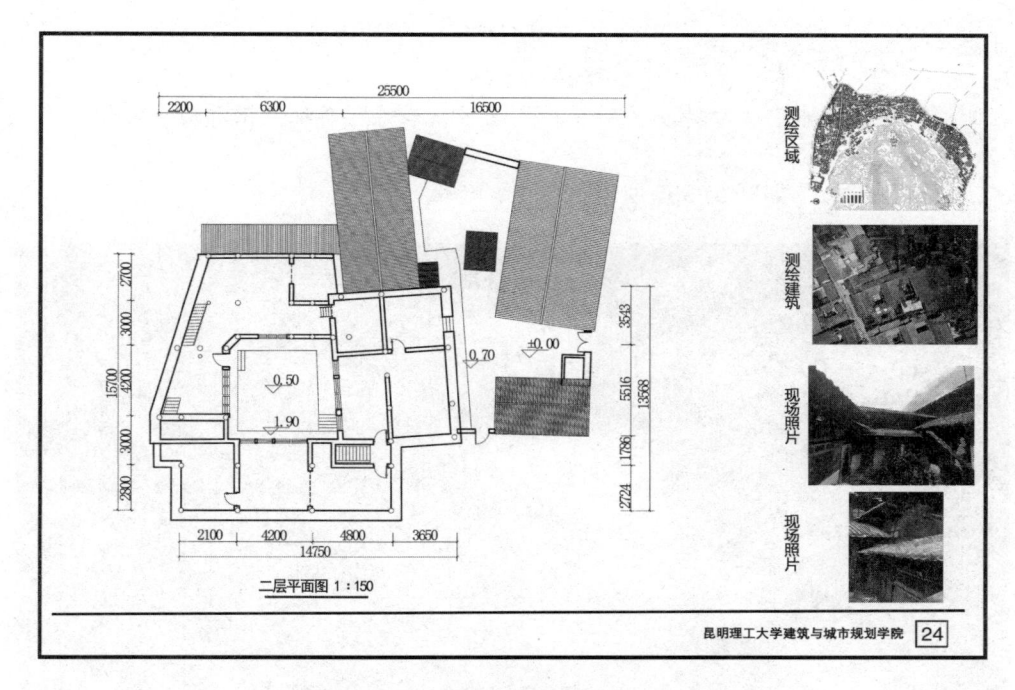

图 5-303　1组一号三进二层平面图

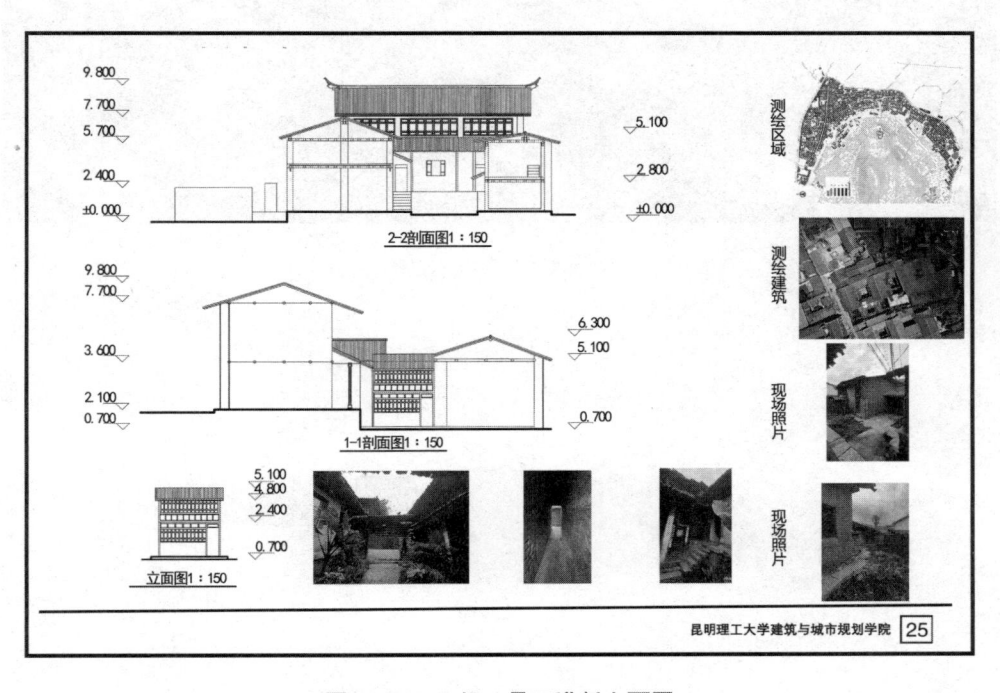

图 5-304　1组一号三进剖立面图

· 187 ·

二、云南驿·二号院落测绘成果

测绘人员：濮永刚、李涛、吴明洋、吴政男、朱涛、李红、王湘玥、刘灿

二号院落鸟瞰图如图 5-305 所示。

图 5-305　二号院落鸟瞰图

二号院落现状如图 5-306~图 5-312 所示。

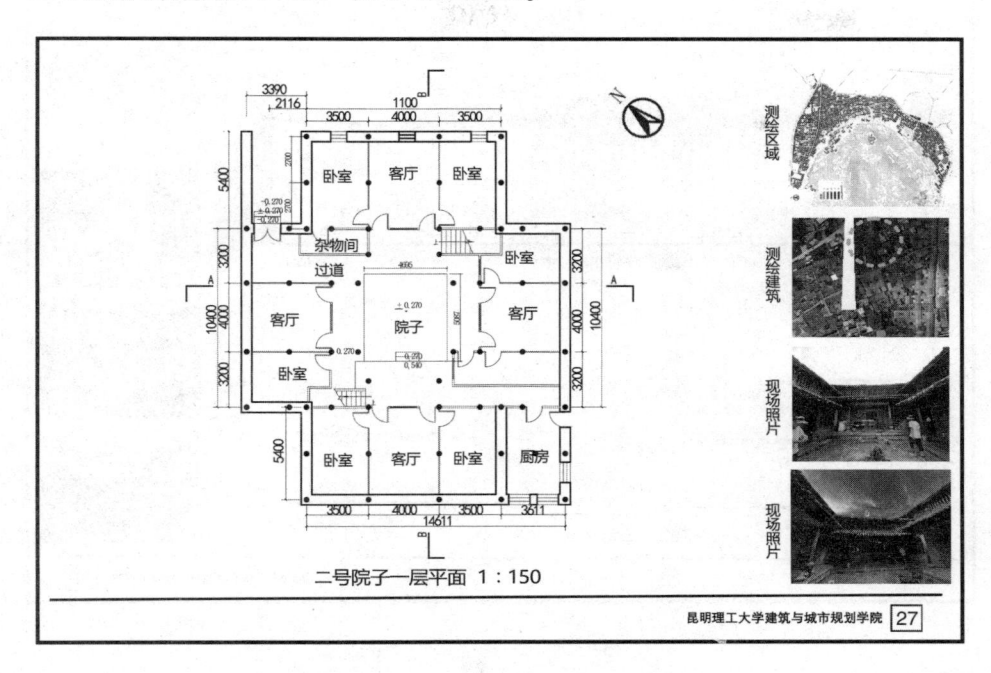

图 5-306　二号院落一层平面图

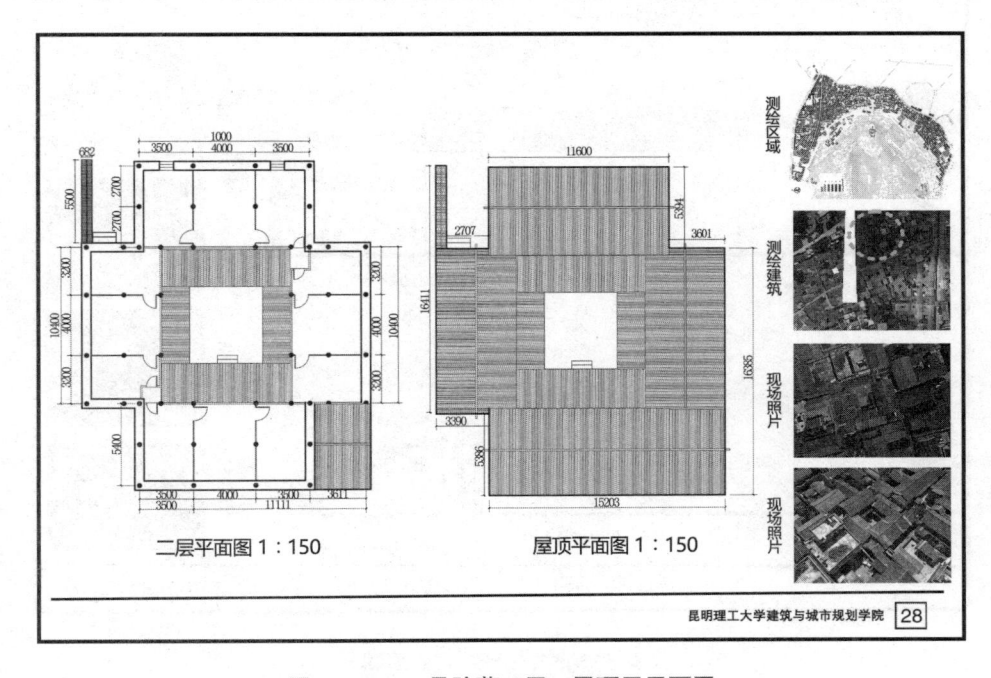

图 5-307　二号院落二层、屋顶层平面图

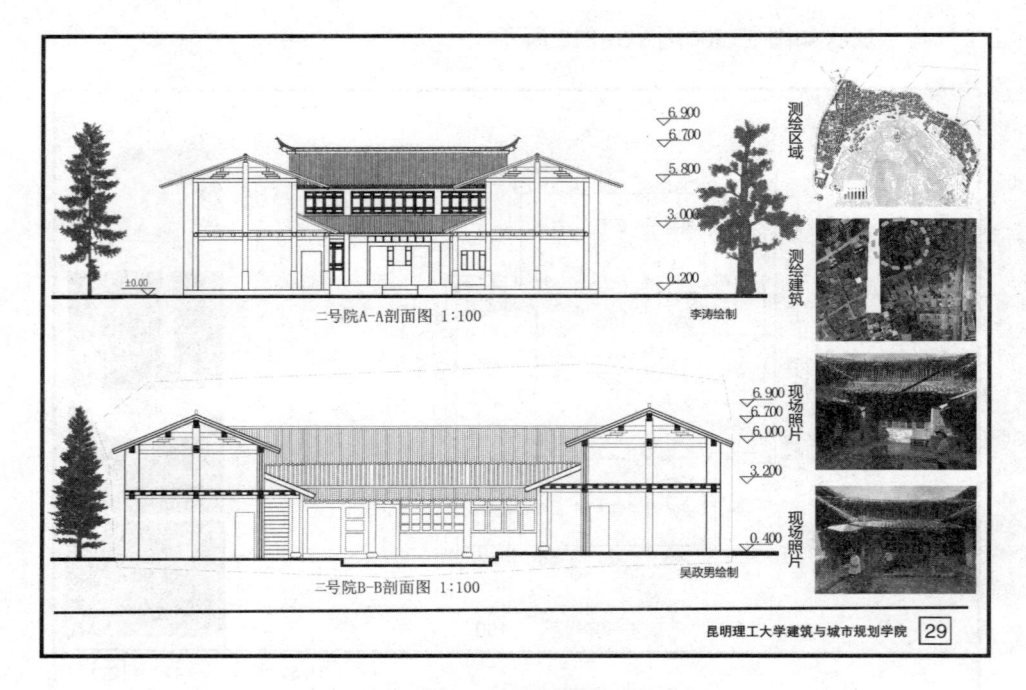

历史村镇实地调研与测绘：云南大理地区茶马古道沿线传统聚落

图 5-308 二号院落剖面图

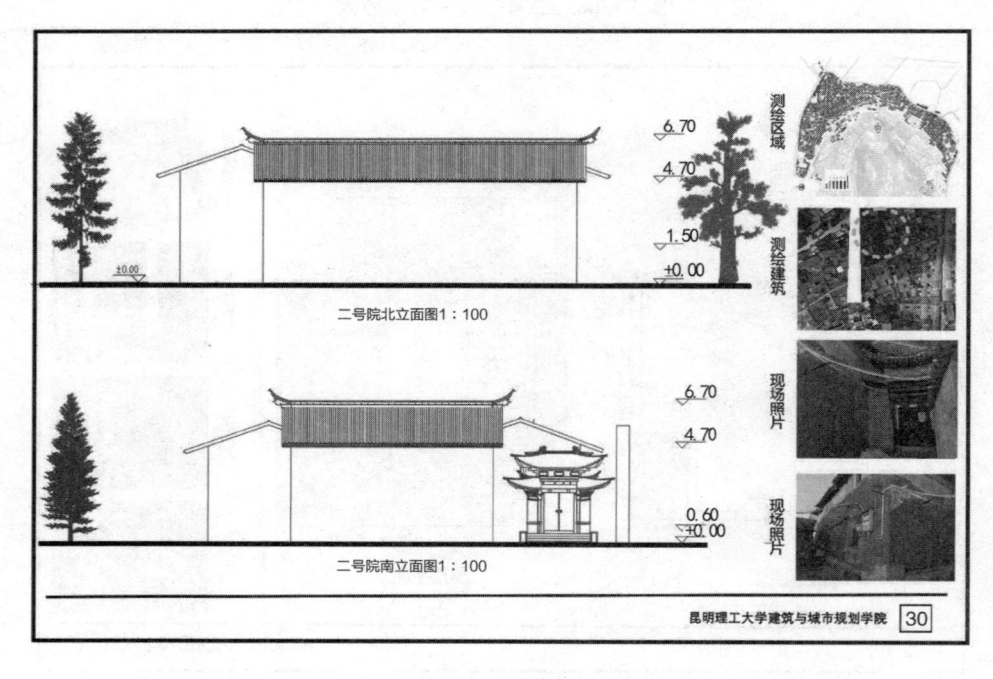

图 5-309 二号院落立面图

· 190 ·

第五章　历年测绘成果展示

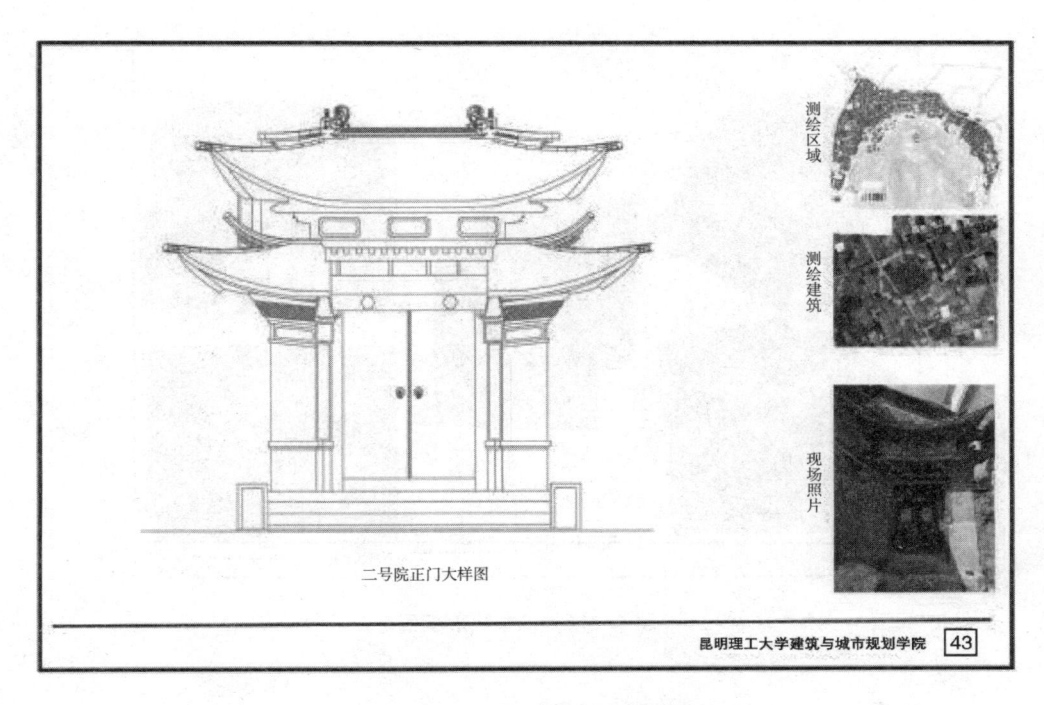

二号院正门大样图

测绘区域
测绘建筑
现场照片

昆明理工大学建筑与城市规划学院　43

图 5-310　二号院落门头大样图

二号院手绘图

昆明理工大学建筑与城市规划学院　44

图 5-311　二号院落场景手绘

· 191 ·

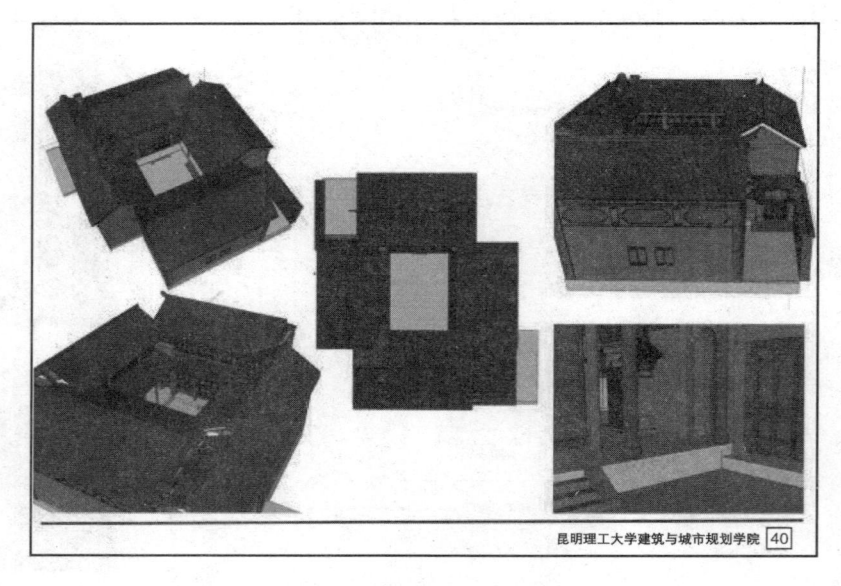

图 5-312　二号院落模型

三、云南驿·十号院落测绘成果

测绘人员：杨志豪、余晶晶、张海若、兰羿霆、康溪、肖玉洁、赵青、陈佳琦

十号院落鸟瞰图如图 5-313 所示。

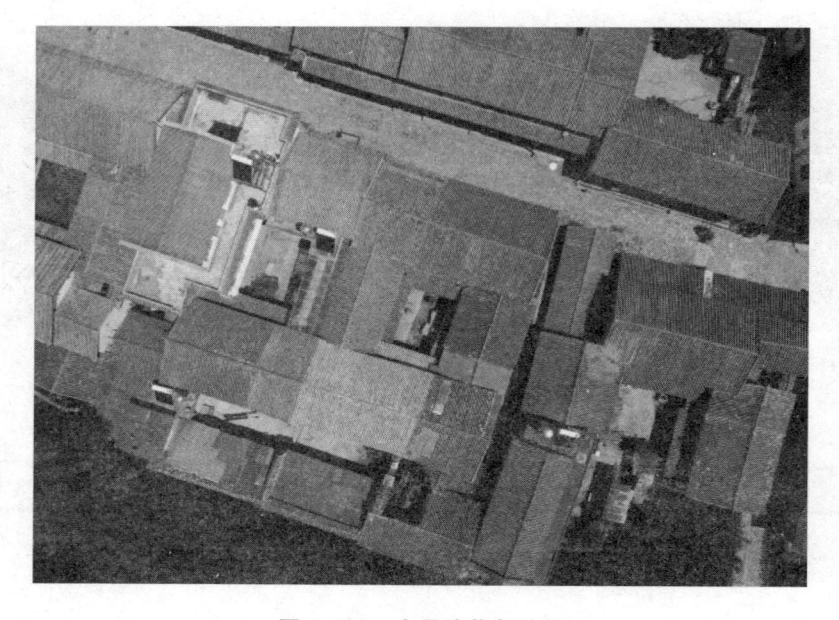

图 5-313　十号院落鸟瞰图

十号院落现状如图 5-314~图 5-319 所示。

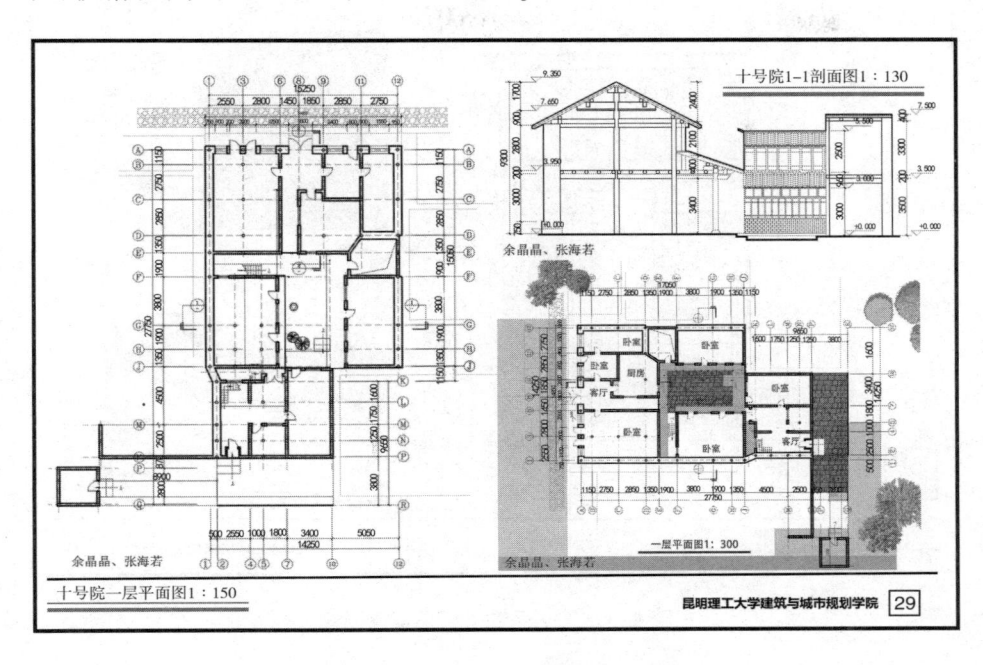

图 5-314　十号院落一层平立剖面图

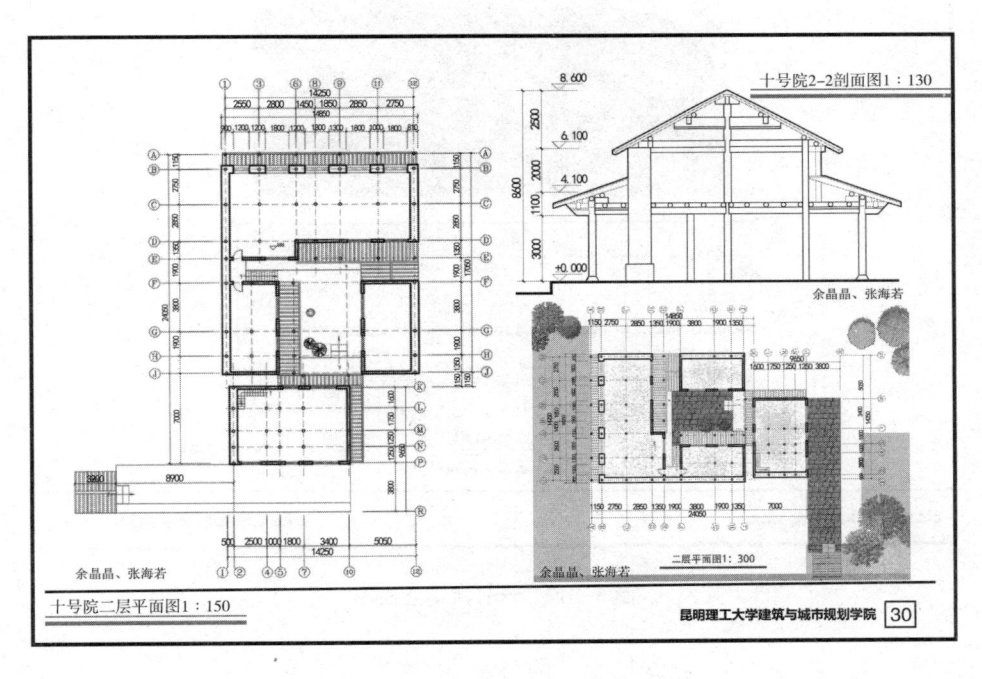

图 5-315　十号院落二层平立剖面图

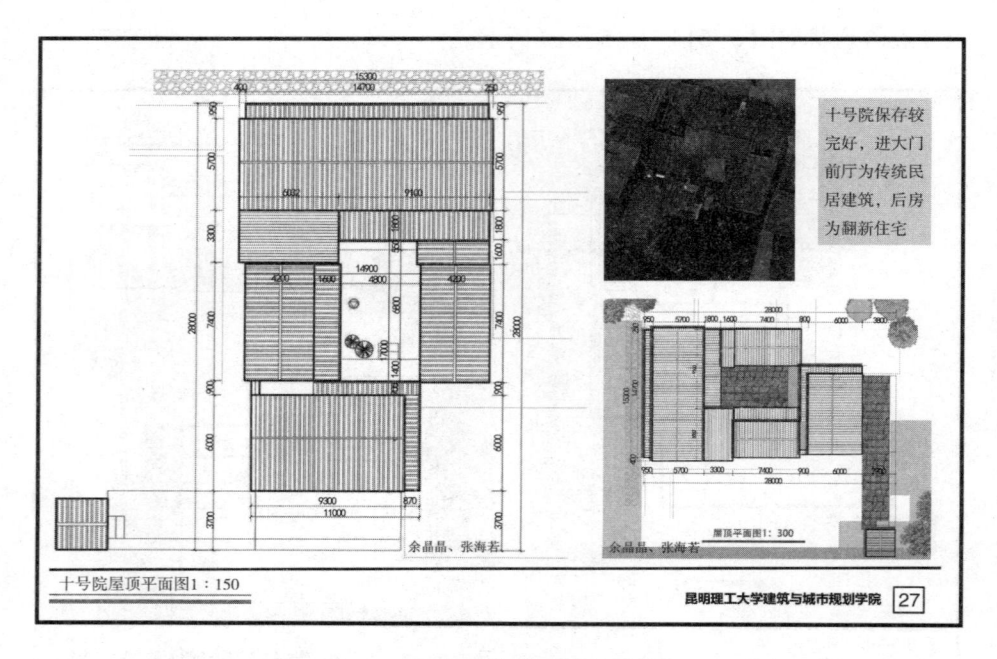

历史村镇实地调研与测绘：云南大理地区茶马古道沿线传统聚落

图 5-316　十号院落屋顶层平面图

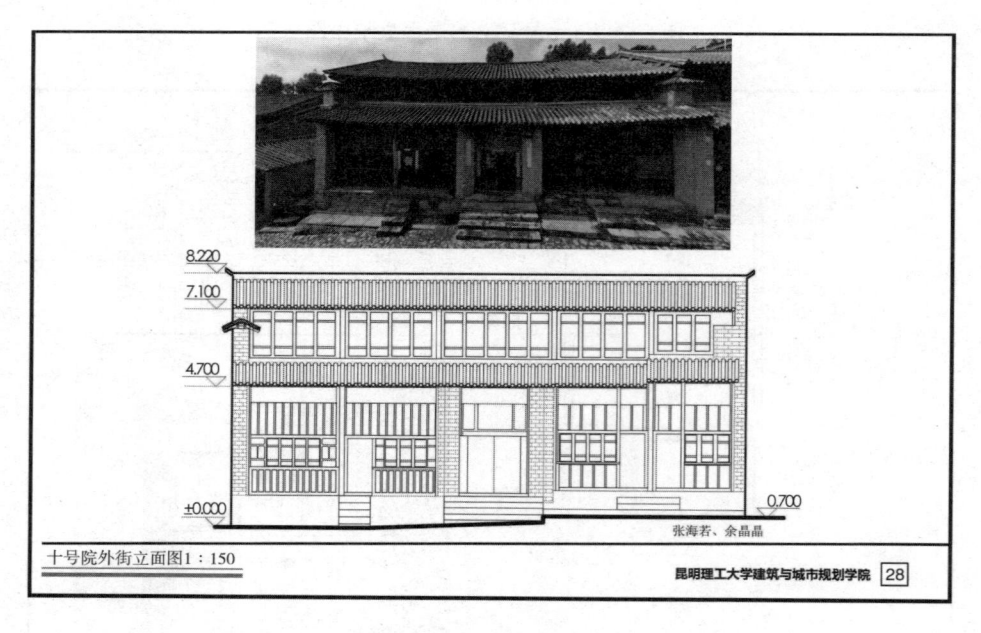

图 5-317　十号院落立面图

· 194 ·

第五章 历年测绘成果展示

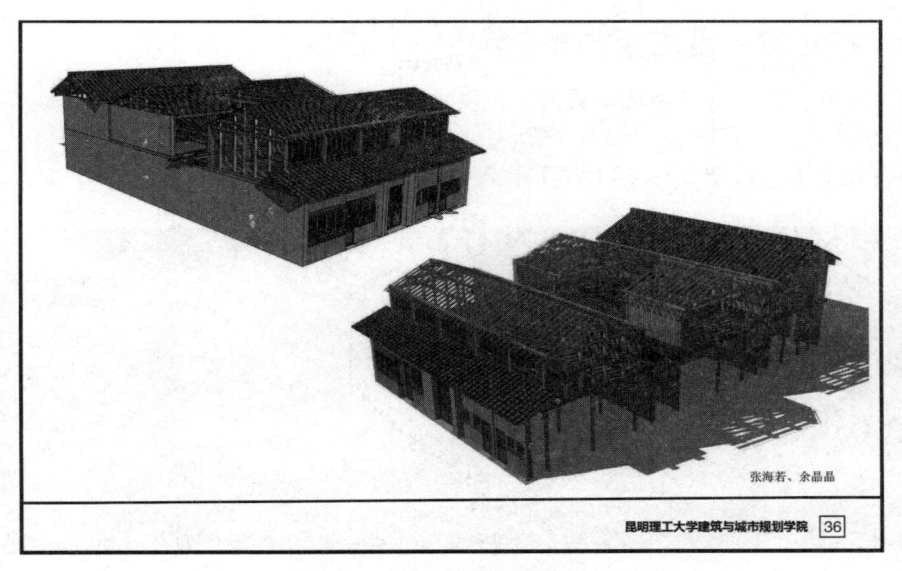

图 5-318 十号院落模型 1

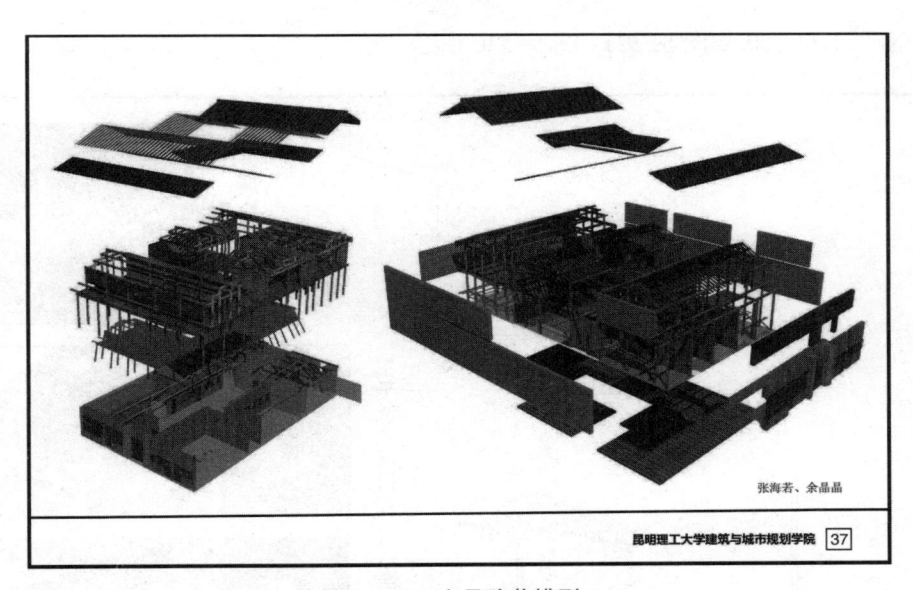

图 5-319 十号院落模型 2

学生们利用 SU 软件,将传统建筑的结构进行复原,更加清晰地看到土木结构中各种材料、杆件搭接的技巧,即学习了传统民居的建筑构造,也对所测绘建筑的结构材质进行了核查,对房屋的修复和改造提供了重要依据。

四、云南驿·街道立面测绘成果

测绘人员：濮永刚、李涛、吴明洋、吴政男、朱涛、李红、王湘玥、刘灿

云南驿街道鸟瞰图如图 5-320 所示。

图 5-320　云南驿街道鸟瞰图

云南驿街道现状如图 5-321~图 5-330 所示。

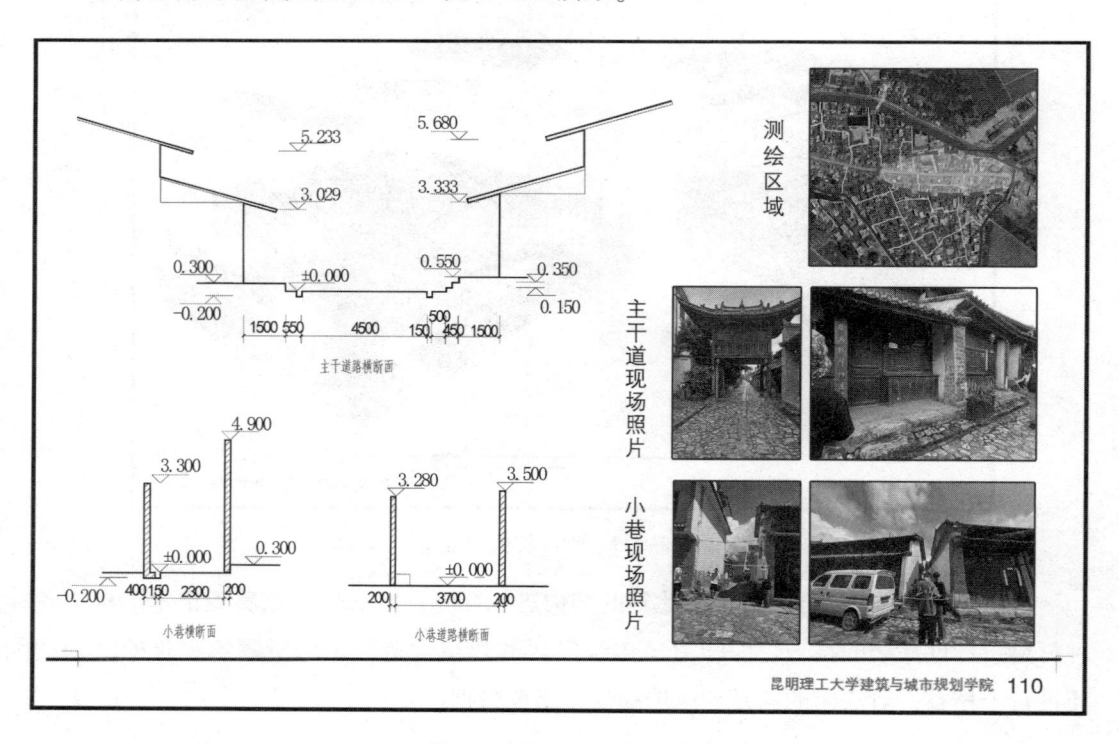

图 5-321　街道一断面图

第五章 历年测绘成果展示

一组街景A-2段南立面图1:250

昆明理工大学建筑与城市规划学院 111

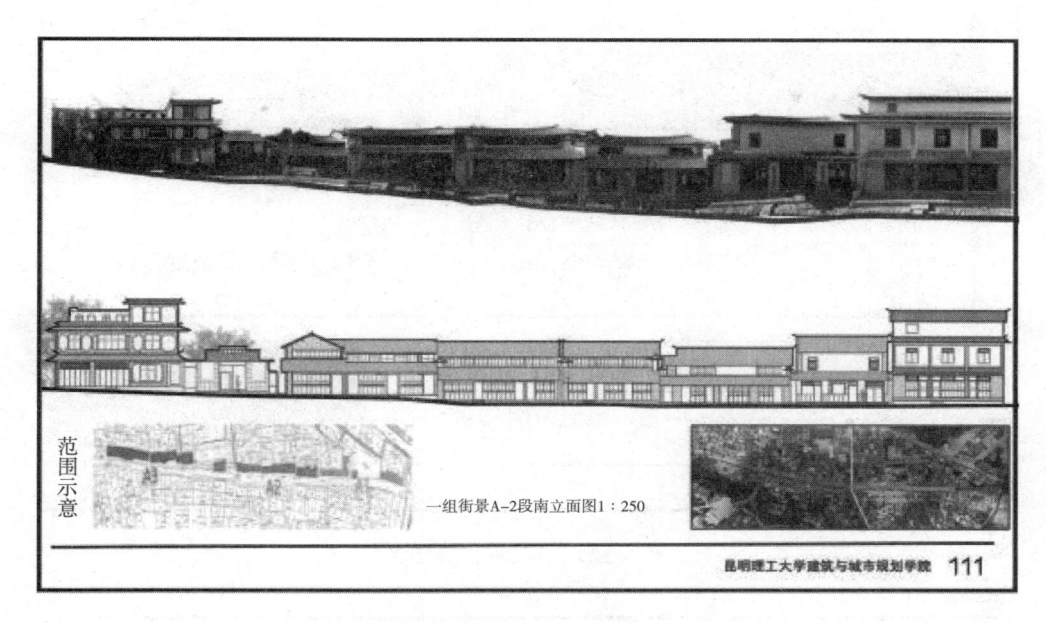

图 5-322 街道一立面图 1

一组街景A-3段南立面图1:250

昆明理工大学建筑与城市规划学院 112

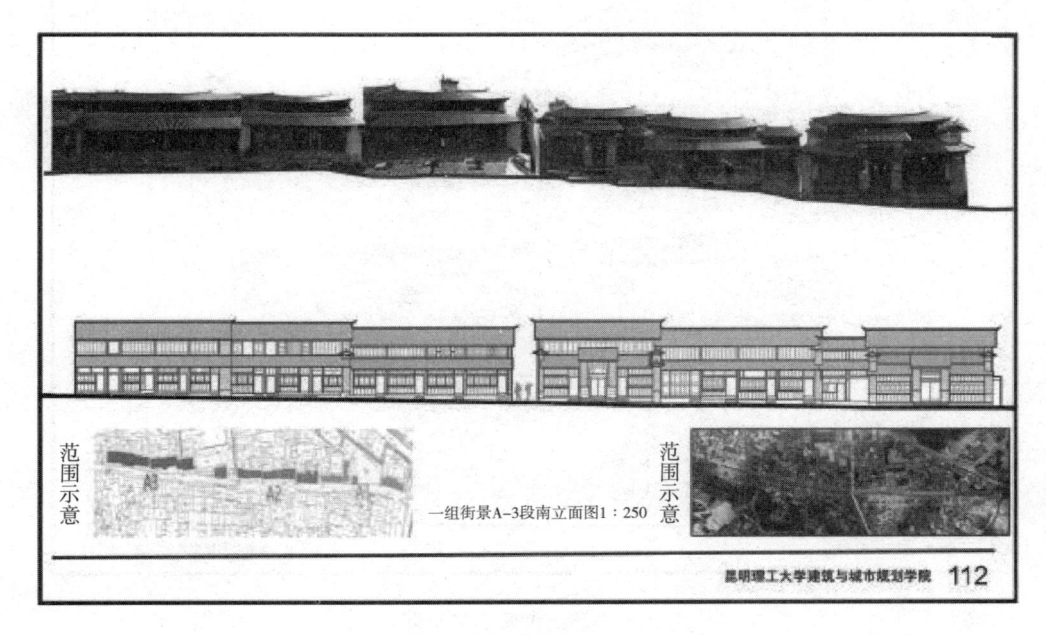

图 5-323 街道一立面图 2

· 197 ·

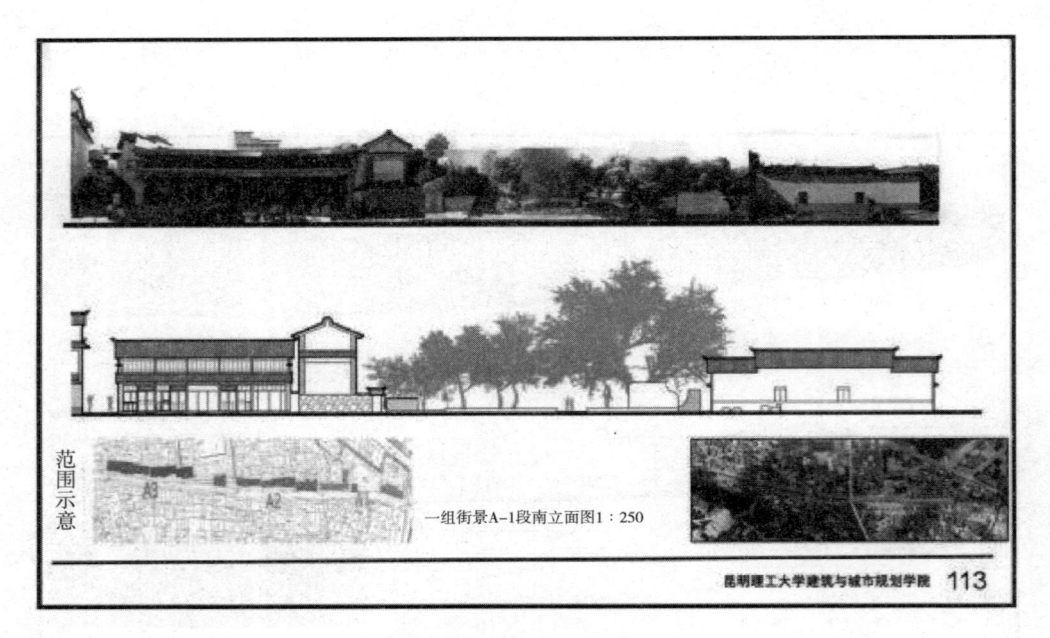

历史村镇实地调研与测绘：云南大理地区茶马古道沿线传统聚落

一组街景A-1段南立面图1∶250

图 5-324　街道一立面图 3

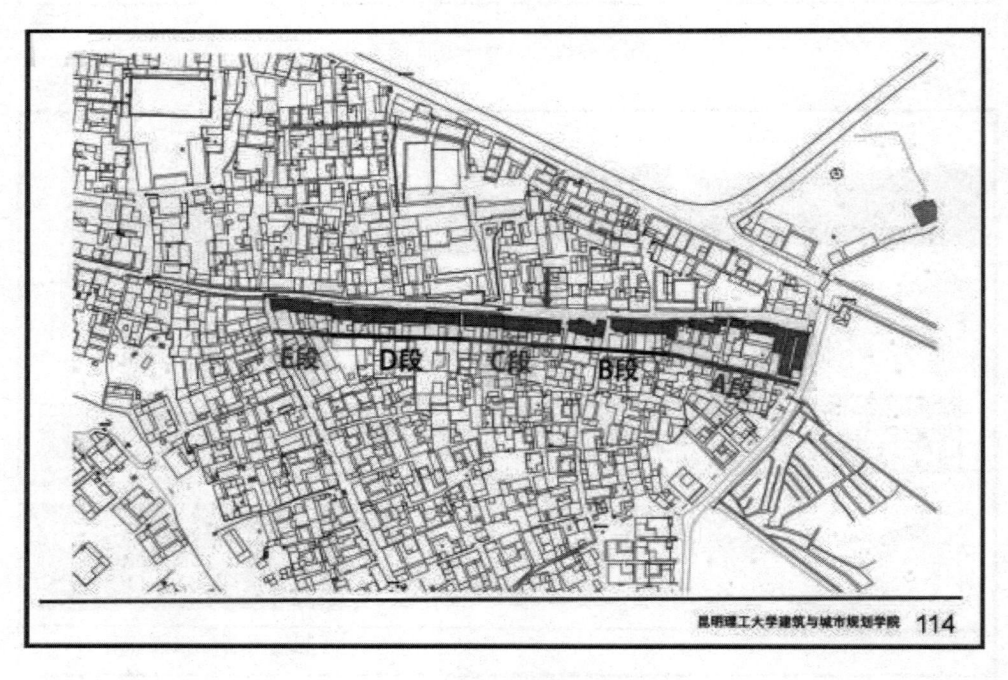

图 5-325　街道二位置图

第五章 历年测绘成果展示

次街道1:300

主街道1:300

昆明理工大学建筑与城市规划学院　115

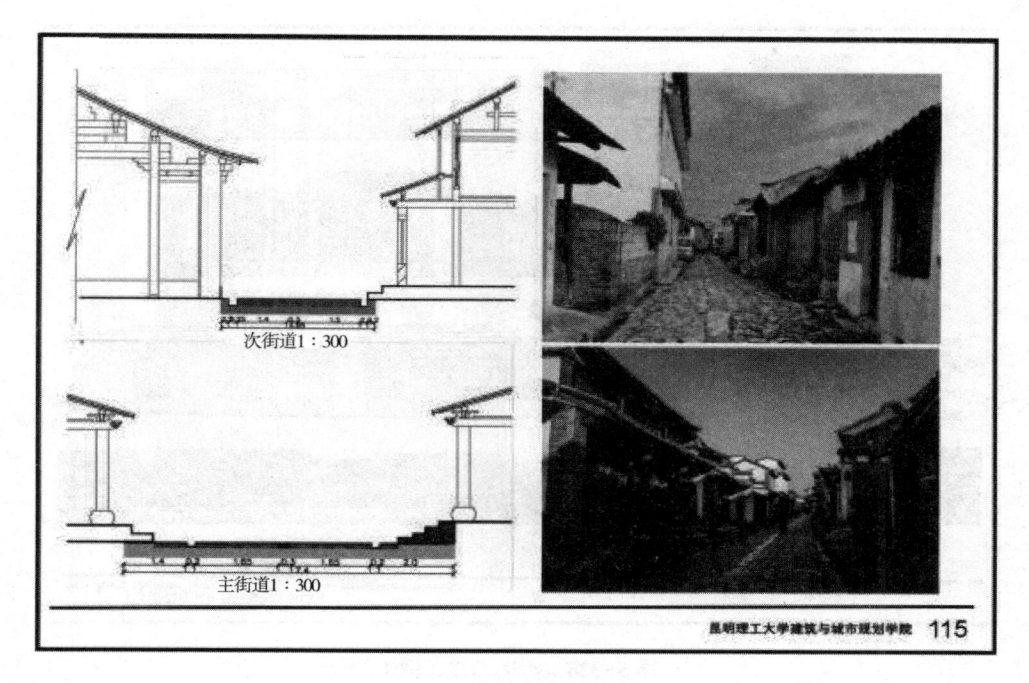

图 5-326　街道二断面图 1

宅间路1:300

昆明理工大学建筑与城市规划学院　116

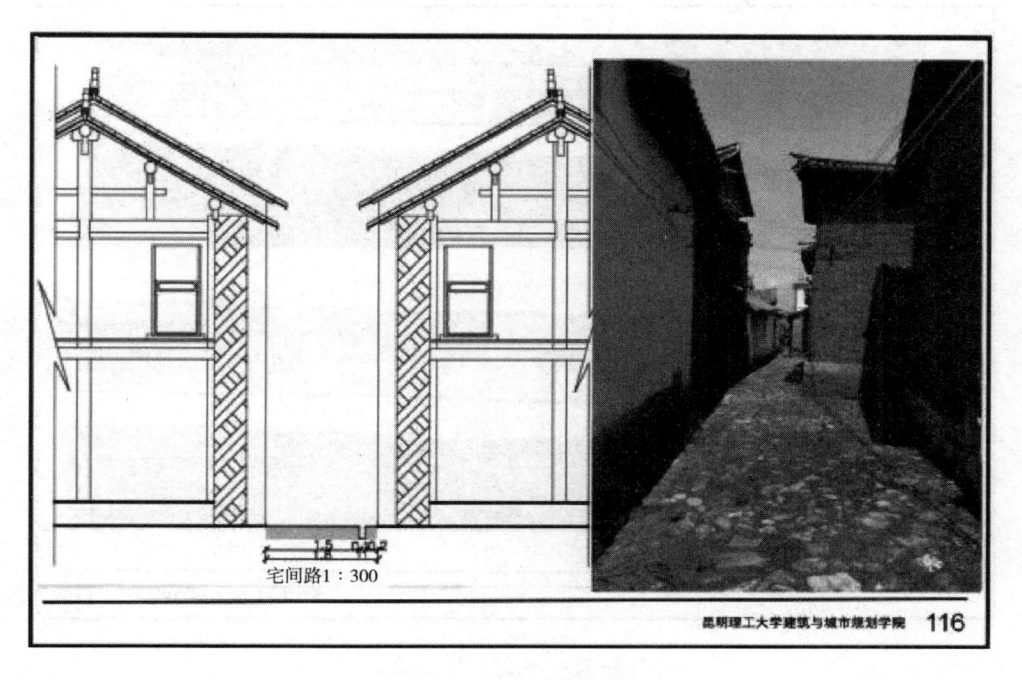

图 5-327　街道二断面图 2

· 199 ·

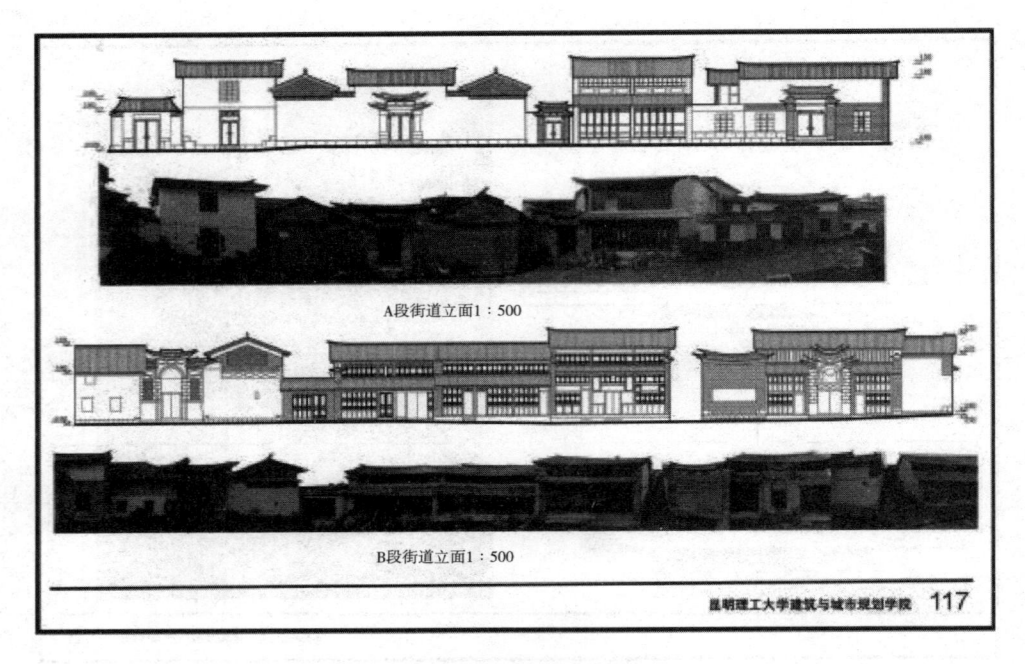

历史村镇实地调研与测绘：云南大理地区茶马古道沿线传统聚落

图 5-328　街道二立面图 1

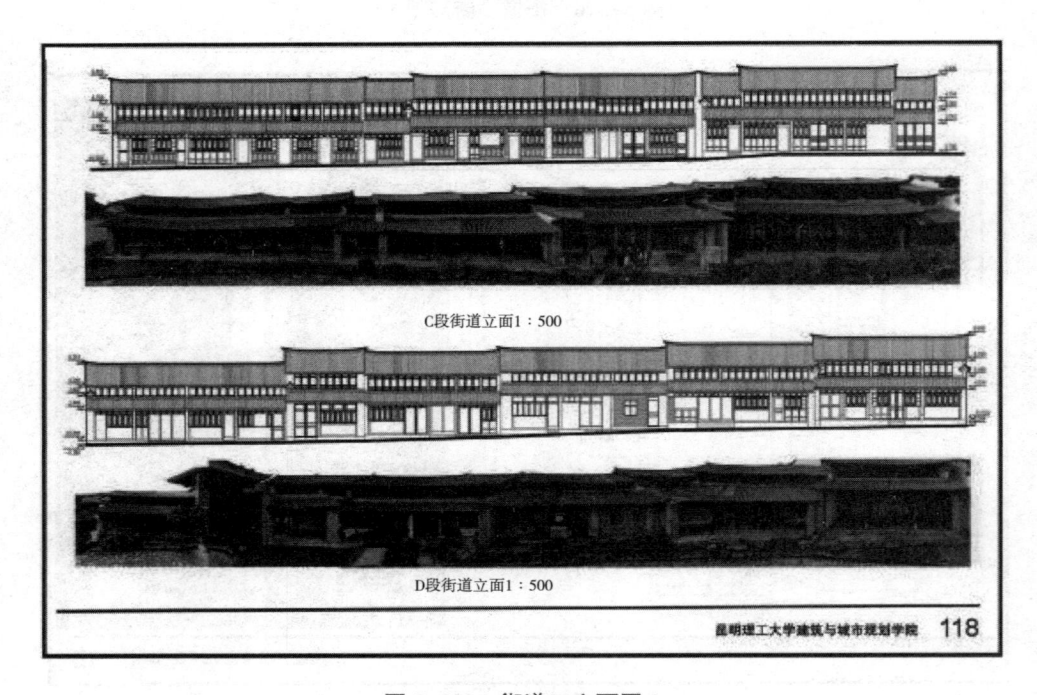

图 5-329　街道二立面图 2

第五章 历年测绘成果展示

E段立面图1：500

昆明理工大学建筑与城市规划学院　119

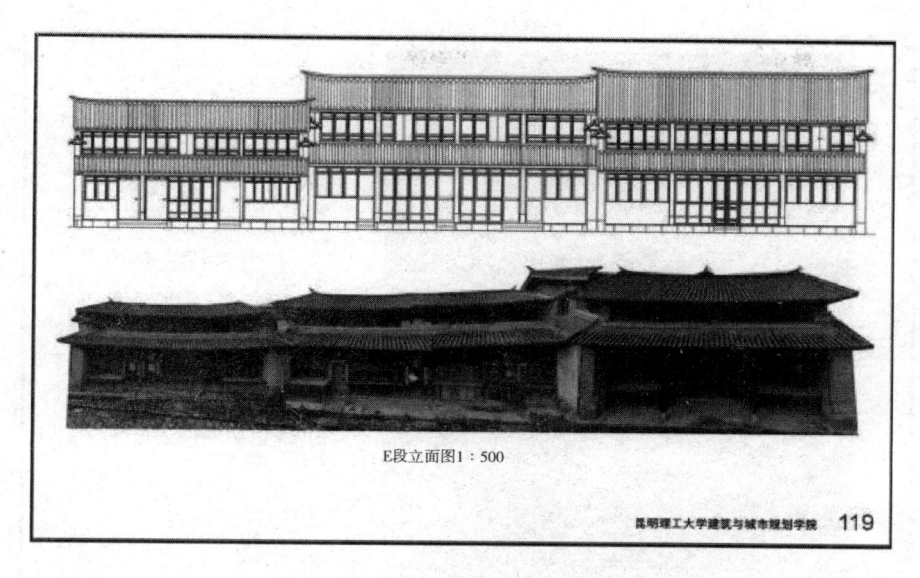

图 5-330　街道二立面图 3

附件：云南驿村现状分析，如图 5-331~图 5-335 所示。

古镇北接320国道，南边有杭瑞高速穿过，镇内主要有两条环村水泥道路、古驿路以及彩云路，剩下的基本上都是巷道。

昆明理工大学建筑与城市规划学院　13

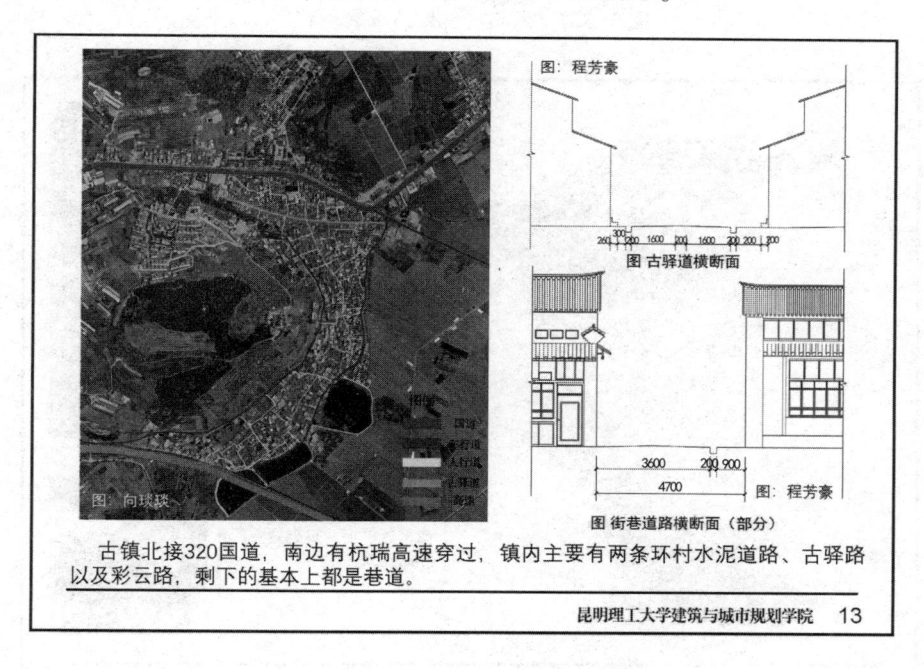

图 5-331　云南驿村街道示意图

· 201 ·

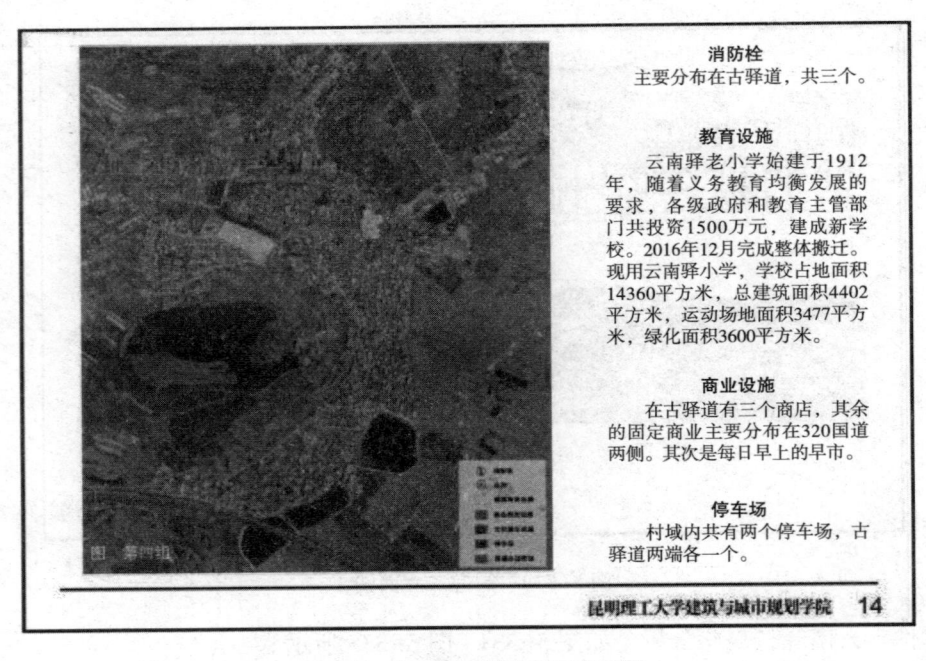

图 5-332　云南驿村公共设施现状

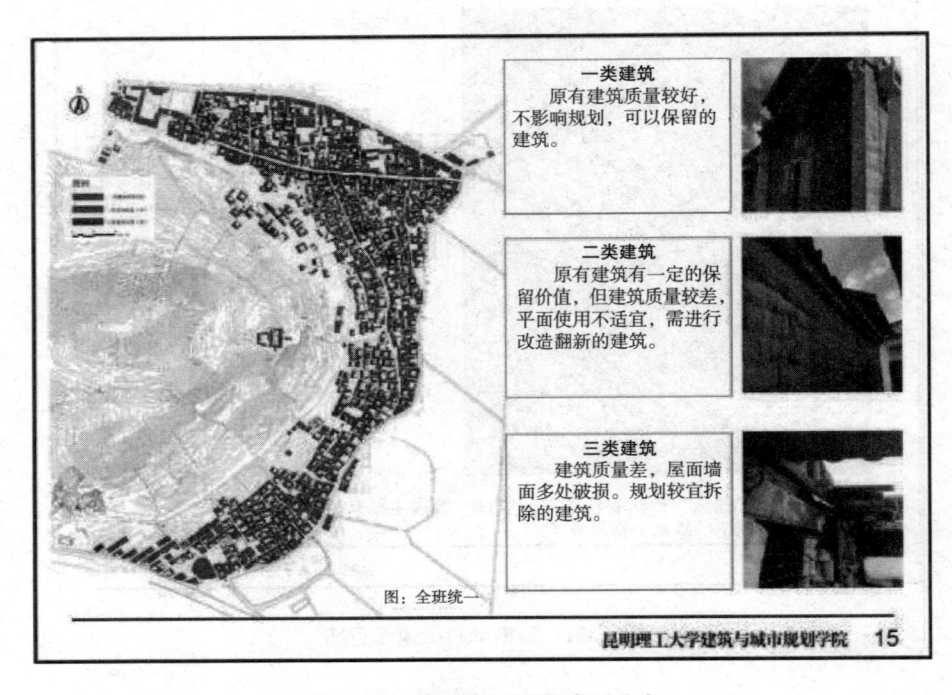

图 5-333　云南驿村建筑类别分布

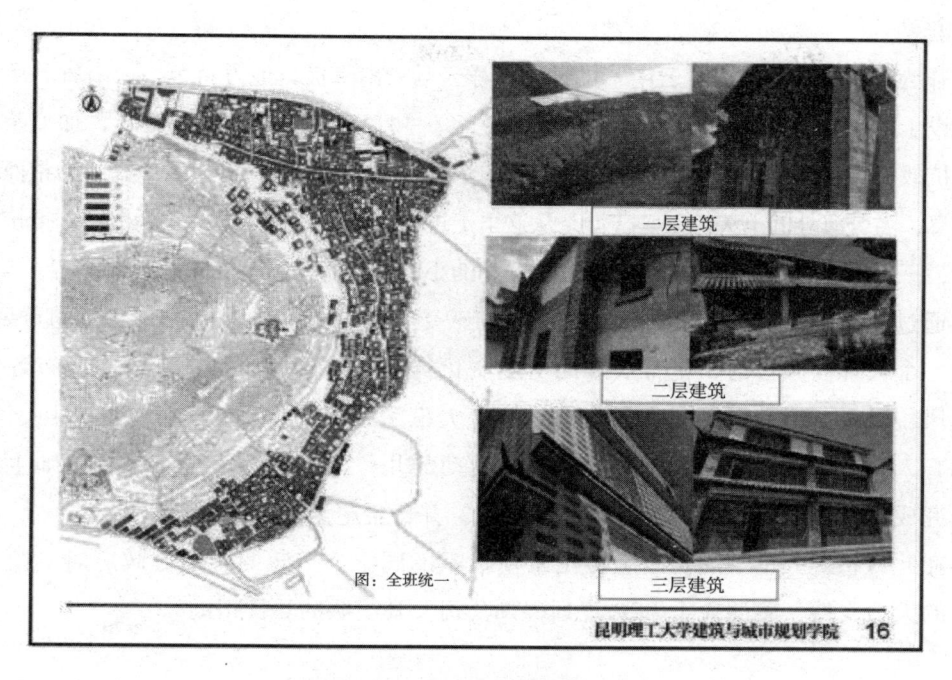

图 5-334　云南驿村建筑层高分布

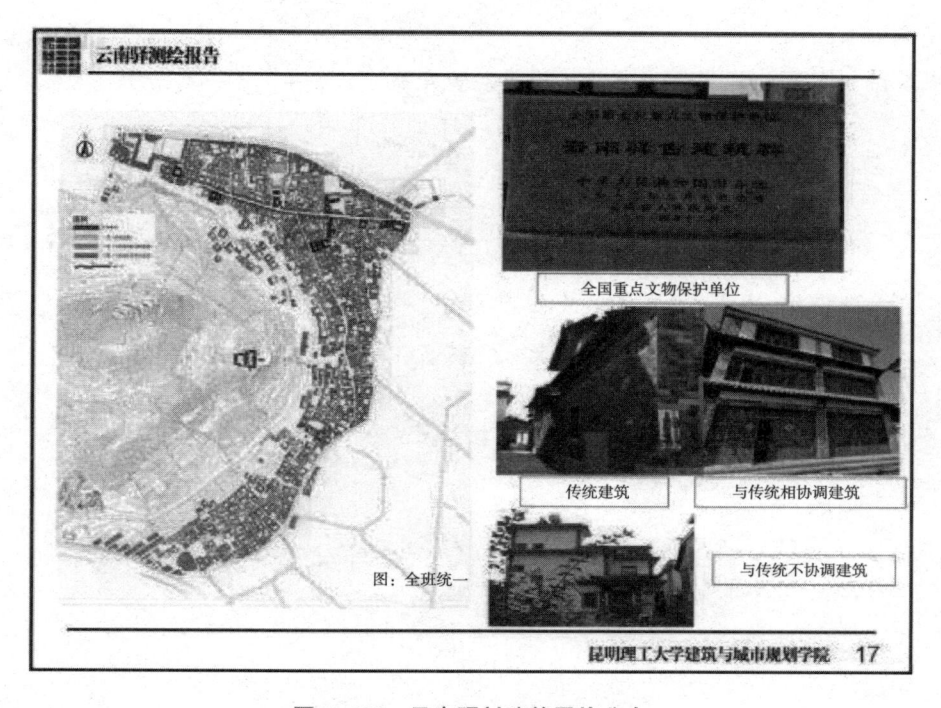

图 5-335　云南驿村建筑风格分布

总结：

作为云南省最早被叫"云南"的地方，祥云县云南驿极具地方特色。云南省名源自历史上设于祥云的云南县，故此祥云有"彩云之乡"和"云南之源"的誉称，再加上茶马文化、抗战文化，让仅有一条主街的小镇充满了浓浓的历史沉淀。曾经，云南驿的马帮商队川流不息，名誉海外的下关沱茶、普洱茶从这里走过；曾经，为了保护云南驿机场，抵抗日寇轰炸，三百多名当地民工献出生命，安静祥和的小镇处处流露着厚重的记忆。

通过本次测绘实习调研，让老师同学们感受到历史传统村落保护与发扬的重要性，仅仅一个大理白族自治州就有众多的历史文化街区和村落，而每一个村庄又有各自的特色风貌以及急迫的保护和发展需求，这让大家深感责任之重大、任务之艰巨。本着教书育人、服务社会的目的，主导该教学活动的几位老师有意将近年来几届师生的测绘研究成果整理成册，供后来人学习、参考，并寄希望为云南乡村振兴助力。

在此，感谢为本书编辑出版做出重要贡献的同学们，感谢各地方政府对测绘实习工作的大力支持，感谢瑞士 LEP 规划咨询公司及其团队的热忱帮助。

成果绘制团队：昆明理工大学建筑与城市规划学院城乡规划专业 2013 级至 2019 级全体学生

成果编辑人员：陈刘臻、张莹、杨蓽、管安茹

参考文献

[1] 张崇礼. 白族传统民居建筑 [M]. 昆明：云南民族出版社，2007.

[2] 何俊萍，杨健，张婕. 云南传统建筑测绘：昆明理工大学建筑与城市规划学院测绘作业选编 [M]. 北京：中国建筑工业出版社，2015.

[3] 王其亨，吴葱，白成军. 古建筑测绘 [M]. 北京：中国建筑工业出版社，2006.

[4] 林源. 古建筑测绘学 [M]. 北京：中国建筑工业出版社，2003.

[5] 云南省设计院. 云南民居 [M]. 北京：中国建筑工业出版社，2018.

[6] 张金鹏，寸云激. 民居与村落白族聚居形式的社会人类学研究 [M]. 昆明：云南美术出版社，2002.

[7] 吴涛，王雨晴. 历史建筑测绘 [M]. 重庆：重庆大学出版社，2017.

附 录

图1 2016年沙溪黄花坪鸟瞰图

图2 2016年大理沙溪古镇鸟瞰图

图3　2016年大理凤阳邑鸟瞰图

图4　2019年大理银桥村鸟瞰图

图 5　2019 年大理鹤阳村鸟瞰图

图 6　2019 年大理上关村鸟瞰图

图7　2020年大理剑川古城建阳楼鸟瞰图

图8　2021年大理祥云云南驿鸟瞰图

后 记

彩云之南，具有悠久的历史和独特的民族文化，亦具有独特的山地、高原、边疆等自然地理和区位特征。多元的民族文化、多样的传统建筑和优美的生态环境构成了一个独具特色的历史文化资源宝库，传承着历史记忆、生产生活智慧、文化艺术结晶和民族地域特色。

云南省历史城镇（街区）、传统村落资源丰富，截至2021年底，全省共有历史文化名城（镇村街）88个，中国传统村落778个（含新增第六批70个），极具保护发展价值，同时是高等学校教学、科研、学习的"活态"样本。昆明理工大学城乡规划专业教学立足"乡村乡土、地域地文、高原绿色"学科特色，注重基础知识培养和突出地域性、民族性城乡发展理论与实践探索，聚焦西南高原地区人居环境深层次结构中的主要和共性问题，以及城乡聚落的社会经济整体发展和空间布局规划的策略及技术方法，逐步建构起具有地域特色的空间规划与城乡设计理论方法和教育体系。

我校建筑与城市规划学院开设的《历史城镇实地调研与测绘》课程秉承"用自己的脚步丈量着世界"的理念，通过实地调研、现场测绘和感知交流，一方面增强了对民族聚落、历史村镇的认知与理解；另一方面进行尺度、空间的训练，并有形地将理论与实践相结合，主动将多学科进行融合，逐渐形成鲜明的课程特色与优势，同时对地方历史村镇的保护利用、乡村振兴与发展贡献了一份绵薄之力。经过近几年来的实践教学，大理地区众多的的传统村镇，如剑川古城、沙溪古镇、云南驿古镇、凤阳邑村……都将成为老师和同学们美好而欢乐的记忆！

项振海
昆明理工大学建筑与城市规划学院
2023年1月14日